最读

廊桥一梦

一座城市的新闻断代史

庞永力 著

燕山大学出版社
2018 · 秦皇岛

图书在版编目（CIP）数据

廊桥一梦：一座城市的新闻断代史 / 庞永力著．—秦皇岛：燕山大学出版社，2018.4

ISBN 978-7-81142-512-3

Ⅰ．①廊…　Ⅱ．①庞…　Ⅲ．①新闻报道－作品集－中国－当代　Ⅳ.①I253

中国版本图书馆 CIP 数据核字（2017）第 320141 号

廊桥一梦——一座城市的新闻断代史

庞永力 著

出 版 人：陈　玉
策划编辑：朱红波
责任编辑：朱红波
出版发行：燕山大学出版社 YANSHAN UNIVERSITY PRESS
地　　址：河北省秦皇岛市河北大街西段 438 号
邮政编码：066004
电　　话：0335-8387555
印　　刷：秦皇岛墨缘彩印有限公司
经　　销：全国新华书店

开　　本：700mm×1000mm　1/16　　印　　张：20.75　　字　　数：312 千字
版　　次：2018 年 4 月第 1 版　　印　　次：2018 年 4 月第 1 次印刷
书　　号：ISBN 978-7-81142-512-3
定　　价：48.00 元

居廊二十年

—— 有关新闻的三言两语

（自序）

一

真是想不到：活到不惑，从小就数学惨极的我，却患上了数字敏感症。前些年编选随笔集，就唏嘘“十年日记”、过三奔四啦。终于拖不过，为自己的新闻作品选写说明时，脑子里仍然满是数字：1999 年成为职业记者，至今已 19 年了！入职那年女儿呱呱坠地，今年她参加了高考；算上 1997 年考入廊坊师专读作家班，掐掉小尾巴儿，居廊二十年了。唐朝老白曾调侃自己的名字：长安之大，居易、居不易？我呢，也想廊坊这二十年：居易、居不易？

掐指之下，其实都是人生阶段变幻的恍惚与感慨。作家班两年，我完成了自己至今唯一的长篇小说，却没有赶上文学的豪华末班车；过三奔四之际，整理日记、磨字成癖，最终结出《庞门左道》那颗怪异之果。职业记者 19 年，我值守一座城市，曾忙碌得一上午都无暇洗把脸，因为定位社会民生，跑遍城乡的犄角旮旯；长长短短两千多篇稿件，我对这个城市做了怎样地描摹？可曾起到过哪些微末的作用？力竭技穷之沧驴，幸已强摁躁动之心令其安妥，只是像本行业的同龄者，不可避免地熬白了鬓发。2013 年，新闻采访中偶遇杨家将文化，读写三十年，延伸到地方历史文化发掘，也是顺道儿的事情。

还得说新闻。新闻是记录当时的易碎品，记者更是切忌掺杂个人色彩的记录者，当时的迷雾已吹散，如何重大业已看淡。新闻作品不像文学作品，不是多年兴趣、潜心琢磨，它是职业、职务的产品，不管你专长与否、情愿与否、准备充足与否，都要去面对、去执行。新闻作品有它发生的时空情境，你不能去虚构，且当你停止后，它还在发展着，你很难没完没了地后续追踪。当新闻作品结集时，新闻本身已经终止甚或迁延到别处，是非已经论定，当事人也有了转化，记录者本身更是千转百回。如果仅是保存个人痕迹、当时澎湃，不禁意兴阑珊。我更想模糊当时，只留下轮廓与枝干，如果人们还能从那些迁延中，有所对比、有所触动，就体现了它别的价值。

如今潮人吃个硬菜都拍照发朋友圈，我在一个城市做了十几年的事情，不该有所记录吗？选编过程中，每有迟疑，我就如此自我安慰。纵使如此，我也清醒地决定：抛却时效性、当时观感局限，有哪些笔下事物至今还能令人心动，至少让我自己觉得它还可以一看、一议？以这样的标准，我确定了人物卷，或公益或执着或独特，算起来三十多位，也算一个小画廊了。我记录了当时感动我的一面，却固执地不做什么回访——遇见是缘分，多年以后再去探究，则是另一个缘分了。然后是坊间卷，所供职媒体的民生定位，使我十九年如一日地家长里短，亲历很多矛盾与是非；在记录之余，我还愿意转到事件的后面去，“为什么发生”远比“发生”有嚼头儿。“狗咬人不是新闻，人咬狗才是新闻”，我们梳理的是平素日子聚集起来的沟壑与高峰，它们应该有禁得住议论、比较及岁月消磨的价值。映像卷是我至今不懂广角、调焦的“傻瓜”之作，见笑于专业，聊作品种补齐。毕竟有个人长短、兴趣能力所限，对一个城市的风物只是条缕地随意一写。还有一些新闻衍生品，把人家写成“感动人物”，还想当编剧过一把“影视瘾”；还有散文随笔写作，获了“中国报人散文奖”，是对我从文学出轨、插足新闻的一种额外奖赏吗？

二

现在想起来，我是亲历了都市报、晚报的鼎盛期，恰好也是我的青壮期。入职之初，还领稿纸、发传真呢，不知电脑、手机为何物，当时胶卷金贵，拍几张后要掐着冲洗。人们也没有想到很快就有次第兴起的网络、智能手机，纸媒能得以内容独家、一纸风行、广告蜂拥。做了快二十年，我也有了一些浮名，自己很清楚：又算什么呢？就像在路旁等活儿的零散工，大量零碎之外，总会摊上一两个大主顾的。这只是从业时长与中奖概率的问题。还有就是新闻采写的本质，注重民生的报纸，一度因监督报道而被一些人盼望，也被一些人因厌恶而惧怕，错爱与恶名相加，就有了一些所谓声名。但我们清楚，什么是从头到尾一整块的活儿，在新闻事件中，记者是否做到了完整客观记录、表达民情、伸张正义。在别人看来，哪儿着了一把大火、出了重大事故，报道出来了，就是英雄。其实那火已经着起来了，那死伤者已经躺在那里，记者更应该有在风平浪静中拎出“大

采访永清县病母

采访少时文学偶像曹文轩（国内首位“国际安徒生奖”得主）

鳄”的魄力与努力，更应该有绕到事件背后薅出一大蓬内幕根须的本事。

不可否认，我做了很多短平快的报道，一些社会重大事件，只是参与了其中的环节而已：比如2000年霸州警察枪击案，最早知晓但未首报，之后也随了大流儿；比如2012年保定“我爸是李刚”交通肇事案，我只是奉调异地采访，首发了一条消息，就被叫停了，对于这个意想不到的全国爆燃事件，只是一个首报者，并未全过程地深入进去。相比之下，我更看重从头到尾地跟随、山重水复地发掘及最终得到结果的完整。譬如得到温总理批示的大城县烧棉案，之前就关注了文安县当地小偷欺凌外地棉农，同样因为意想不到的最高层关注，事件得以特事特办、圆满解决；譬如永清县Ｉ岁男童照顾病母，独家首报，跟进顺利，所需治疗费不像诸多绝症那么巨大，在公益人士援助下，母亲得以康复。

我在上面重点提了首家、全程等词汇，说明我在意它们。在传播闭塞、纸媒独大的年代，一张报纸有着平常人不能接近、当事者不好抗拒的权利；一个事件无人与你争抢，报道不报道、早报道晚报道，事件就在那里。我们只要做到第一时间把基本实情说出来，就体现自身价值了。现在想来，那些年，颇有些撒着欢儿如入无人之境的恣意呀。

三

国内的传统媒体是有级别的，以其主管、主办单位的层级计，分中央、省、市、县四级，其实就是发行范围与关注层面的不同，比如中央级媒体全国都能看得到，国家领导人容易关注。传统媒体不同于网络新媒体，网络上犄角旮旯发布的东西，一旦具备传播条件，会见风就长、无限蔓延。

我所供职的媒体算省级，长达十几年驻扎在市里、游走在县乡，可能就给人一种“上天言好事，回宫降吉祥”灶王爷的通达感觉。而我也算有情怀的，一是对单位的职守，记者站不同于总部，闲时打扑克都凑不够手，我又是外来的，多年自谓“三无（无亲戚、朋友、同学）人员”，这样地孤悬于外，代表一家媒体，名声是应该多加注意的。入职之初也是热血沸腾，职责、正义诸类，我所理解的新闻执业，“对事不对人”是重要原则。对一个地方，最感人的事是你报道的，最恶劣的事也是你报道的，才能显示出你对她的公正与平衡。即便是舆论监督，也不是看热闹、泄私愤。人总说第二故乡，廊坊于我应该是了吧，二十年过去，我不可能与她泾渭分明、无动于衷，多少次为她骄傲、为她焦急，却很少有一棍子敲死哪个的念头。但又像医生给孩子打针，再为他着想，再柔声安抚，他也会因疼痛而怨恨的。工作性质所限，偶尔也得做恶人，而很多时候也是希望得到理解的。曾报道某局，事故引出管理漏洞，以头条刊出；过一月，局长来电致谢，称发现漏洞后及时补救，杜绝了更大问题的发生。这样的稿件是最体现价值的，这样的感谢是我从业以来最受用的。还有几次，事件相关者私下相告：如不是涉及自身，他也觉得事件太恶劣，确实应该曝光。如此恶名，大概也无妨吧。

采访中的记者们

新闻是一个综合性很强的职业，获取线索、现场采访、案头写作，都需要与各色人等打交道的综合经验，如果熟悉了这一流程，其他的工作也就触类旁通了。新闻更是一个读写能力与人情世故的累加。面对这样综合的职业，课本与学历好像不是通用的，一个人的读写能力大半也不是在几学年内完成的，所谓“学不如好，好不如专”；面对一个新闻事实是简单的，重要的是新闻事实对你感官的触动，以及你为它所能排布的语言，这些需要积累与训练。采访中人生的经验也至关重要，新闻采访带不带观点与情感姑且不论，我只看重年纪与阅历在采写中的差异，去幼儿园一位妈妈与未婚者是不同的，目睹沧桑孤苦中年人与毛头小伙是不同的。采访中的人情世故更如是，新闻当事人是活泛的，新闻事件是在变化中的，一个记者就像一位主持人，要掌控全场、全过程，让不善表达者吐露，让情绪激动者安稳，从耳闻眼见延伸，听见不同的声音。采访不是高高在上，不是“必须说给我听”，有很多采访僵持了，甚至有的记者遭到人身攻击，其中或多或少存在着记者自身定位错误的问题。

四

一般来讲，“想当年”的时候就大不如当年了。由于科技大发展，近些年信息传播已经升级换代得沧海桑田，作为20世纪70年代出生的读书人，我们既得足够浸淫传统又必须全盘审视、艰难重建。先是电脑带来的互联网，纸媒起初窃喜自己的稿件被多少家网站转载，殊不知自己的辛劳被未来的对手唾手可得。网络的海量与归纳是纸媒扩多少版也难以做到的。紧接着是智能手机，一点掌上通、世界眼前来，纸媒的印刷呀、发行啊又应声而倒。

算来我们已经进入传播新时代了。传统媒体的读者分流、发行和广告断崖式下降，纸媒困窘了多久，传播新时代也就开始了多久。我们也不用独自悲伤，如果某个行业被时代大潮淘汰，与其从业者努力不努力、正经不正经没多大关系。大家可以想想：你多久没有写信了、发电报了、买磁带了，那些曾经的垄断，都别无选择地暗寂了。

在这个传播新时代，首先是传统媒体对即时性新闻的垄断丧失了，从微博到微信，每个人都成了新闻的制造者、传播者，全民大街小巷的随意一拍，得让多少记者跑断了腿？话语与意见满天飞，得让多少记者写残了手？关键大家都见惯不怪了，一个人很难有机会吐血巨献，即便有，也很快淹没在嗡嗡嘤嘤中。我想到金庸的武侠小说，受其影响从小就有苦心修炼、辉煌对阵的情结，高手之间讲究招数与功力，一招一式地来往；而现在是一个混战的时代，漫山遍野、锄头镰刀，可怜的高手能打倒十几人，然后被一个兵卒不经意间一棍子打晕。还有一个公论：跑新闻是吃青春饭。奔突十几年，一般就升职、写而优则策划则转行，当我看到国外不乏白发苍苍的采访者，不禁感慨：同样一个素材，四十岁的人与二十岁的人会写成一样的吗？见识过太多冷暖、悲欢后，再次探究会是怎样的笔触？但好像即时的计件的体制不太需要这些，也没有谁敢把冷板凳坐热。

这难道就是编选的结束语吗？记者大多是话痨，沉默的记者不可想象，但好的记者应该懂得适可而止。纸媒的陷落带来了行业内部的计较、背叛，四面闻楚歌。当然，有明天的沉淀下来的希望的东西：再是方式变幻，也得有可供传播的内容；再是碎片、快餐，也有咂舌回味的需求。既是两个时代，就会是首尾相连而没有全然断裂的理由，我们只是站在拐角转弯儿处，感受着当下的一些冷暖而已。

关键是二十年过去了，关键是眼前的这个城市，宋冬野曾经唱道：“在歌舞升平的城市，忍不住回头看我的城池，在我手的，将要丢失，他的幼稚、我的固执，都成为历史。”我也是半吊子诗人啊：

我在描摹你
一笔一画
最后留不住你
还能有一幅画

没人提醒我
一开始就与你隔着透明玻璃
那么微小而坚决的误差
耗尽我最好的年华

2017 年 7 月 5 日、7 日，8 月 16 日，廊坊八角楼，熬暑中

目　录

人　物

映　像

坊　间

风　物

附　录

人物

盲人作家 李东辉

15 年前，他是意气风发的天之骄子，但很快就被病魔和死神挟裹着急坠到生命的底层；现在，他已成了一个失明多年的中年人，他写作、为社会做自己力所能及的事，因为——

人生不会是单色调

2000 年 12 月 22 日上午，记者来到廊坊市西小区一座简陋的平房里，在盲人作家李东辉采光很好的家中，与他长谈。从 1986 年初因病双目失明到现在，李东辉一直生活在无边无际无始无终的黑暗中，十几年来，他被命运狠狠地掷向深渊，也许在撞上谷底后，他才重新生出了飞翔的翅膀。他告诉记者：“虽然生活得比较寂寞，但不无聊。”

青春与死神搏斗，他在关爱中存活

李东辉 1962 年生于大城县东陈村，他学习成绩优秀，一直是受到家乡人嘉许的好孩子。1980 年，他以超出重点大学分数线 31 分的成绩考入河北师范学院历史系，是当年大城县高考文科状元，也是东陈村有史以来的第一个大学生。带着众人的期望他走进大学，在大学里他也是门门成

绩优秀。1984 年 8 月，他被分配到廊坊市教育学院工作，他的能干和活泼使他很快脱颖而出，当上了院团委组织委员。

1985 年元旦过后，刚刚忙完院联欢会组织工作的李东辉感到头疼、身体不舒服，他以为是感冒，没太在意。头断断续续地疼了十几天，他才到地区医院检查，没检查出什么问题。时间到了 1985 年 1 月 15 日——他终生难忘的日子，他突然喷射性呕吐。19 日，他住进中国石油管道局

（廊坊）医院神经内科，病情已十分严重的他被初步确诊为脑膜炎，但症状十分罕见。几经检验，才得出他得的是“隐球菌感染性脑膜炎”，确诊时正是除夕夜，院方同时向他发出了病危通知书。

24 岁的李东辉赫然发现自己已站在死亡的边缘，对于一直以他为荣的家庭来说，这不啻晴天霹雳！但他又活了过来，那一夜，和他一起推进抢救室的两个病人去了另一个世界。他的那张病危通知书一直没撤，一直到同年 4 月他转到北京中国人民解放军 302 医院。

在 302 医院，几位神经内科专家对李东辉进行第一次会诊后告诉他的父亲，这种病极为罕见，李东辉活命的可能性只有百分之一，即使侥幸活下来，也会留下严重的神经意识障碍。

医院一直对李东辉实施一级护理，但病情仍不见好转，一个月后，院方建议他转到协和医院治疗。身为农民的父亲已经无能为力了，但他又不能眼看着唯一的儿子一步一步走向死亡，他抱着试试看的心理投书《人民日报》，希望能帮助解决转院困难。5 天后，绝望中的父子收到国家卫生部的一封公函，称给《人民日报》的信他们已见到，让李家父子持公函到协和医院办理住院手续。由于协和医院病床紧张，最终采取了在 302 医院住，两个医院专家进行会诊、制订治疗方案的方式。4 个月后，专家们的努力见了成效，李东辉的病情有了转机，由病危转为病重。然而这时，本来就奇缺的特效药“两性霉素 B”断档了，院方四处寻找都无功而返。眼看好不容易挣脱死神束缚的儿子又面临危机，父亲又坐不住了，又写了一封信寄往中南海。这个青年人再次得到特殊的关照，十几天后，72 支特批药送到了医院。凭着这批药，李东辉渡过了难关；1986 年 5 月，他的病情得到了控制。

病魔终于呼啸着远去了，李东辉与病魔抗争的 17 个月里，先后 4 次病危、6 次重度昏迷，脑膜炎使他长时间处于剧烈的头疼之中，颅内好像有千百条毒蛇在蠕动、噬咬，疼得他在床上翻滚、哭喊，当医生给他注射镇静剂时，他却拒绝了，他要保护自己的脑神经，这是他觉得最重要的事了。他挺过来了，每次从昏迷中醒来后，他的头脑都是如常人般清醒。但不幸的是，他的眼睛却彻底看不见了！

虽然痛苦万分，但他还是十分庆幸，因为他保住了更为珍贵的生命！作为一个刚刚离开校园参加工作的 25 岁青年，他惊动了众多的专家和部门，还得到了党的领导人的关心，是很多双手的努力把他从死神那里拽了回来。除了父母外，还有许多同学、萍水相逢的人向他伸出了援助之手：已经各奔东西的河北师范学院80级历史系的同学们，听说他的病情后，又组织起来为他捐款1000元，还寄来鼓励的话语。1986年6月，当李东辉为治眼想去全国眼科权威——北京同仁医院而束手无策时，陪儿子在302医院住院的耿淑琴大姐主动帮他联系；在3个多月的治疗过程中，耿大姐每天都骑着自行车从家里给李东辉送来可口的饭菜。李东辉回廊坊时，这位好心的大姐还因他的眼没有起色而内疚，深感自己没出什么力。回到廊坊后，李东辉曾多次给耿大姐写信，却因地址不准确与大姐失去了联系。直到今年5月，河北电视台《真情旋律》节目邀请李东辉作为嘉宾，得知李东辉的心愿，电视台费了很大气力，替他找到了耿大姐并把她请到了演播现场，使15年不见的他们重逢。后来，耿大姐两次到廊坊看望李东辉，见他写作、生活都很艰苦，还出资给他买了电脑、安了空调。

“长夜尚有繁星”

一位校友来302医院看望李东辉时，为他作了一首小诗：“太阳落山了，请你不要悲哀；长夜尚有繁星，看你如何安排。”

这首诗鼓舞了他。在经过了万念俱灰后李东辉开始正视自己以后的路。对社会、单位及亲人，他始终怀着一种感恩。正是这种对人间至善、至美的感激，才使他有勇气直面自己灰黑的人生。1987年，回到大城养病的他开始写作。他以前是爱好文学的，也发过一些作品，大病之后，许多梦彻底破灭了，李东辉把目标锁定了文学——眼睛看不见了，他要保持精神的灵动。他不懂盲文，只是用圆珠笔在纸上摸索着写，有时写重了不知道；有时笔芯不出水了，他还一笔一画地写着……

1988年1月，中央人民广播电台播发了李东辉的散文《生活是美好的，奋斗是幸福的》。这之后，李东辉在《河北文学》《海燕》《三月风》等报刊发表散文、小说50余万字，其中短篇小说《盲杖·天使》获得1993年全国残疾报刊优秀作品一等奖，中篇小说《生前死后》获得《海燕》杂志好作品奖。李东辉积极参与社会活动，1998年、1999年连续被评为中央人民广播电台优秀听评员，并出任廊坊有线电视台“青春备忘录”节目策划、撰稿兼做主持人，他还是廊坊市残联主席团成员、市盲协副主席。

置身灰黑世界的李东辉没有停止学习，中国人民武装警察部队学院（廊坊）的学生们与他组成军民共建点，帮他收拾家务、整理文稿，他就请他们给自己读书读报，有时录下来慢慢听，了解外面的世界。1995 年，李东辉开通了“心灵之约”热线电话，为需要帮助的人免费服务。至今他已接到省内外 3000 余个电话，许多生活中遇到困惑的青少年经过他的开导重新走向生活：从衡水考入河北师范大学的马英，因患无菌性肺结核不得不退学休养，从《真情旋律》上得知李东辉的事迹后与他取得了联系。一次女孩在北京检查完后绝望地在电话里对李东辉哭诉，李东辉劝慰一番后，又委托北京的朋友去医院看望女孩。现在女孩正与病魔做着坚强的斗争。

“只想完成一个证明”

李东辉曾有过甜美爱情和婚姻。他已不愿提及，但这是他生命中无法回避的。1985 年年初，李东辉在管道局医院等待确诊时认识了她，那时他的眼睛尚好，而那个她是一个爱脸红的农村姑娘。短短几天的相识，彼此心中都留下了好感。1986 年他病愈后，回到廊坊，单位已有姑娘寄来的许多信。虽然李东辉也渴望爱情，但他更知道自己的处境，他给姑娘回了一封说明情况的信，可姑娘回了一封更为坚决的信。1987 年春，他到石家庄治眼，一封电报发到医院，让他去接站，她看他来了。1988 年年初他们结了婚，年底他们的儿子出生了。结合前他对她说：“一旦有一天你后悔了，我会毫不犹豫地还你自由。”她扑进他怀里哭了。她悉心照料他、为他整理文稿、陪他四处求医。用他的话说，他们之间“感情甚笃”。1991 年夏天，他们一家三口回到廊坊，当经过一段艰难的创业后，家境渐渐好起来后，他们的感情却出现了裂痕。1995 年年初，他们分手了。

简练的文字不能尽述从“感情甚笃”到分手的过程。李东辉不愿多说，虽然甜蜜多多，痛楚也多多，他相信缘分，所以没有怨恨。对于曾与死神纠缠不清的人，拥有什么都值得惊喜，毕竟有了可以回味的幸福，他感激她。他现在还不能使用电脑，还靠朋友为他特制的塑料格写字；但儿子已读六年级了，已能较熟练地操作电脑，可以帮他整理文稿了。他告诉记者：“不再奢望得到什么。只想完成一个证明。”记者望着他，是的，他是微笑着的。

（注：本文曾被《作家文摘》转载）

民间能人儿　王自然

他是个农民，可能稍显独特，在艺术上珍惜自己，在生活中忽略自己。算不上有什么贡献，也没贫困到受救济的地步，每天用自己的才智支撑着涩重的生活。来自芸芸众生，又没于乡村、集镇，他证明着一句话："智慧在民间"——

寻访王自然

只在此山中，云深不知处

关于王自然的采访是谋划已久又拿不太准的。等记者定下时间前往永清县时，县委宣传部回电话说：王自然家没有电话；记者通过以前采访过他的人找到他邻居家的电话，他的家人却说他已到离家10公里的霸州市胜芳镇打工去了，两三天才回一趟家。也就是说，不但联系不方便，有可能去了也碰不上他。

关于王自然这个人，记者的采访本上只记着寥寥数语：王自然，永清县农民，在1997年香港回归祖国之际制作出木雕"普天同庆"，有两件分别被中国革命博物馆、铁道部收藏，一件以他个人名义送给香港特别行政区首任行政长官董建华先生，董建华先生十分高兴，写信并打来电话对王表示感谢；1999年澳门回归祖国，他又制作出根雕"澳龙登陆"，作品在全国艺术展上受到好评，有人欲以5万元买走，被他拒绝了。王的家境十分贫困，多年来一直看着一台黑白电视机。

2000年10月27日上午，记者一行前往永清县王街村。路不太好走，县委宣传部的同志只来过一次，使劲回忆着才找到王自然的家。家里有人，我们穿过晒着向日葵、棉花桃的院子来到屋里。屋里是很平常的农家摆设，因事先有所了解，家具的简陋没出乎我们的意料。屋子的一角放着几盆花，显示着主人与平常村人相异之处。王自然果然不在家，"去胜芳了，早晨7点走的，晚上就回来了。"女主人赵秀英张罗着倒水。记者有思想准备，便问王打工的地址。"家里不知道，他给人家做圆桌，那么多生产点，谁家有活儿他就给谁家做。"

在妻子的眼里，丈夫“什么都会”

记者在院子里见到一个理发的招牌，便问女主人：“他还会理发？”

“他什么都会。东西甭让他看见，一看见就学得来。”

说起丈夫来，女主人的语气里透着自豪。王自然会理发，这一度成为他养家糊口的手艺；家里有8亩地，赵秀英由于颈椎不好，早已干不了农活儿，王自然忙完地里忙家里；他会瓦工，墙上的瓷砖是他自己弄的；当过木工，这才无师自通地弄出木雕、根雕；他年轻时在《中国青年报》发表过文章，会唱京东大鼓，会弹三弦；普通话说得好，拜访过中央人民广播电台著名播音员夏青，曾有电台聘他做播音员，因给钱太少没去……

王自然在村里、县里都有些知名度。然而王家的日子并没有因为王自然的聪明才智好过起来，王本人也每天骑自行车来回20余公里去打工，每天挣20来块钱。钱仅够吃药的，妻子离不开药，70多岁的父母离不开药。他们生有一个男孩，19岁了，一个女孩，18岁了。儿子在北京学开车，女儿也早不上学了，孩子们不是不聪明，家境如此谁也没办法。王自然还捡了一个女儿，寒冬的一个早晨他把已冻僵的孩子抱回家来，现在孩子已8岁了，正在读小学。

“家里条件不行，耽误他了。”妻子的语气里又有了几分凄然。

若说理发、吹拉弹唱是小聪明、小把戏，那埋头做木雕、根雕的王自然则玩出了精彩，使他这个农民达到了一生中荣耀的顶峰。

我们看到了他的木雕作品“普天同庆”、根雕作品“澳龙登陆”。“普天同庆”全部用枣木雕成，一头低头奋进的老牛拉着一辆车，车上是香港特别行政区地图，地图上有“97香港上我车，欢天喜地回祖国”的字样，车下是京九铁路。这幅作品取1997年是牛年，京九铁路全线贯通，奋进的老黄牛在牛年把香港“拉”回祖国之意。根雕“澳龙登陆”是1999年为迎澳门回归制作的，整个作品造型为一龙一鹿，龙象征中华民族，澳门同胞也是龙子龙孙，用苹果树树根雕成，取和平意；鹿是“陆”的谐音，指祖国大陆，用榆树根雕成，取愉快、喜庆意，根雕两侧挂着“澳龙登陆喜回归，同心协力跨世纪”的字样。

除了独特的创意外，王自然还付出了艰辛的劳动：做“普天同庆”时，只有木工基础的他请人绘了图，然后自己再琢磨、加以变化，他白天理发，晚上雕刻，一干就是一晚，三个月方成。为了给“澳龙登陆”选料，大年初一人们都拜年，他却背着筐出来，在一个坑边发现一根可用的料，他探身去拿时，不小心跌进冰水中，浑身湿透、狼狈而回。他的辛苦和智慧得到了承认，无形中也给了他一些机会，在与董建华先生通电话时，董特首曾问他有没有困难，那时他若开口会很容易改变艰难的境况，但他没有。

“若开了口，人就丢大了。”妻子赵秀英说。

临走时我们了解到，王自然之所以在秋收还没过完就出去打工，是因为今年天旱，麦收之后，地没种上，他们家没有秋可收。同赵秀英约好，王自然回来后与记者联系，第二天在胜芳镇见面。

富无止境，日子过得踏实就行了

10 月 28 日 7 时 30 分，记者乘车从霸州市向胜芳镇赶，与王自然约好 8 时 30 分在胜芳镇汽车站见面。两地相距约 35 公里，记者几次看手表，恐怕不能按时赶到：经过昨天对王的了解，愈发感觉他是一个世外高人，清高而且有点怪，可能是极守时的那种人。

车到胜芳汽车站时是 8 时 45 分，还是晚了。王自然走了过来：“你是庞记者吧？”他没有走。他与记者想象中的模样不同，个儿不高，戴一副墨镜。

一时间找不到谈话之处，只好走出一段，来到一条较安静的街道。就站在街边聊了起来——

你还记得与董建华通电话的情景吗？

记得。那是 1997 年 12 月的一天，具体哪天记不清了。事先董先生的私人秘书曾代董先生写信过来。当时乡里的邮递员来传话，说香港的电话打到乡邮电所了，让我去接。我赶快去了，等了一会儿，我就打了过去，董先生接了电话，他表达了谢意，并建议将木雕上的话“香港香港请上车，我来送你回祖国”改为“97 香港上我车，欢天喜地回祖国”；董先生还问我有没有项目，表示要支持。我说谢谢，没说什么。电话通了十几分钟。我很高兴，一个普通农民能和香港特别行政区的特首通电话，是我一生中最大的荣耀，我没白做。

你家的境况我了解了一些，听说有人要以 5 万元买走“澳龙登陆”，你为什么不卖？

1999 年 12 月，接到省博物馆通知，我带着“澳龙登陆”去珠海参加“全国艺术作品展”，并接受了珠海电视台的采访，展后有人想买。我不想卖，我想若收藏的话，也应是河北收藏，或者自己留念，这是国家最大活动的纪念，不能“卖”了。最后，我自己留下了。

我想你自己也不否认你的聪明才智，但你的处境并不好，家庭、工作。你觉得你是不是应该以你的才智改变这些？至少让家人过得好些。

我的家庭确实困难些，但如果依靠艺术发家致富，好像不大好，特别是卖（这个）根雕，好像不太爱国。确实有一些机会，但我宁愿拉棍要饭，也不愿叨扰人家。穷，不能失志，日子过得踏实就行了。我现在不给人做家具了，行情不好，转卖药了，卖一些治脚气的药，挣点钱，赡养老人，维持家庭，平平淡淡，挺好。孩子们也大了，都能立业了，家里逐渐会好起来的。

在艺术上珍惜自己，在生活中忽略自己，这就是王自然的本心。

回到汽车站，王自然从存车处将自己的加重自行车推出来，车把上安着一个喇叭，后架上放着药箱和音箱。他说他经常在镇上播音，国家大事无所不包，有许多听众。当然，音箱的另一个功能就是吆喝卖药。他果然广播起来，也真有人围过来，人们的眼中没有不屑和嘲笑，他们有的不知道这个经常播音的人叫什么名字，但均被他逼真的模仿折服了，他们鼓掌，见记者拍照，就说：“好好写写他，这是个人才！”

带着对他播音水平的惊讶，记者与他道别了，这时候，王自然在记者心中不太像世外高人，有了几分流浪艺人的味道。坐在车里的时候，王自然骑着自行车从我们的车子旁边擦过，很快消失在人流中。

百姓故事
2000年11月9日
寻访王自然
本报记者 庞永力 文/图

本文报样

环保达人　丁兆瑞

31岁的丁兆瑞几年前就开始关注人死后的事儿了，在平常人眼里，他近乎神经质，至少是杞人忧天。他执着于“树葬”，并坚信迟早有一天爱会在树荫底下延伸——

魂归绿荫

路上的风尘会使年轻的脸庞粗糙，但也会使年轻人稚嫩的心逐渐成熟。我们眼前的丁兆瑞就是这样，一张略显黑瘦的脸，却是信心十足的样子。从河北廊坊到内蒙古的甘河，大约2500公里，他1998年走了一次，今年又走了一次。

“我宣传的‘以树代墓’的殡葬方式是针对我们赖以生存的土地资源而言的。随着生态环境的日益恶化、人口的不断增长，我们可利用的土地资源在锐减。我们除了生存必需的消耗（开矿、伐林）外，死后修造的坟墓也在蚕食着我们的土地；谁也不能使土地增长，哪怕是巴掌那么大小。我国年均死亡人口2000多万，每个坟墓以2平方米计算，就是多大面积？所以从环保和人类长期发展的角度讲，坟墓是与我们争夺生存空间的敌人。我国是少林国家，近年来洪水泛滥、土地沙化，都是森林植被遭严重破坏的后果。如果将每个死亡者的骨灰深埋后，种植一棵树作为纪念，那我国每年将多出2000多万棵树木，那我们的家园将是一幅新的景象……”

口若悬河的丁兆瑞承认以前自己有些偏激，在父母眼里他是一个爱钻牛角尖儿的孩子。任何思想都有一个逐渐成熟的过程。对于死亡的最初感观始于他很小的时候，父亲给奶奶买回一口棺木，为老人家的身后事做准备，当时奶奶70多岁，她是长寿的，逝去的那年93岁。那棺木始终在后院放着，年幼的丁兆瑞每次坐火车外出，铁路两侧田地里的坟墓都吸引着他的视线，坟墓逐年增多，原先多是一个个土堆，渐渐地水泥砖瓦结构的多了起来。

其实坟墓只是人死后的一个标志。无论对谁，生与死都是平等的；每个人啼哭着来到世间，赤条条一无所有，在短暂的生命里，有了尊卑贵贱之分；而死又把所有人置于同一条线上，坟墓正是人们不接受死的平等而力图证明自己独特的标志。而这种死后的尊卑是以吞噬人类生存的土地作为代价的。1997 年，一代伟人邓小平逝世，同周恩来总理一样，他没有留下自己的坟墓，骨灰撒向广袤的土地、浩瀚的大海，体现了一位无产阶级革命家宽广、坦荡的胸怀。这同样给了丁兆瑞以极大震撼。面对死亡这个巨大的话题，他的信念更加清晰——

任何人的任何行为、任何企业的产品、任何民族的信仰、任何国家的制度都应是绿色的，都应以不对人类的长期发展造成危害为根本。

1998年5～8月
丁兆瑞第一次“绿色长征”

1998 年 5 月 20 日，丁兆瑞背着简单的行李登上了北去的火车。什么都没有，除了家人对这个“不听话的孩子”的无奈、担心，他独自悄悄地上路了。

从廊坊上车，经北京、秦皇岛、沈阳、长春、哈尔滨、齐齐哈尔到达内蒙古自治区鄂伦春自治旗甘河镇，在甘河镇他没有见到想象中的原始森林，就乘拉木材的小火车又走了两个小时进入森林。当他终于站在森林里时，他觉得自己宣传树葬的徒步活动应把森林作为起源地，一步一步走向都市。他没作停留，迈开两脚开始行走。空气特别清新，天特别蓝，他满是融身大自然的欣喜。他首先遇到的是鄂伦春人，人家问他是干什么的，他说：“我要走着回北京。”在惊异的目光中他开始阐述自己的主张，并分发给他们自己制作的宣传品。人们听懂了他的意思，并觉得有一定的道理，但还是好心地劝他别太累了，一定要注意安全。他笑了笑，离开他们继续向前走去。

征途开始了。他身上带着平日里积攒的 2000 多元钱，他不知道自己要走多久，也不知道前方有什么艰难险阻等着自己，他尽力节省——吃最简单的，有时顺路采集点野菜；为省下一点住宿费，他多半是露宿，或选择车站，那里人多、安全。碰见热心肠的，会给他一杯热水或为他热热饭，他就见缝插针地宣传自己的主张。在集市、车站、机关，有时是十几个人，有时是一两个人，他都不厌其烦地讲解，宣传品散完了，再复印。令他满足的是，他的主张很多人是赞同的，有人在他的资料上签下自己的名字，有单位盖上公章以示支持……

丁兆瑞一个人在路上，他的甘苦只有他自己说得清楚。他告诉我们，他没有遇到什么危险，帮助他的好人很多。走到哈尔滨时，他想既然来了，不如到国门去看看。他坐火车向东，来到绥芬河中俄口岸，下车后步行回哈尔滨。6 月 29 日，在大观岭—磨刀石区域，他遇上了洪水。铁路在他的面前被冲毁，他急忙向磨刀石车站赶，要报告险情。赶到后，各级领导已汇聚在车站指挥了，他把宣传品放在站长室，上了搬运石头的车…….

8 月初，风尘仆仆、满身倦意的丁兆瑞出现在秦皇岛市的大街上，他的心情是万分激动的：到河北了！离家近了！脑子里多日紧绷的弦一下子松弛了。晚上，他在火车站候车室的长椅上睡得格外香。醒来后，却发现包丢了，里面有盖满公章的宣传品、纪念品和钱。他懵在原地。又有人向他伸出救援之手，车站附近邮局的一位女职员帮他印了宣传品，车站站长愿意给他提供回廊坊的车票，他拒绝了，带着人家给的一些食品上路了，他想绝不能功亏一篑…….

8 月 30 日，近乎于乞讨的丁兆瑞回到出发点——廊坊，一路上他散发了 4000 余份宣传品，磨坏了 3 双解放鞋。此次“长征”行程 2500 余公里，历时 3 个月零 10 天。

2000年5～9月
丁兆瑞第二次“绿色长征”

第一次“长征”回来，丁兆瑞到一家广告公司当业务员，拉些业务维持生计。他“老实”了一阵儿，思想却因“长征”成熟了许多。他把第二年全程进行回访的计划推到了 2000 年，在这期间，他一边搜集资料一边继续尽着力。廊坊正文广告公司帮他印刷了精美的“真理的旅行——绿色长征”宣传彩页。

2000 年 4 月 20 至 23 日，丁兆瑞为再次“长征”做“热身”——在北京三环以内徒步宣传，散发了 4000 份宣传品。在国家环境保护总局大门口，环保总局的一位退休干部听完他的讲解后十分感动，把他推荐给北京人民广播电台的朋友，电台对他的观点和行为十分感兴趣。自此，丁兆瑞得到了新闻媒体的关注，他的个人行为也逐步公众化。

5 月 16 日中午，廊坊市政府、市环保局等部门召开了新闻发布会，为丁兆瑞壮行，市环保局资助他 500 元钱。16 日晚，丁兆瑞走进北京人民广播电台直播间，作为“人生热线”节目的嘉宾，与听众进行了探讨与交流。北京人民广播电台同时决定，每周一次对丁兆瑞全程跟踪报道，让他通过长途电话告诉听众自己走到了哪里、有什么收获和际遇。随后中央电视台、中央人民广播电台等80余家新闻单位陆续对他进行了报道。

第二次“长征”与第一次大不相同，沿途媒体关注着这个执着行走的青年，都是赞扬之声。有很多人还记得他，同时问他：“你怎么还走啊？”其实路他还得一步步走，虽然有了一些支持，但他还像两年前一样风餐露宿、四处演说；天热（可以露宿）时，他利用一早一晚走路，每天走30至40里。此次他从廊坊开始，徒步走到绥芬河口岸，从绥乘车回哈尔滨，从哈尔滨到甘河大部分步行，人烟稀少地带乘车。

9月3日，丁兆瑞从甘河乘车回到廊坊，第二次长征历时100天，行程2500公里，磨坏两双旅游鞋、两双军用鞋。

走完“万里长征”
丁兆瑞不觉理想遥远

11月16日，对丁兆瑞采访两天的我们来到他在市区西小街的家。他的家是一个建有4间北房及东西厢房的寻常院落，房子有20多年历史了，丁告诉我们，家虽然破小，但十分温馨。他的母亲正在看电视，见我们来就站起来打招呼，我们问老人：“兆瑞两次独身远行，您担心不担心，是不是觉得他太不听您的话？”老人说：“家里挺支持他，孩子出去不是干什么坏事儿，这让我们放心。”丁兆瑞11岁的女儿满脸稚气地告诉我们，她不知道爸爸两次出门去干什么。丁的卧室显得更加简单，我们注意到窗户是开着的，丁说他一年四季都开着窗户，与酷夏的蚊虫、现在的寒冷作对抗，为的是磨炼自己的意志。

次日一大早，我们与丁兆瑞在廊坊长途汽车站碰头，一起去位于北京市房山区的云居寺纪念林。经北京电视台《绿色行动》节目组牵线，丁兆瑞与云居寺纪念林的负责人宋民交上了朋友。宋民与房山区蔡家口村委会合作开发云居寺纪念林，于今年6月开始动工，共栽植、维护500余棵树木，分成才林（针对婴幼儿）、幸福林（针对夫妻），还有就是与丁兆瑞不谋而合的夕阳林，该林就是以树代碑的骨灰林。经过9月份一个月的运作，已有40余人前来认领。我们看到满山坡的柏树，都挂着带编号的铁牌，被认领的树下是一方大理石，刻着纪念的文字。

短短的几个月，丁、宋二人已成了十分要好的朋友，他们都认为对方是自己的同路人。但他们也有争吵，丁兆瑞认为既然以树代墓了，为什么还要那刻着字的大理石，就连入口处刻着“云居寺纪念林”的大石碑也是多余的。宋民则认为，纪念林毕竟是服务于人的，有投入也需要产出，既然有企业性质，就得考虑顾客的要求。我们也认为，任何一种改变都是有其过程的，更何况丁兆瑞要改变的是国人延续数千年的殡葬习俗。

记者：虽然你进行了“万里长征”，但你所倡导的“以树代墓”才算刚刚开始，才迈出第一步。有句话说“未知生，焉知死”，你刚而立之年，探究的却是人的身后事，同时你力图改变的是人们千年的习俗，你也知道，这肯定十分不容易，你有时是不是觉得目标过于遥远？

丁兆瑞：任何一个观念的形成都需要长时间孕育、磨合的，改变一个人的观念更是这样，但要看到一个人、一个群体的努力。我从树葬的角度呼吁保护环境、减少浪费，是以整个人类的生存、发展为前提的，这使我时常信心百倍。我不奢求立竿见影，只要作出自己的努力，这就够了。

（注：与廖楠合作）

仗义老板　孟庆水

河南打工妹王磊霞不慎掉进了热水池，身体大面积脱皮，在危难时刻，她的老板出资10万元保住了她的生命，这感人的故事发生在文安县。

老板斥资十万为救治打工妹

1999年11月6日5时，文安县孟村通益制板厂17岁的河南姑娘王磊霞拿着脸盆走向锅炉旁，她没有在意锅炉房旁“禁止打水”的警告，摘下锁就来到蒸汽弥漫的回水池边。不幸在一瞬间发生了！她不慎滑入1.5米深的回水池中，里面的水温高达75℃！王磊霞爬出来后，没有感到疼痛，她走回宿舍，同屋的姐妹急忙让她脱掉衣服，这时才发现，她身上的皮肤已大面积脱落。

在厂里值班的经理孙恩光听到消息很快赶来，他们仅用了20分钟就将王磊霞送到了离厂10公里的文安县医院，但医生检查后认为没有能力救治，应该立即转院。该厂孟庆水总经理接到电话后，立即安排租车往北京赶。救护车很快赶到北京市第二医院，经检查，王磊霞烫伤面积达98%，仅脸部无恙，其中86%的面积达到了2～3度烫伤，并一度休克。医生告诉他们，如果再晚到一小时，就没救了。

王磊霞的家属匆匆从河南赶来了，看到王磊霞的惨状，他们呆住了。王家极为贫困，很大程度上还靠在外打工的磊霞支撑。他们东筹西借才凑了2000元。随后赶来的孟庆水总经理告诉他们，不用急，厂里会全力支持。

在北京二院治疗期间，工厂为王磊霞支付了大量的费用。治疗到第48天，王磊霞80%的创面已愈合。这时，王家人不忍心了，提出到收费较低的当地医院继续治疗。虽只有4%的创面待脱痂或植皮，但钱还是一个大问题，孟庆水二话没说，把结账剩下的1.6万元塞到他们手中：“不够再说，伤好了再来上班。”

随后厂里又专门花2300元租了一辆空调大客车，送磊霞及其家人回河南。这时，磊霞的家人再也忍不住了，拉着孟庆水的手热泪流了下来……

孟庆水告诉记者：“我们这个厂不算大，现在花了十一二万元小王就能康复了，我们很高兴。要说困难还是有的，就当白干一年吧，我们挺一挺，就能保她一条命呀。这么做，我觉得值。”说到这儿，孟庆水笑了，那笑容里有些苦涩但流露着坚韧。

编后：这个冬天，我们似乎遭遇了太多的冷漠：湖北打工仔被烫身亡，家人无力为其讨说法；浙江老板恶意欠薪，抛下打工仔逃之夭夭……但终于，我们从这位个体老板身上看到了光明和希望：斥资十万，为了拯救一个打工妹的生命，这让我们感到，我们的生活中并不仅仅只有金钱、冷酷和漠视，还有着我们曾经真诚呼唤过的爱心。我们再一次为孟庆水的做法击节，我们也盼望有更多的孟庆水出现在我们周围。D

（注：与孙明军合作，《南方周末》转载）

超级球迷 许树森

7月份越来越近，2008年奥运会花落谁家？国人都在关注着，“申奥”成了一个无须解释的动词。廊坊的一群足球人想出一个别致的方式，为了支持北京申奥，他们决定——

颠起足球进北京

源 起

许树森提前将活动计划告诉了记者：他的几个学员正在紧张地练习颠球，他们将徒步颠球进京，目的地是天安门广场，抵达后颠球绕广场一周，然后把签满支持者名字的运动服、条幅交到北京奥申委。他希望新闻单位能给予关注。

这当然是一个很好的创意，能有这种想法的在廊坊好像只有许树森一个人，这几年来，他一直“很惨”地迷恋着足球。

1996年的许树森在永清县富甲一方，干着饭店、电气焊、运输等买卖，喜好体育的他赞助成立了廊坊第一支农村少年足球队——跨世纪足球队。农村的孩子吃苦耐劳，在足球上很有潜质，在廊坊市足球比赛中两次夺魁。1998年7月，这支农村少年足球队进京，迎战北京国安足球俱乐部华亚飞鹰足球学校学生组成的该俱乐部三线队，双方足球水平旗鼓相当，最终战绩三平一负。成绩有了，许树森的“野心”也大了，农村的孩子们缺乏的只是正规的足球教育，他们多需要一个展翅的机会啊！他想把训练和教育结合起来，办一所足球学校。1998年9月，许树森的头衔由“老板”换成“校长”，他放弃了生意，租用了永清县的一座废弃砖厂，孤注一掷地干了起来，他一举投入十几万元，平地、办电、装修屋舍、购买桌椅板凳……而理想往往和现实相左，招生困难、合伙人背叛、当地人刁难，这些以前不曾预料到的难处，使他这笔“买卖”做得险象环生，使他由一个赞助别人的老板变得一无所有（本报2000年4月9日曾以《一个农民的足球情节》为题报道他的经历）。

记者认识许树森时，他已是一个拎着提包游走于各企业单位的“化缘者”了。他不厌其烦地将自己的梦想“推销”给人家，若得到支持便深谢不已，他的学校只有五六个孩子（包括他的儿子许卓卓），却有老师两个，校长、厨师各一名。他还在坚持着，好像跟自己过不去一样。许多人很佩服他，记者则觉得，这个人为足球散尽家财，在物质上一无所有，经历过这么多的磨难后，他的理想一准也显得清瘦了。

出　　发

2001 年 3 月 18 日上午，颠球入京活动出发仪式如期举行。在此之前，活动倡议者、组织者也是实施者的许树森游走了多少单位、费了多少口舌、惊了几回喜、失了几次望就不说了；在出发前一天，廊坊大方实业有限公司做了赞助商，该公司曾几次支持许树森，这次又在紧要时刻帮了他一把。

上午 10 时，廊坊市建国道大方服饰中心门前，聚集了百余位过路市民、数家媒体记者，活动虽略显冷清，但不乏亮点：广阳区第三小学六年级 5 班的同学们在得知颠球赴京的事后，全班 67 名同学花了两个星期的时间，叠了 2008 只纸鹤并在木板上拼成“2008”的字样，委托足球学校的小球员们带到北京奥申委。在许树森一阵感慨陈词后，颠球入京的 4 个小球员成了“明星”，人们拥上去纷纷在他们的运动服上、条幅上签上自己的名字。廊坊交警也给予活动很大支持，专门派出三名警员驾车开道，护送小球员们出市。

4 个小球员颠着足球出发了，他们是娄长磊、许卓卓、阎秀峰、尹建辉，今年都是 14 周岁。许树森打着队旗，足球学员许斌（18 岁）和厨师易世林一人推一辆自行车，车上捆绑着食物、水、被褥等物品。本报记者一路跟踪采访。

中午 1 时，这支七人队伍走到廊坊经济技术开发区。颠着球走了十几里路，4 个孩子的脸上都见了汗。记者问他们感觉怎样，他们答：“爽！”此次活动全程百余公里，他们一点儿也不为自己担心。

许树森来到路边的一个小商店，为孩子们买午饭；他们带了自制的蛋糕、矿泉水，再买些火腿肠、鸡蛋、巧克力什么的，就够了。了解情况后，商店老板为他们把鸡蛋煮熟，并洗了几根水灵灵的黄瓜，虽然没什么热心肠的话，但这是赴京队伍途中得到的第一次帮助。

下午4时，他们抵达第一站——北京大兴县凤河营村，完成了当天20公里的行走任务，在一家已简陋得不能再简陋的乡间旅店住下来。旅店老板算费用时少收了9元钱，并为孩子们弄来热水烫脚。孩子们告诉记者，膝盖和脚踝骨疼，但他们仍然嬉闹着；46岁的许树森却有些顶不住了，浑身酸痛。

第　二　天

3月19日早7时，队伍离开凤河营，9时，到达大皮营乡。在潘铁营小学，4名小球员进行了颠球表演，百余位师生为他们签名。受北京电视台委托，大兴电视台前来采访。中午12时，队伍进入采育乡，几位老太太有些奇怪地看他们走过去，记者向他们进行了解释，她们惊叹道："那得多累！"在采育中学，操场上上体育课的两个班的同学观看了颠球表演并签名。

在不宽的公路上，七个人一字排开，一杆红旗在前，两辆自行车居后，在过往汽车穿起的钢铁洪流边，这支队伍很有些孤独地走着。

第　三　天

3月20日早7时，队伍离开青云店乡，经垡上乡、北京丰台区东高地乡、北京南苑，于下午6时到达北京市区木樨园。

当天的《北京晚报》对活动进行了报道。队伍在进入南三环时，一名民警了解情况后，跟随队伍行走数十里，他曾是北京市摔跤冠军。这之后，一名自行车运动员也跟随行走。这两个热心人帮助队伍联系旅馆，旅馆老板刚刚看过报纸，认为这些孩子们能来他这儿住是"旅馆的荣幸"，他热情地为孩子们煮鸡蛋、打热水，并把住宿费优惠到5元一床。

第　四　天

3月21日是此次活动的最后一天。上午10时，队伍从木樨园出发，顺着永外大街、永内大街、前门大街向天安门广场进发。北京电视台、《北京晨报》《北京晚报》《廊坊日报》、永清电视台等新闻单位记者随行采访，队伍显得庞大且引人注目。

目的地近了，梦想也近了，一行人的脚步不由加快。4个小球员虽显疲惫，但仍生龙活虎！

过往的北京市民均注目这支疲惫但不失坚强的队伍，他们看着小球员背上印的"我是申奥一分子"，说："申奥？申奥！"

许多看过报纸的人指着他们说："看，申奥的，他们是从廊坊走着来的！"

沿途的交警向这支队伍致意。记者听到一位交警用对讲机通知他爱好体育的同事："廊坊申奥的过来了，你快来看！"

中途休息，许多北京市民围了过来，一个小伙子说："真不错，能走着过来就不易，甭说颠着球了。"

大家知道签名的运动服和条幅要送到北京奥申委后，踊跃签名的场面又出现了。

天安门在望。许树森不停地鼓励孩子们。孩子们告诉记者："很兴奋，能坚持。"中午12时整，申奥队伍到达北京天安门广场！

孩子们是那样的兴奋，几日的辛劳一扫而空，他们觉得自己是世界上最幸福的人了！因为小小的他们竟干成了这样一件不容易的事！

12时20分，绕广场颠球开始。4个孩子认真地颠着球，他们要把最后的环节做好。颠得最好的许卓卓告诉记者，他已经一气颠了1500多个。12时50分，绕广场颠球结束。

下午3时，一行人步行来到北京奥申委驻地——崇文门西大街新桥饭店。北京奥申委新闻宣传部的一名官员从许树森手中接过签满支持者姓名的条幅、2008只纸鹤拼成的"2008"图样板。4名小球员得到了奥申委赠送的会徽和纪念画册。

3时30分，这支队伍重又出现在北京的大街上；所有的人脸上带着笑，自己的心愿完成了，还帮那么多人转达了心愿，他们踏上了归途……

6 本报特稿

2001年3月25日

7月份越来越近，2008年奥运会花落谁家？国人都在关注着，"申奥"成了一个无需解释的动词。廊坊的一群足球人想出一个别致的方式，为了支持北京申奥，他们决定——

颠起足球进北京

源起

第三天

第四天

出发

第二天

本文报样

慈善老农　吴广义

八旬翁乐善好施受人敬 助公益十年捐款逾万元

2001年4月20日上午，廊坊市广阳区彭庄村84岁老人吴广义将自己积攒下来的200元钱捐献给廊坊市图书馆，这是老人对公益事业的又一次捐助。自1991年以来，老人先后向廊坊市教育、民政等部门捐款万余元，这些钱是他平日里靠拾荒和省吃俭用攒下来的。

对这样一位老人，记者是充满好奇的。5月1日，记者来到彭庄村，一打听吴广义老人，村民们都说：“那可是一个好人啊！”村妇联主任刘桂芬大妈把记者领到老人家。

老人有一儿六女，现在跟着儿子吴凤安过。老人一生务农，1991年老伴过世后他才搬到儿子家。儿女们很孝顺，管吃管喝，每年给他400元零花钱，老人辛劳一辈子了，儿女们都希望他能安度晚年。但老人闲不住，平日里骑着一辆三轮车出去拾荒，他说这样可以锻炼身体。老人的捐献就从1991年开始，当时我国南方闹水灾，他把拾荒所得的100元捐了出去。以后每凑够一二百元他就捐出去，给村里的小学、老年活动中心，给市里的学校、福利院、民政局、园林局、希望工程……

刘大妈告诉记者，老人不抽烟、不喝酒、不讲究穿戴，村里一组织捐款他就拿钱，还经常自己到市里把钱捐给各公益事业单位。他的儿子吴凤安家庭条件也不是太好，在1991年，一二百元对于一个农村家庭来说，也是一个不小的数目，但吴凤安不仅不贪图老人的钱，而且赡养费照给不误。

1997年，老人在外出时不小心将腿摔断，自此不再拾荒。待在家里的老人本该好好休养了，但他没有，儿子给的赡养费、女儿们逢年过节给的零花钱他都省吃俭用攒下来，接着捐献出去……

在一个本子上，老人简单地记下了接受捐款的单位、次数、金额，有的单位他捐助了不止一次。老人的善行得到了社会各界的尊重，在他摔伤后，市、区领导都登门看望，市人民医院给予免费治疗并上门诊治。但老人图的不是这些，他告诉记者，他这样做只是向社会表达自己的一点心意，以前过惯了苦日子，“一分钱难倒英雄汉”的时候常有，现在自己的条件好了，想靠自己的微薄之力为别人解决些困难。老人说：“以前甭说有钱了，连饭都吃不饱，还是现在的生活好啊！”

乡间博士　付球

付球很聪慧，在农村里他却显得寂寞而落魄。他钻研农业技术，搞规模种植却惨败在假种子上；自己的知识竟把家庭带入困境，无奈下他领着全家人编书，竟被颇具影响的出版社看中并出版了。

领着全家编书的农民

乡村“名人儿”

刚听说大城县有一位农民编辑了一本词典并得以出版时，记者想那肯定是一个清闲而古怪的人，虽然不敢小瞧，但总有些不合时宜、不务正业的感觉。2003 年 3 月 2 日，记者来到大城县，县委宣传部的朋友也知道这件事，且很早的时候就采访过词典作者：大城县农民付球，其主编的《成语描写词典——写作助手》于 2003 年 1 月由商务印书馆国际有限公司出版。

付球住邓家务村，小公共汽车行驶在窄而弯曲的乡间公路上时，从车上三乡五里的乘车者嘴里，听出付球有着一定的知名度：“认识，他读书出名哎。”“他可是大名人儿，学问大。”但话语中夹杂着的调侃意味，也被记者听了出来。

到了，村子的南头，公路的东侧，三间冲西的房子。墙壁上挂着一块牌子，上书：大城县富球农业技术研究所。付球在家。屋里的摆设很简陋：水桶，里外屋各放一张木板床，长方的衣柜。家具少而旧，好像一个临时的住所，多的是书，几摞砖搭起的木板上，整齐地码着二三百本杂志、报纸合订本，旁边是一小垛未打包的书——应该是他编著的词典吧。

成立“富球”研究所

付球是欢迎来访的。记者端起相机时，妻子郭树苓赶忙上前给丈夫整理衣领，不时地插话看得出，她对丈夫的“事儿”也是多多参与、十分了解的。付球叹了一口气：“我的经历、我所吃过的苦，不用加工就是一篇好的小说。”

付球今年 45 岁，1976 年毕业于乡里的高中，曾在本村小学代课，教数学。同村的郭树苓也是高中毕业，也曾在村里的小学代语文课。1983 年，夫妇俩不代课了，随着改革开放的大潮摆摊串集做小买卖。1991 年他们又不干了，付球想从自己的学识上找出路。他开始订阅农业报刊，埋头“农业技术简单化”的研究。他认准了一个理：农民们是需要科技知识的，选种、施肥、防虫，都需要技术指导，可文化不高的农民看农业报刊往往不得要领，应该使农业技术简明扼要、可操作性强。付球爱读书，他先读懂吃透了，然后再根据农时、本地实际提炼，做到深入浅出。

付球真是下了苦功夫的，每年花三四百元订的农业报刊，在他的手里变成了各种一目了然的具体操作模式图。每到施肥、喷药时节，他就利用村里的广播喇叭提醒村民并告知注意事项。那时，付球的农业广播在三乡五里都出名的，大家虽然觉得怪，但不得不佩服他的知识。那段时间应该是付球的黄金时代，他在县里注册成立了研究所，“富球”取其名谐音，也隐含着他增强农民科技意识、造福地球的志向。廊坊的农业部门赏识他，想把他特招，可以转户口。这事儿可是不错，但他没答应。

事业陷入困境

之所以不答应进城“吃皇粮”，付球有他自己的想法，他觉得凭自己的聪明，是可以发财的。付家有 12 亩地，他一直按照书本上的提示耕种，摸索了三四年，成败各半。1998 年，这个科技家庭认为条件成熟了，遂包下村民 50 亩地，搞起高效益作物规模种植来。当年取得小胜，获利 5 万元。看到知识变成了钞票，很多人简直崇拜付球了。

这于付球则是牛刀小试，他满怀信心地进入 1999 年。然而却风云突变，他从东北邮购回来的种子竟是劣质产品，结出来的瓜个小、满布裂纹。面对 50 亩地的失败，付球懵了。他显然没有到东北讨公道的能力，但对方恶意的果实只有他独吞了。他在一夜之间负债累累，他的债主是包给他地、给他做工的村民们，还有借钱给他的亲戚，每个人数额都不太大，但他都耿耿于怀。

说起困境来郭树苓脸色灰沉，自从组建家庭以来丈夫就是个书虫儿，烟酒不沾，麻将、扑克什么的也不会，她佩服丈夫的聪明，但跟一个整天看书、干什么都心不在焉的人过日子真有些单调。而付球也想把自己的才智转化成物质财富，三个女儿都在上学，用钱的地方太多了。一家人一起经历了等待、兴奋、伤感这一过程，在别人看来也许并不多的债务压住了这个刚要腾飞的家庭。以前的日子虽然清淡，但还有自尊在。但现在，讨债的人经常堵住门，亲戚们都借遍了，拆东墙补西墙，有时该还的还不上，亲戚也冷了脸。长时间没有自尊会导致希望的破灭，但夫妇俩有个不变的主张：无论多么紧，也不能耽误三个孩子的学业。

贫贱夫妻百事哀。付家的厨房孤零零地立在马路对面，郭树苓掀开锅盖："过年时大年二十七才买回点儿白面，现在白面跟棒子面掺着吃，谁家这样？"

全家做主编

付球不甘心这样的结局，他四处寻求突围之路，犹如困兽。2000年年初，有朋友给他出主意：你这么善于总结归纳，不如编编书。

付球采纳了这个建议。亏了个底儿掉，干什么都没本钱了，而自己的思维能力就是不动产。付球的独特是在搞"农业技术简单化"时就显现出来的，他有着逆向思维，善于发现规律。他决定先编本成语词典，他找来几种词典进行钻研，很快就发现了空档：查词典的方法有拼音、偏旁部首两种，何不分类查找？将词分类既能丰富使用者的词汇量，又可准确比较着使用。

目标已定，付球带着全家人开始了新一轮的艰难创业，想起来容易干起来却难，编词典是一项耗时且烦琐的工程，何况又必须编出自己的新意来。作为一个高中毕业的农民，付球只有重新使出一贯的劲头，但这是远远不够的。妻子也是高中毕业，以前教过语文，好像还有些专业优势，三个女儿分别上高三、高一、初一，她们也都加入了进来。这些还不够，他们又请了村里学校的几位老师加盟，利用节假日帮助编写。还是不行，进行到一半时，付球发现编写工作急需一台电脑，可在农村以他家的现状，满足这个硬件需求无异于痴人说梦。他不放弃，到各学校去游说，希望能得到赞助，书出版了分红都行。最后县委宣传部帮了忙，出面担保，让他从几所学校借款10000元，买回一台联想电脑。这是付家唯一一件奢侈品，付球说，不，这是必需品。

编写过程就不用多说了，主创者的窘迫境地使这项工程有着说不清的滋味。经过几年的努力，近58万字的书稿完成了，收录成语4000余条，他们根据成语的含义、使用者写作需求进行分门别类，分人物描写、场面描写、景物描写和实物描写四篇，各篇下面有子目录，子目录下又有子目录，如“人物描写篇”下有“心理神态描写”，又分“意气风发”“威严庄重”“呆板惊愕”诸类。他们参考其他词典对每条成语作出释义，并煞费苦心地一一造句。初稿完成后，他们又从南开大学请来高手进行审读；送出版社后，出版社又组织力量审读。

书稿找到了婆家——商务印书馆国际有限公司，2003 年 1 月，该社出版发行了《成语描写词典——写作助手》。这是一本独特的书：主编付球；副主编冬梅、冬芳——付球读高中的两个女儿；6 个编者，付球的妻子郭树苓、小女儿付冬瑞名列其中。对这本词典出版社作出了以下推荐语：类词丰富、分类详细，全书释义精当，例句典型，指导性强。

记者电话采访了该书责任编辑王华伟先生。王先生认为这本词典编写规范、分类独特，切合读者（市场）需求，出版社对这本书是十分认可的，是作为今年的重点书推出的，词典出版后销路很好，现在已经是第二次印刷。

是金子总会发光的。在编书上取得了极大的成功，证明了自己的独特。付球和他的家庭编写组马不停蹄，一本“英语教育”的书稿也已基本完成，他还有其他的编写计划，他自信缘于自己思维的独特，所编书籍肯定有一定的市场。

按所签出版合同，出版社支付付球稿费 17000 余元。可他提出要一些书——家里困难得已难以维持了，知道他编书有的学校提出购买，其中就有借他钱买电脑的学校。出版社给他书是有折扣的，这样会多换回一些钱来。他聪明的脑子顺势又转了转，还是为了生计。

蹬着三轮车卖书

从大城回来后记者没有急着写稿，想让付球这个人物在心里多沉淀沉淀。

3 月 13 日，在一次采访中，一个同行告诉记者：“大城那个编书的农民来廊坊了，骑着三轮车来卖书。”

3 月 12 日早 8 点，付球从大城出发，骑了 12 个小时（大城距廊坊 100 余公里）来到廊坊；13 日，付球在街头卖自己的词典。被当地《蓝色周末》报记者发现，引到报社，该报为支持他，花 600 元买下 12 本词典；当晚，宿在该报记者家中，接受采访。

3 月 14 日下午 2 点 30 分，记者采访完后从县里急匆匆赶回廊坊——付球要赶 2 点 40 分的公共汽车回大城，那趟车路过他家门口，如赶不上，他还得从县城骑 10 公里回家。急急说了两句，记者急忙租了一辆客货两用车，装上他的三轮车、书赶赴车站。但还是没赶上。记者跟他到另一个车站赶3点的车。路上，他告诉记者，原先说好要他200本词典的县里某单位现在变含糊了，一急之下他自己卖了起来。摆了一天半的书摊，卖出去两本，得款百元，看来得跑跑学校了。他问记者稿子什么时候见报，那样书会好卖些。他并没有气馁，他坚信自己的思维方式会给文化界、教育界带来革新的。

到了车站才发现，客车带他的三轮车需要补三张车票，连上他本人的一张，总共需60元。他立刻迟疑了，显然不能接受这个价格，说："我住一晚，等明天两点四十的车，那车的司机我认识，不会收这么多钱的。"一想，又说："我干脆还骑回去得了，走到中间儿花几块钱住一晚，第二天早早就到家了。"

记者提出替他买票，他坚决地拒绝了，对于现在的他来说，60元已是个不小的数字，他不愿意接受如此大的人情。他向记者显示了自己的倔强，记者也就无话可说了。他上了三轮车，摆摆手，很快便消失在城市的人流、车流中。D

高原老兵　群塑

高原老兵无悔激情岁月

激情岁月
在“生命禁区”默默奉献

一个偶然的机会，记者了解到有百余名20世纪70年代入伍、进藏服役数年的老兵，复员返乡后散落在文安县各村街。2003年7月17日，听说记者要来，十几个老兵聚集到县城的战友家，高高低低地坐满了一间屋。话题展开了，回忆起他们的年轻岁月：他们1970年年底入伍，1971年3月调到青藏线，负责营建青海纳赤台至唐古拉山段、西藏安多至拉萨段兵站，完成任务后于1973年承担格尔木至拉萨输油管线铺设任务，这些工程是青海西藏基础工程之一，当时受到了党和国家领导的关注，至今这些工程仍在安全使用。

那段岁月之所以难忘是因为它的千难万苦。在4000～5700米海拔的高原生命禁区，连呼吸都困难，他们却从事着繁重的建设任务，每天抬石头、扛木头，头疼、呕吐和浑身说不清的难受时刻伴随。铺设管道同样艰苦，抬着沉重的钢管走几十步就喘不过气来。抬进管道对接好，他们又跪爬在雨水、雪水中一根根焊接起来，电焊的光刺、沥青的灼热，直接侵蚀着他们的眼、手。

由于高原气候及运输困难，他们在工地上吃的是夹生饭，喝的是变质菜汤，“开水四五十度，馒头能砸人”。没有营房，住在又潮又冷的帐篷里，他们戴着棉帽、裹着大衣睡觉，几年都不脱衣服。由于高原反应，平躺着就会窒息，他们每晚都得把头垫高半躺着睡……高原反应的症状酷似感冒，但真正一发烧感冒就危急了，三天不好，就必须立刻急救，重感冒患者十有八九有性命之忧。为此，每个连队出工，都有医护人员、救护车跟随，但每年还至少有几十名军人长眠高原。

复员回乡
病魔时刻与他们相伴

20世纪70年代末80年代初，这批兵陆续复员回乡。由于大多是技术兵（电焊、气焊、机械），他们在高原战斗3～11年，都超期服役。20世纪五六十年代的入藏部队国家有优抚政策，90年代以后亦有相应待遇。而他们这批，因为国家相关政策调整，大多“从哪儿来回哪儿去”，回乡务农了。数年的高原生活，已经严重侵蚀了他们的身体，文安县复员务农军人有104人，几乎全部患有高原并发后遗症，在回乡以后的两三年里，相继死亡18人，而其他人，也时刻与病魔搏斗着。

记者对在场十几个人做了简单统计，他们年龄在52岁至57岁之间，普遍患有心脏病、肠胃病、关节炎、眼疾，大部分复员后基本丧失劳动能力，有的人生活艰辛。记者一行来到龙街管区韩村王四海家，57岁的他在高原服役7年，患二度高血压于1978年复员，十几年前就不能从事重体力劳动了，7年前又患半身不遂。现在两个女儿已出嫁，一年医药费约2000元，靠老伴打工挣钱，老两口相依为命。

回忆当年
高原老兵从未言悔

回到县城时，崔丙仁来了。52岁的他在高原服役8年，任连队卫生员，回乡务农后很快丧失了劳动能力，现在随身携带着强心卡。他很清楚战友们在高原时及回乡后的症状：高山反应为浑身乏力、眼泪鼻涕不断、胸闷气短、指甲盖下塌，当时部队的住院率高达70%以上。回乡后相应的是低山反应，心脏病、关节炎、肠胃病、视力衰退……

然而对那样的青春，他从未言悔。他能数清回乡后去世的战友：郭德雄、刘秋征、高纪发、王永生……其中不乏他在高原时就抢救过的，现在路过他们的坟茔时不免伤怀。说着，他的泪水流了出来……

记者手记

他们值得尊敬　更应受到关注

在青藏高原的冰天雪地里铺设管道，挥镐举锹，然后在家乡的农田里默默无闻，文安县这群老兵演绎的故事让人想起电视剧《激情燃烧的岁月》里军人的风采，也让人对那段激情四溢的特殊年代回味无穷。在汗水与鲜血的背景下，他们成为令人难忘的群雕。

也许是职业的缘故，记者见多了情感和故事，但这件事却清晰无比、久驻不去，令人唏嘘不已。时下，人们做一件事情都爱讲值不值，讲究成本和回报。在生命禁区滚爬数年之久，命悬一线、苦累无数，但说起过去的生活，这群老兵无怨无悔。但让人不能放下的是他们现在以伤残之体面对生活。采访过程中记者得知，老兵们的境况已得到市、县的关注，有关部门正在着手解决他们的问题。是的，他们应该得到关注与救助，因为这是一群不屈的人，更是值得尊敬的人。

母性大婶　吐妮沙汗

2004 年“感动河北”人物评选推荐理由

两个被拐骗并遭虐待的维吾尔族男孩，被廊坊警方安排到吐妮沙汗大婶开的新疆风味小吃店寄养。孩子们得到大婶周到的照顾，与大婶亲如一家。孩子的父母由于贫困，无法从新疆来河北接孩子。59 岁的吐妮沙汗大婶不顾身体多病，毅然决定送两个孩子回家，深沉的母爱使大婶无畏漫漫旅途。而人们不知道的是，大婶的一个儿子数年前惨遭恶徒拐骗，离开了人世。

吐妮沙汗：母性光辉照耀八千里归途

时间过去半年了，记者却总忘不了那个脸庞：满布皱纹，由于高原日照呈紫红色——这就是吐妮沙汗大婶！记者不懂维吾尔语，大婶说不出几句汉语，沟通主要靠翻译。但有大婶的笑就够了，那样自然、纯净，记者难忘她因悲悯而忘我的精神。

民警送来逃生少年

2004 年 5 月 11 日凌晨，廊坊市公安局东方大学城分局治安民警正在例行巡逻，在京津塘高速公路边，发现两个男孩在徘徊。他们满身尘土，相貌很像维吾尔族人。

民警上前进行盘问，两个孩子先是沉默，后来一开口全是维吾尔语，民警一句也听不懂，只好先把二人带回分局。

当日早晨，民警给两个孩子端来饭菜，他们吃得狼吞虎咽，看得出已饿了很久。

为了解决语言障碍，民警向大学城求教，找到了某高校英语系维吾尔族学生司马义。通过司马义的翻译，民警得知他们名叫阿布里克木、凯沙尔，新疆阿克苏市人，一个 15 岁读初二、一个 13 岁读初一。二人从家乡同时被人拐骗至北京，被迫在街头偷窃，因不堪忍受虐待，伺机逃出，流浪到廊坊。

事情清楚了，但由于两人语言不通、地理不熟，不能提供侦破线索。分局与新疆警方取得联系，得知他们的家人已报案。

在警方安排下，阿布里克木与

爸爸通了电话，爸爸很是惊喜，但由于家庭十分贫困，加上语言不通，二人的家长不能奔波数千公里来廊坊接人。于是，分局在开发区联系了一家维吾尔饭店，委托老板吐妮沙汗大婶照顾他们。

噩梦般的被拐经历

5月14日中午，记者在吐妮沙汗大婶的饭店见到了阿布里克木与凯沙尔，经过两天相处，他俩已与大婶一家人很亲近，正很香甜地吃大碗烩面。大婶一家汉语也不流利，只有再次请来司马义进行翻译，从而了解到两个孩子被拐、被迫街头偷窃的血泪遭遇：

一个月前的一天，阿布里克木与凯沙尔放学结伴回家，行至偏僻处，身后突然出现一辆轿车，他们被手帕堵住嘴挟持上车。可能手帕上有药，俩人很快昏睡过去。醒来后他们已到了离家百里的乌鲁木齐市，车上两个本族青年男子将他们交给一对夫妇，然后消失了。他们哀求那对夫妇放他们回家，对方不允。对方称，他们在北京开饭店，让他俩过去打工，给工资的。

被逼无奈，二人随那对夫妇上了火车。到北京后，黑心夫妇将他们交给两个本族青年后也不见了，原来双方早就商量好了。两个青年告诉他们：工作就是上街偷窃。他们被完全控制了。第一天，青年带着他们去看其他孩子怎么偷；为练习手快，他们被迫去拿泡在热水里的硬币，做不好就挨打。经过一番“培训”，二人开始“上岗”：每日在繁华地段游逛，身后不远处隐蔽着监视者。偷不到东西就会挨打、挨饿，两人的胳膊都被烟头烫伤。只住了几天旅馆，他们就开始露宿，人生地不熟跑不到哪儿去，看管者只需遥控就行。他们哀求看管者放他们回家，对方说：“你们是我买来的，要想回家可以，让家里送两万元来，否则就得给我干五年！”

阿布里克木年龄大些，偷了一部手机上交。凯沙尔一分钱都没偷到，反倒被警察抓到。他年纪小，语言不通，什么也问不出来，民警只得把他放了。

因为“业绩”不佳，二人吃了不少苦头，他们决定逃跑。5月8日中午，他们趁着监管进饭店吃饭，飞快地消失在人群里。两人满心恐惧，不辨方向一通狂奔，离开了市区，顺着高速公路跑了下来。饿了，就到垃圾箱捡剩饭、烂水果；晚上，在野外找一处自以为安全的地方露宿……

大婶的悲伤心事

两个孩子得到了吐妮沙汗大婶一家的周到照顾，可他们无时无刻不想彻底脱离噩梦，回到父母身边，重返课堂。他们的家离廊坊近4000公里，坐火车要两昼夜，硬座每人也得600元，怎样回去成了难题。正当两地警方想方设法时，吐妮沙汗大婶提出：她回一趟乌鲁木齐，送两个孩子回家！

大婶对两个孩子充满同情与喜爱，但大婶今年二月份才来廊坊开店，家人也大多在廊坊。为了孩子跋山涉水，让人感动之余又令人难以置信。大婶叹了口气，眼圈红了，说出了令记者悲愤不已的理由：1995年，大婶19岁的儿子也被恶徒拐骗，两年前家人得到消息，孩子已不在人世了！

“看见他们我就想起自己的孩子，我爱他们，我怕他们半路再遭不测，我放心不下，说什么我也得亲自把他们送回父母身边。”这位母亲告诉记者。

母性光辉照耀归途

5月20日17时，一辆警车驶出东方大学城公安分局大门。受分局领导委托，治安大队负责人刘华京将他们送到北京西客站，本报记者随车赴京采访。

吐妮沙汗大婶没有食言，她要跋涉4000公里护送二人回家。北京到乌鲁木齐路途遥远，坐提了速的特快列车也要45个小时才能抵达。吐妮沙汗大婶今年59岁了，患有高血压、心脏病，但她并不在乎这漫漫长途。经过八九天的接触，两个孩子已对大婶充满依赖。大婶也一脸慈爱地告诉记者，俩孩子虽然个子不小了，但胆子很小，晚上上厕所还叫大婶陪着。大婶一生心善，平日看见路上有人打架她都忍不住上前解劝。大婶认准的事一定要做到底，弟弟刚从新疆过来看望生病的她，在天津的儿子也担心她的身体，但他们都了解她的脾气，也支持她的善举。大婶随身带着药，她说一不舒服就会吃药的，让记者放心。

孩子的家人寄了一些费用来，但明显不够，大学城分局领导与治安大队干警捐款500元。分局将孩子护送到北京西站，上车后由列车乘警照顾，到乌鲁木齐车站，孩子住地派出所民警将接孩子回家，一环一扣，4000公里的爱心线由大婶连起！

18时30分赶到西客站。刘警官与西站公安段联系，了解情况后，段指挥中心提前放行，并指示站台民警帮忙联系列车乘警。列车乘警长韩万成对孩子十分同情，米列车长听说后也让记者放心，他们一定悉心照料。站台上，两个不善表达的孩子握住刘华京的手说，这次遇险、获救经历使他们懂得了如何做人，回家后他们一定好好读书，长大后报答他们尊敬的大婶和民警。

19时20分，汽笛长鸣，列车驶离车站，送两个孩子回家……

带病扶危济困

12月3日，记者再次来到吐妮沙汗大婶的小吃店，发现已换了主人。房东告诉记者，大婶的店暂时停业了。5月份大婶送两个孩子平安到家后没有立刻回来，而是在老家逗留了两个多月，因为大婶累病了，好多天没缓过劲儿来。大婶回到廊坊不久又感到胆部不适，听说在河北做手术花费远高于新疆，并不富裕的大婶又返回新疆治疗。房东觉得大婶人特别好，和周围人相处得非常好，不只救助了两个孩子，平日也经常力所能及地扶危济困。

12月7日，辗转打听到大婶儿子在天津杨村的地址后，记者约上司马义翻译赶过去。大婶的病情令人担忧，大婶的儿子已回到新疆看望大婶，她的儿媳吉米来木接待了我们：大婶送孩子回新疆后就病倒了，身患心脏病、高血压的她长时间坐车手脚就会浮肿，虽然她带了药，但还是没撑住，住了十几天医院。

促使大婶返回河北的原因是又一次求助。得知大婶将两个被拐的孩子送回来，附近一户人家找到了大婶：他家17岁的男孩远在东北大连，离家一年没有音讯，父母已病得厉害，只想见儿子一面。面对男孩姐姐的哀求，大婶忘记了她的病体。9月，大婶带男孩的姐姐回到杨村，家里人担心她的身体，大婶的儿子放下生意陪同前往寻找男孩。4天后，被找到的男孩与姐姐回到杨村，还没来得及感谢大婶，大婶就因胆病突发再次住进了医院。姐弟俩拿出1000元钱，被大婶拒绝了……

（注：吐妮沙汗大婶入围2004“感动河北”人物评选）

重义前妻 陆国华

陆国华是三河市的一个普通农妇，8年前其丈夫王贵柏因工伤全身瘫痪，随后的家族纷争迫使她带着儿子改嫁，与邻村的马善库另组家庭并生得一子，新家庭十分美满。2004年，王贵柏的父亲病重，不能再照顾生活不能自理的儿子，王贵柏陷入困境从而产生轻生的念头。得知前夫的困境后，陆国华几经思想斗争，在得到丈夫马善库的支持后，毅然带着全家人搬回王家，悉心照料前夫。

重义农妇率全家照顾前夫

王贵柏：做梦都想不到的好事

2005年4月19日，记者一行来到陆国华、马善库夫妇与王贵柏的“家”。三间北房，房前辟出菜地，新盖了四间猪舍，院子里干净、有序。王贵柏住东屋，他仅能坐起来，右臂能动，不能下地，大小便都不能自理。陆国华、马善库夫妇住西屋，屋里散发着来苏水的味道，整个家整洁温馨。

王贵柏坐在炕沿上招呼记者，流露出非常满足的神情：陆国华又回来了，虽然改换了身份；儿子能天天见到，又很心疼他；马善库对他也不错，好吃的都紧着他，没事儿俩人就一块儿聊聊。在经历了受伤、家庭变故和多年的艰难处境后，眼前的一切是他做梦都想不到的好事。

陆国华：真情支撑起特殊家庭

陆国华一直在忙，每天王贵柏的吃喝拉撒就够她忙的，还要照顾两个孩子，还有家务加农活儿。看得出来，她是一个要好、讲究的人，这样的忙碌中，窗台上还养了几盆花，面容粗糙的她内心异常美丽。

陆国华告诉记者，当时离婚，她与王贵柏没什么仇怨，王瘫痪后她并未打算弃他而去，当时是因为事故赔偿金引发家族尖锐的斗争，逼迫她离家。当时王贵柏也劝她走，他不忍妻子伤心无助，她应该有一个正常的家庭。陆国华几近崩溃，她买了安眠药自杀，是曾一同做工的马善库救了她。马善库是一个非常善良的人，由于家庭困难一直没成家。1998年，陆国华向前走了一步，马善库视她的儿子如同己出，两年后，他们的儿子出世了，日子过得非常美满。

得知王贵柏因父亲病重无人照料的困境后，陆国华满心迟疑：能看着他死吗？此外，17岁的大儿子也对自己的亲生父亲日夜挂牵。但怎样才能照顾前夫？马善库这边又怎么办？陆国华说，马善库赞成全家搬到王家照顾王贵柏，他理解妻子，也很在意大儿子的感受，生怕孩子因此遭到伤害。马善库想，平日一个路人有难都要搭把手，自己也不忍看到王贵柏滑向悲惨的结局。

2004年8月，马家全家搬到王家，五个有着特殊关系的人组成一个特殊的家庭。

真情担当着一切。

马善库：无私支持妻子的义举

记者进行采访时，马善库没在家，到北京做工去了。记者拨通电话，由于路远不方便他不能回来，只是简短地说了几句。但记者深深感到，他于这个特殊的家庭至关重要，陆国华情怀高尚，而站在陆国华背后的他也堪称伟大。

从一定程度上讲，马善库是陆国华的恩人：他救了她的命，建立家庭后善待她与她的儿子。而把自家院门锁上搬到王家，马善库又作出了巨大的牺牲，他甚至承受着数倍于陆国华的流言蜚语。

“老马的心好，他真的不嫌弃王贵柏。”陆国华理解丈夫，知道丈夫吞咽了太多委屈。夫妻俩曾抱头哭过，但他们决心照顾好王贵柏。大儿子现在上初中，如果考不上大学，就让他留下照顾生父，夫妻俩与小儿子搬回家；如果考上大学了，他们不会拖累孩子，就一直照料下去为王贵柏送终。

记者见到了他们的大儿子。看得出，孩子对马善库充满感恩之情：几年来，继父给予他的爱太多了，使他避开了家庭破裂的创伤。现在，他是这个特殊家庭里最幸福的一员，拥有着两份父爱，他知道为了不让他的感情世界残缺，继父不惜“冒天下之大不韪”，做出在小村里算得上惊世骇俗的举动。

乡亲：她家的故事真该写写

在采访中，记者没有听到对陆国华、马善库的嘲讽，但他们俩所承受的世俗压力之大是完全可以想象的。

不过，敬佩他们的人也不在少数。

在王贵柏所在的村里，陆国华改嫁前就有着不错的名声。乡亲们说，王贵柏失去照顾后曾活得“没人样”，马家一家人搬来照顾，令不少正直的村民感动不已。住在附近的一位大婶告诉记者，他们的故事就跟电视上真情栏目里演的一样，真该好好写写。

记者来到马善库所在的村子，村民们都知道这件事。马善库的家人不反对他这样做，他同样善良的兄弟还曾过去帮着盖猪舍。马善库的叔叔认为，别人说什么不重要，关键是“为人处世要有善心”。

手臂抬不起来、双腿不能站立、连做个微笑都困难，这样一个患有进行性肌营养不良的残疾青年，跋涉在音乐道路上，远征广州、飘荡北京……

全身瘫痪的杨学峰对音乐执着追求、自强不息的精神深深地感染着身边的每一个人。

坐在轮椅上的音乐寻梦人

舞台上难展笑颜

2006年，在廊坊市明珠影剧院，一场文艺演出拉开了帷幕——“廊坊歌手杨学峰原创歌曲独唱音乐会”。演出开始，歌手亮相，一个人在后面推着坐在轮椅上的杨学峰——歌手是一个残疾人，患有进行性肌营养不良从而全身瘫痪。

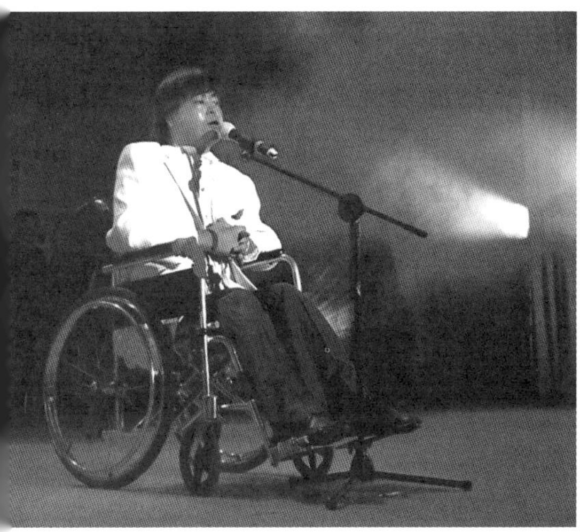

这样的一个人，能写词谱曲，能唱好几年，现在举办首次个人演唱会，着实不容易。演唱会共15首单曲，其中9首是杨学峰词、曲、唱。这些歌都来自他磕磕绊绊的肢残生涯，好像演出的宣传语：“坐在轮椅上的音乐寻梦人，心灵与生命的悲情倾诉。”“你离家多久，你还记得吗？你可知家人在牵挂？你还记得吗，你离家的那一刻，母亲满脸泪花？”（写给母亲的《红信封》）“这么多年，你遮挡着酷暑严寒，五更起三更眠，你从来没有怨言，这么多年，你吞咽了多少心酸？”（写给父亲的《他的背影》）……

演唱中，杨学峰右手拿着话筒，左手撑着右手，主持人告诉观众，之所以这个姿势，是因为他连举话筒都困难。很显然，杨学峰也处于不能自已的激动中，但他面不改色。主持人说，他不是不想微笑，是他的面部肌肉已僵化，笑不起来。就这样，90分钟的演出，掌声不断，而鲜花也凝聚着观众由衷的敬意——一位残疾人企业家，走上舞台，当场向坚强的表达了残疾人心声的杨学峰捐款。

全身瘫痪的杨学峰

为了更好地了解杨学峰的音乐历程，记者来到固安县小东湖村杨家。杨家是个平常的农家小院，女主人景书敏坐在床上，她因病瘫痪，并遗传给杨学峰及其弟弟。男主人杨立山一脸沧桑，一家四口人，就他一人健全，生活的重担全压在他的肩头。谈起杨学峰，夫妇俩表达了不尽无奈的怜爱：杨学峰1976年出生，自小聪慧，喜欢唱歌，作文也不错。但到了1985年，杨学峰的身体开始出现不适，经常莫名其妙地跌倒——难道孩子有母亲遗传的病症？这个预感不幸言中，1993年，没读到初三，杨学峰就因病退学了。

但杨学峰不服。1995年12月，杨学峰拿了家里1000元钱不告而别，独自踏上去往广州的列车，去找一个他崇拜的音乐家。在都市街头，他扭曲着身子走着，招来众多新奇的目光。音乐家没找到，钱花光了，他挣扎在异乡的泥水里。在好心人的帮助下，他找到了遣送站，凭一张遣送条回了家。在火车上，触景生情的他写出了第一首作品，回家后用价值18元的玩具电子琴弹奏了出来。

1996年，杨学峰因病开始发胖，1997年，他只能蹲着走了，而到了1999年，他全身瘫痪，只能在椅子上一点儿一点儿地挪。2000年，他创作了第二首作品《梦相思》。在得到专业人士的肯定后，他筹划将作品拍成MTV。他找到县残联，县残联为之感动，拨款两万元并送给他一辆轮椅；同村一位农民，把自己卖玉米的100元钱给了他，就这样七拼八凑，耗资数万元的MTV摄制完成，引起了相关部门及媒体的关注（本报曾报道）。

杨学峰的心越来越“野”了，为了更好地学习和提高，他想到了首都北京这个大舞台，于2000年开始了“北漂”生涯。他的身体已应对不了任何坎坷，但总有一双双手在后面给他以推力。1998年，四肢趋于僵死的杨学峰遇见了一场爱情，女友健康美丽，这段爱情延续了两年九个月，在各种原因下平稳完结，伤痛之余杨学峰为自己感到满足，更对女友充满感激。父母也为他的“不安分”付出了所有能付出的，到他去北京前，家里只能给他20元钱，想到这些，母亲的眼里就含满泪水："我总觉得对不起孩子，他在外面不容易啊！"

他的背后有千双温暖的手

全身残疾的杨学峰在北京怎样生活，又怎么不容易？带着这些疑问，记者专程赶赴北京。在北京西客站南广场见到杨学峰坐在轮椅上，后面站着一个小伙子，他已等了两个小时。往南推了3里地，到了他租住的四合院。小伙子把轮椅抵住门槛，像卸货一样，杨学峰扭动着身体找角度，将自己放在一把平躺着的木凳上，然后双手搬着木凳在两张床之间挪——这就是他能自主的活动空间，除此之外，如果没有人帮忙，他只能滚爬了。

13平方米的房间，只有一张单人床、电视、电扇三件东西属于他，来北京近3年，他搬过7次家，这是最好的房子了，"三大件"也是朋友送的，他只带了一套被褥来京城。他有煤气灶，但只有朋友来时才能开伙，平日他只是托左邻右舍买点吃的回来。碰上别人忙或口袋里没钱，他就不吃了，一个月中至少15天，他一天只吃一顿饭。推车的小伙子守在一边，他却是杨学峰刚认识一天的朋友。记者让杨学峰想想来京后大概有多少人或多或少地帮过他，他说怎么也得1000多人吧。

在北京打拼

现在的杨学峰是忙碌的，每周有4个半天的学习时间，多是老师登门授艺。几年打拼，使他在京城娱乐圈内有了小名气，每月能到酒吧、舞厅唱十几场，收入或多或少，多半花在来往打车上，余下的用以维持生活。在生存都是问题时，杨学峰又谋划自己的巡回演出及专辑，尽管希望渺茫，但他已习惯狂想以后随之而来的苦难。

作为全国的文化中心，北京容纳着十几万像杨学峰这样的艺术癫狂者，心醒梦灭，酸甜苦辣，而杨学峰的病体使他的追求显得更加悲壮与惨淡。杨学峰不这么认为。在荒死的躯体上，开出多小的花来都弥足珍贵，他的任何努力都是他成功的证明。

他告诉记者，他的未来没有迂回、败退，只有更努力地进取，争取更大的成功。然而现实是坚硬的，他的心还是肉质而鲜活的，苦涩能腌透它，他告诉记者他感触颇深的一句话："鱼说，我也曾哭过，只是我在水里，人们看不见我的泪。"

“人民卫士牺牲在岗位”系列

热心刑警　刘学军

热心肠刑警累死在岗位

2006年11月17日，由于劳累过度，固安县公安局41岁的刑警刘学军突发大面积心肌梗塞，经抢救无效牺牲。在刘学军的追悼会上，有一位中年男子涕泪长流、不能自制，大家了解到：他不是刘学军的亲属、同事，而是刘学军5年前救助的一个病人。

刘学军当刑警的日子并不长，今年4月17日，他才调到刑警队。但刘学军身边的人说，他非常喜欢刑侦工作。固安县公安局政委黄稳占说，调到刑警队后刘学军干“疯”了，这真是他最喜欢的岗位。

牺牲前一天
白天接处10余案深夜出警两次

11月15日早8时30分至17日早8时30分，是固安县公安局城关刑警队刘学军所在探组值班。15日白天，刘学军和同事共接处10余起案件，到晚间又两次出警处理抢劫案，直到16日凌晨3时许，刘学军才躺下休息。

刘学军与妻女在一起

16日早8时左右，同事们发现刘学军脸色发白，他说胸口发闷，就把他送到了县中医院，医生诊断为“急性下壁心肌梗塞”。当时刘学军还清醒，在电话中告诉身在廊坊市区家中的妻子：“没大事，不用赶过来。”

16日中午，病情加重的刘学军被转到廊坊市人民医院，植入了心脏起搏器。这时，他才说出凌晨就感到不舒服，但不想打扰同样疲惫不堪的同事，所以一直坚持着，他还向同事说起尚未做完的问讯笔录。17日凌晨5

时许，因抢救无效，41 岁的刘学军永远地闭上了眼睛。

刘学军曾在廊坊市一家企业保卫处工作，1999 年他被调到固安县公安局，在安全保卫大队工作，一干就是 7 年。刘学军的同事回忆，他任劳任怨，北上丹东、南下宁波，一去就是数日。他住在公安局，经常几天不回市区的家，有时到市里办事也不进家门，妻子只得几次来到局里，为他拆洗衣物。2002 年 5 月，由于工作成绩突出，刘学军被廊坊市委、市政府授予个人二等功。

人说“四十不学艺”
41岁时他转行当刑警

刘学军个子不高，体重却不轻，看起来矮矮胖胖的他给同事们的印象是和气、豪爽、好学。有人告诉记者，刘学军非常喜欢警察这个职业，尤其是刑侦工作，但与他一起调来的一位同志到了刑警队，他就不好再提要求，憋了 7 年后，他终于等来“补充一线所队”的机会，主动找到局分管政委，要求到刑警队去。

今年 4 月 17 日，刘学军调到城关刑警队，队里只有一个民警比他年龄大，他却心甘情愿当上了新兵。他从副政委那里借来一大摞刑侦书籍，抓紧时间自学，年轻的同事做笔录他就凑过去看，说“你们都是我的小师父”。

在公安系统各警种里，刑警最为危险、劳累，责任也最大，很多同志因劳累过度患上了失眠、神经衰弱而不得不调离。固安县公安局刑警大队长动情地说：“人说四十不学艺，刘学军 41 岁却跑来当一名普通刑警，他很快掌握了刑警业务，所做的案宗非常标准。”

记者了解到，按规定固安县公安局应有 400 人编制，而实际才有 200 余人，基本上是一个人干两个人的工作。刑警队各探组轮流值班，一值就是 48 个小时，接处案件没白天没黑夜。不值班也要处理手头上的案件，调查、抓捕、审讯、移交，哪一道程序都不能马虎、不能怠慢。同事们说，刘学军干什么事都认真，有时为一个办案细节跑好几趟。在抓捕一名盗窃犯时，刘学军冲在最前面，事后才发现手上被划了一个大口子。

家在廊坊的刘学军吃住在队里，因为不知什么时候就有情况，他一两周也回不了一次家。他们夫妇要孩子晚，女儿才 4 岁，有时孩子想他就哭着打来电话，而他给孩子的承诺总是落空。

刘学军办的一件案子在他牺牲前

即将开庭，他做了400余页的案宗，同事们决定结案后将案宗复印，送给刘学军的家人做个纪念，让孩子长大后知道爸爸是个什么样的人。

当上刑警后，刘学军的体重减了10公斤。4月17日到11月17日，从干刑警到牺牲整整7个月，了解他的人都知道他不后悔。在好学的刘学军的建议下，黄稳占与他一起报考了天津工业大学工商管理硕士，经过两年学习，两人刚刚拿到毕业证书，想起刘学军已永远离开了，黄稳占忍不住落了泪。

回家途中救人一命
被救者找了他三个月

11月21日上午，在廊坊市广阳区南尖塔村，记者见到了骆广生、龚树菊夫妇。在刘学军的追悼会上，就是他们哭得不能自已。

他们告诉记者，刘学军是他们全家的恩人。2001年，大年初二晚9时左右，骆广生、龚树菊夫妇串完亲戚骑自行车回家。骆广生曾因癌症进行过声带切除手术，脖子气管处安装了发音器，上银河路高架桥时，因为用力过猛，气管被堵住了。见丈夫呼吸困难，龚树菊慌忙站到桥中间，想拦截车辆送丈夫到医院。当时车很少，她拦了六七辆车又都没停，十多分钟过去了，骆广生已经窒息。这时候，从固安值完班回家的刘学军开车经过，停下车，问清情况后，急忙帮着把骆广生抬上车，往市医院开，还闯了一个红灯。到了医院，见龚树菊带的钱不够，刘学军又垫付了担架租用费，在抢救过程中，他一直等候在楼道里。骆广生得救了，龚树菊抓住刘学军的双手连声感谢，她追问恩人的工作单位、住址，希望日后感谢。但刘学军没有告诉她，得知病人转危为安，转身就走了。

救命之恩，骆广生、龚树菊夫妇总也放不下。龚树菊记起在送丈夫到医院的路上，曾问出恩人刚从固安县公安局下班，家住在一个汽修厂附近。于是她给固安县公安局打电话，却没打听到。龚树菊想，该不会是恩人怕他们日后报恩撒了谎吧，她不甘心，就骑着自行车出去打听那个汽修厂，由于记得不太准，一时间难以找到。寻找恩人成了骆广生一家三口的大事，龚树菊几乎每天都出去打听，她终于找到了那个汽修厂，又几经周折，才找到刘学军的家，这时候，她已找了三个月。

两家人自此成了“亲戚”，修表为生的骆广生把刘学军的恩情铭记于心，他告诉读大学一年级的儿子，对待刘叔叔要像对待亲爸爸一样。说到这里，夫妇俩哭成一团。他们说，孩子与叔叔非常亲密，私下里已经以干父子相称了，他们至今都不愿相信，那么好的人说去就去了。

常忙工作不回家 小女儿认定他又出了差

记者见到了刘学军的妻子石润侠。在妻子眼中，刘学军非常热爱警察这个职业，但对家庭也很负责。他是个热心肠，见人危难不施援手自己心里就过不去，但事后又不愿张扬。龚树菊找上门来她才知道丈夫救了人一命，在之前丈夫只含糊说了几句。

石润侠回忆道，有一次他们在饭店吃饭，有个男子突然给刘学军跪下了，原来在一次街头斗殴中，刘学军救了他，当时他身上还插着尖刀。他认出了刘学军，而刘学军已记不得他了。

记者了解到，在最后的时刻，想到刘学军的遗愿，家人给他穿上了崭新的警服。由于刘学军经常不回家，4岁的女儿一直认为：爸爸又出了差，过段时间就会回来。

（注：与于洪良合作）

牺牲在岗位　韩秀文

夙夜在公，兢兢业业
永清县看守所所长突发心梗牺牲在岗位上

2017年6月13日，53岁的永清县看守所所长韩秀文在单位查岗时突发急性心梗，于次日永远地离开了他夙兴夜寐、坚守9年的监管岗位。15日下午，廊坊市委书记冯绍慧专程赶赴永清县，看望并慰问了韩秀文的家属。16日，永清警方举行隆重哀悼仪式，公安部、省公安厅专门派代表参加，送别韩秀文同志。

韩秀文，1964年出生，一级警督，1987年参加公安工作，一开始就在永清县看守所工作四年，后任派出

韩秀文（资料图）

所所长、经侦大队教导员，2008 年 6 月调任永清县看守所所长。6 月 13 日 15 时许，韩秀文在查岗时突感身体不适，被紧急送到县医院，确诊为急性心梗，当日下午转至廊坊市人民医院，14 日 7 时许，经抢救无效去世。

14、15 日，永清、廊坊的公安圈儿里，大家都在评说着韩秀文，很多与他有过交往的人痛哭失声。从警 30 年，9 年看守所所长，表面大大咧咧的老韩始终严守着监管工作的条规，每天早来晚走，凡事以身作则，曾连续 25 天扎在所里没在家睡过一晚。永清县公安局长蔡大军有突查暗访基层单位的作风，调任永清一年半以来到看守所不下 50 次，每次不请自来时老韩都在岗上。有一次老韩脚肿了，光着脚一瘸一拐地也不回家，他告诉局长说："我在这里，就比在家里放心。"13 日 7 时，蔡局长又来到看守所，老韩带着一名在押人员到医院检查身体，蔡局长走时在门口遇上，两人摇下车窗说了几句工作。蔡局长没想到这竟是自己在工作岗位上见老韩的最后一面。

老韩就是这样，年过五旬在局里就是"老人儿"了，这些年又白发见多，在年轻同事眼里是个严厉的老头儿，但他更多的是在跟自己较真儿，让人敬佩不已。廊坊市公安局监管支队副支队长李书泰告诉记者，监管工作就是守住安全这根红线，它不是轰轰烈烈地破大案、风风光光地立功受奖，而是每日的细枝末节、烦琐劳累。永清县看守所 31 年来安全无事故，连续几年在廊坊监管系统排名前三，老韩平凡中的伟大就体现于此。老韩是近年来廊坊第三位倒在岗位上的看守所所长：2004 年 9 月 18 日，韩秀文的

中共廊坊市委书记冯韶慧（左一），廊坊市副市长、公安局局长赵晋进（左二）等领导看望韩秀文家属。

前前任永清县公安局看守所所长梁成山在单位边输液边工作，因脑干栓塞医治无效去世；2002年5月6日，文安县看守所所长王章印连续值班，因大面积心梗牺牲（本报均予以报道）。

记者来到老韩的家，其妻女处于极度的悲痛中，他的内侄女告诉记者："姑父很少在家待，手机24小时开机，有事儿随时就走。他在家里表现很马虎，这么多年来，一家人连合影都没照过一张。"

相关：

文安县公安局看守所所长累死岗位

参军18年，他连连立功，从警10年，他屡破重案。干工作他经常没日没夜，在别人眼里他是个"铁人"，他也总说："累能把人累死？"然而在不久前，他就是因为劳累过度引发心脏病而牺牲在自己的岗位上。近来，文安县公安局看守所所长王章印的感人事迹正在当地广为传颂。

王章印牺牲在2002年5月6日凌晨，提起那个日子，他身边的人都眼含热泪。王章印从5月4日早晨就在所里值班，到5月5日早晨，所里的同志就看他精神头儿不足，但他还像平日一样该忙啥忙啥，到吃晚饭时，副所长陈宝迁注意到他只吃了一个馒头。到晚上10时许，王章印回到离所仅四五百米的家，对妻子金春玲说："我感到胸闷。"金春玲赶快给他找出速效救心丸让他吃了，并关切地说："咱去医院检查检查。"他说："这算什么，累能把人累死？所里还有很多事，我还得回去。"这是他一贯的作风，妻子没能拦住他匆忙的身影。晚12时许，值班司机刘红军接到王章印的电话："你快过来，我难受，送我到医院。"小刘急忙来到他的办公室，只见他手捂胸口，面如土色，说话都困难，便急忙发动面包车，送他去文安县人民医院。到医院后，王章印已不能走路，小刘连抱带拉把他送进急救室。所里的同志们来了，妻子与孩子来了，但谁也没有挽留住一个疲惫的生命。5月6日凌晨1时许，王章印因大面积心肌梗塞停止了呼吸。

“他首先是个军人、是个警察，然后才是丈夫、父亲。以前我也不高兴，但见他累成那个样子，也就理解了他。”时间过去一个多月了，金春玲还是经常泪流满面。她哭那个晚上她没有留住丈夫，也许去了医院就能救回他的命；她哭丈夫临去前也没能坐下来好好跟她说说话。

在公安机关中，看守所是十分敏感而重要的。早6时犯人放风；早7时所领导碰头会，总结前一夜情况，安排整天的工作，然后安全检查，了解犯人情况；晚上按规定每15分钟巡视一遍监舍，直到天亮。文安看守所现有180余名犯人，因近期机构调整，15名干警要分流7个，工作比平日更加繁重。王章印是从半年前感觉胸闷的，但他一直瞒着家人与同事。3月初的一天，他曾胸闷得动不了，但也只是在所里输了一天液。“累能累死人吗？”是他经常挂在嘴边的话。

在文安县公安局，王章印的勇猛是出名的，他的每一个荣誉都是用血汗换来的。记者在1999年3月14日缉捕杀一伤二的持枪歹徒高某的实况录像中看到，时任巡警副大队长的王章印主动请缨，担任突击队队长，冲在最前面，与歹徒面对面对射，一枪击毙歹徒。

王章印，1955年生，文安县人。1975年入伍，历任排长、武警中队长，荣立个人三等功三次，被军分区评为优秀党员三次；1993年转业到文安县公安局，历任派出所民警、巡警大队副大队长、派出所所长，直接参与破获各类案件320余起，先后荣立个人二等功一次、三等功两次；2001年被廊坊市委、市政府评为优秀军转干部，同年5月，调任县看守所所长。

5月8日，文安县领导及县公安局全体干警隆重举行了王章印同志遗体告别仪式。近日，文安县公安局发出向王章印同志学习的通知。

河北一看守所所长边输液边工作导致劳累过度49岁牺牲

2004年9月18日，一个噩耗传来：永清县公安局看守所所长梁成山因劳累过度，牺牲在工作岗位上，年仅49岁。9月19日上午，永清县政法委隆重举行梁成山同志遗体告别仪式，省公安厅厅长俞定海以及省市政法部门送上了花圈。9月24日，记者来到永清县采访，梁成山已走了7天，所里的民警和他的亲友仍沉浸在悲痛之中。

梁成山在部队服役20年，多次立功受奖，转业到公安部门后，历任民警、派出所所长，2002年9月调任永清县公安局看守所所长。去年6月，新看守所建成投入使用，工作千头万绪，梁成山一忙起来什么都忘了。看守所指导员于彦波军医出身，他告诉记者，梁成山到任两年来先后患上了高血压、糖尿病，这完全是劳累所致。所里工作多，梁成山极少去医院，头晕了就吃降压药，实在顶不住了就让于彦波在办公室为他输液。

因工作繁忙，梁成山牺牲前已有十几天没回家了。9月17日，梁成山早5时起床，安排押解犯人工作。当天上午他感觉有些头晕，就在办公室输了两个小时的液，下午继续工作。至晚上病情加重，送到县中医院后被强制留院，经检查为脑干栓塞，后突发呼吸衰竭，于次日凌晨去世。

永清县公安局政委侯树先告诉记者，看守工作枯燥繁重又责任重大，没有高度的责任心、没有一股子韧劲是很难干好这项工作的。

梁成山的工作实绩证明，局党委的选择是正确的。侯树先沉重地说，全局上下都为失去这样一位好战友而痛心不已。

梁成山去世那天，他的妻子于秀英在家输液已经十多天了。于秀英1996年下岗，患有心肌梗塞、脑栓塞，长年在家养病。于秀英悲伤地说，现在她就是想埋怨埋怨，老梁也听不到了。梁成山80岁的老母亲心疼地看着遗像里的大儿子，泣不成声地说：“成山当兵20年不在家，回县里工作了也是忙得七八天难得见上一面，总想着母子俩说话的日子长着呢，没想到竟是白发人送黑发人。”

虔心孝子　沈帮臣

1995年，有病的老母亲走失，之后的11年来，沈帮臣四兄弟一直坚信，自己的娘还活着，虔心寻母从未间断。期间，沈帮臣没有找回自己的母亲，却帮20多人找回了走失的亲人。

"我娘走丢有11年了，我觉得她还活着。她就是脑子糊涂，身体啥事儿也没有，我一定要把她找回家。"2006年2月18日，41岁的沈帮臣向记者讲述自己的寻母经历时，眼里充满了泪水。

11年寻母寻回20多个迷路人

11年前白发亲娘走丢了

沈帮臣住在廊坊市安次区西太平庄村，兄弟四人，他行三。沈家以前生活艰难，母亲邢金凤原先在山东生活，前夫亡故后改嫁到廊坊，她留在山东的孩子夭折一个，深受刺激的她自沈帮臣小时候脑子就开始糊涂了。17年前，沈帮臣的父亲去世，沈氏四兄弟除老二外，都做了上门女婿。

沈母的病只是爱唠唠叨叨，间歇性发作，但母亲对儿子的爱是丝毫不变质的，嘘寒问暖、牵肠挂肚，这些不仅儿子们，连儿媳们也难忘。老人1995年走失前曾丢过一次，两天后有人送信来，他们把老人接了回来。1995年老人再次走丢了，这一走，兄弟四人11年来再也没有见过亲娘。11年来，沈氏兄弟总梦想着有一天传来娘在哪儿的消息。11年过去了，算起来老人今年已78岁高龄了，但兄弟四人坚信娘还活着，寻找一直没停过。

11年中寻母从未中止

母亲是1995年5月走失的，这个日子沈氏兄弟刻骨铭心。兄弟四人发动亲朋好友，分多路出去寻找。时间一长，寻找就成了自家的事，也成了沈氏兄弟生活中的主要事项，一有空闲，他们就骑着自行车，认定一个方向找下去，走村串户，见人就问。儿媳们更多做大本营工作，有几次兄弟四人得信后外出寻找母亲，沈帮臣的妻子李建华在家里包饺子，满心希望老人被接回来，但都让他们失望了。

原先沈帮臣骑着自行车找，后来他买了一辆机动三轮车，拉客拉货，拉完活儿后就近寻找。家里种的几亩地是一家人的生活保障，沈帮臣出去打短工也是为寻母准备路费，每一次出去找母亲总是花完钱才回来。去年，他花了6000元买了一辆二手汽车，这样出去找母亲时就可以跑远些，可以住在车里，一次可以多出去几天。

今年春节前，沈帮臣带一帮乡亲干建筑活儿，被拖欠了5000元工资。他告诉记者，这样他就被绊住了，没钱出去寻母了。

替别人找回20多个亲人

11年来，沈帮臣跑北京、转天津、下沧州，跑遍了方圆400里的村落。他没有找回自己的娘来，却帮20多人找回了自己走失的亲人。单1995年12月的一天，沈帮臣就帮助了两家人。那天中午时分，他看见一个老太太坐在一家粮站门口，见谁骂谁，精神好像有些失常。粮站站长拿出饼来给老太太吃，沈帮臣就在旁边守着，几经询问，他终于问出老太太是附近村的。沈帮臣怕老人一转眼就不一定走到哪里去了，便守着她。他想，如果没人来找，就跑一趟把老人送回家。沈帮臣守了4个多小时，老太太的亲人来了，对他千恩万谢后将老太太接走了。

等老太太被家人接走后，沈帮臣接着寻找自己娘。到一个村子时天色已晚，村民告诉他，村边有一个老太太。他急切地赶过去一看，不是他的娘。老太太穿着单薄的线衣，萎缩在柴火堆里，当时正值深冬，一晚上就可能冻死。在沈帮臣的一再询问下，老太太说她是附近村的。沈帮臣脱下自己的大衣给老太太穿上，用自行车驮着老太太到了附近村，但打听半天没找到老太太的家，沈帮臣只好把老太太带回自己老家，安顿在二哥家过夜。第二天，沈帮臣将老太太驮回自己家，进门告诉妻子："我捡了一个妈回来。"老太太在他家住了三天，彼此相处得很好。沈帮臣听说有人去廊坊市收容站寻找老人，就把老太太送了过去。回家后，他在电视上看到老太太家人的寻人启事，就按寻人启事上留的电话和老人的儿子联系，然后和老人的儿子一同从收容站把老太太接回了家。老太太跟儿子说起沈帮臣夫妇来总是这样说："咱家那个亲戚……"

"我想自己开个收容站"

在11年寻母过程中，沈帮臣遇见需要帮助的人很多，他总是毫不犹豫地尽力救助：在北京，一个有智力障碍的小伙子在大雨中迷失，他一路打听着将小伙子送回家；在路边，一个男子酒后摔伤呕吐不止，他帮着联系其亲朋；在车站，一个姑娘被车撞倒鲜血直流，他找来三轮车及时将姑娘送到医院……

沈帮臣的妻子李建华告诉记者，流浪乞讨的人走到沈家总能得到食物。有一次，沈帮臣见一个乞丐冻得直发抖，就让乞丐把他的大衣穿走了。

沈帮臣告诉记者，自从母亲走失后，他深深感到流浪在外的人的艰辛，自己尽一点儿微薄之力，就能温暖那一颗颗孤独的心。他曾有过开民间收容站的想法，为流浪者倾其所有都在所不惜。记者问："你这样做，是不是从心里希望，你流落在外的娘，也受到别人的照顾？"沈帮臣点点头，眼圈又一次红了。

记者手记

谁言寸草心，报得三春晖

在采访中记者得知，自从母亲走失后，沈帮臣的大哥就再也没有进过他们姥姥家的门，大哥认为把娘给弄丢了自己罪责难恕。娘在外面流浪，使沈氏兄弟寝食难安，逢年过节，他们念及此都涕泪横流。"谁言寸草心，报得三春晖"，沈氏兄弟的孝心虽不得偿，但他们11年来寻母的那份痴情让人感动。更让我们感动的是，11年来沈氏兄弟对他人的救助。

无须多言，精神病人、老年痴呆患者的走失已成为社会难题。我们每一个人，在遇见那些流浪迷失的人时，能否迟缓一下脚步、施一下援手，因为满身风尘的他们，有着太多亲人的牵挂和泪水。

艾大妈和她的孩子们

三角地是廊坊市区最初的发源地，目前在彩虹飞跃的银河高架桥下面，一些房屋明显破旧、低矮了，住在这里的，多是一些老廊坊人。

2007 年 1 月 26 日，记者向人打听开五金土产店的艾新兰大妈，有人很快指路："老太太收养了两个流浪儿子，大家都知道。"

没什么特别的，简陋的店铺外面摆满锅、缸、拖布等商品，艾大妈今年 59 岁，也是一个平常的老太太。正是吃早饭的时候，艾大妈正炒白菜、热馒头，她的儿子小胖儿就站在旁边，等着吃。

收养两个流浪儿子

艾大妈是安次人，年轻时有一儿一女，后来因为家庭矛盾跟丈夫离了婚，儿子与一部分家产判给了艾大妈，但由于婆家强横，她什么也没有带走。后来，有人看中艾大妈的善良、能干，介绍她又成了家，对方很老实，有三女一儿。她做后妈，跟孩子们没红过脸。1999 年，老伴去世，孩子们都陆续成家了，艾大妈自己经营着五金土产店。

小胖儿是 1988 年来到廊坊的，当时抱着几个梨从火车上下来，十几岁的样子，不会说话，什么也表达不了，一问就哭，只知道在地上找柴拢火。大伙给他起名叫"小胖儿"，都照顾他，给他吃的，给他穿不着的旧衣服。

小胖儿在流浪中渐渐长大，有时饿了，也偷些吃的。艾大妈看着可怜，就在外屋炉子旁边给他搭一块木板，让他睡觉。后来，小胖儿去饭店帮忙，能说一点儿话了，但由于智力障碍，经常遭打骂。

2003 年中秋，小胖儿又一次没事做了，艾大妈干脆正式收留了他。艾大妈为小胖儿在高架桥下面租了一间铁皮房，给他买了衣柜、单人床、小电视，还安了吊扇。

小胖儿只会帮忙拎货品，但不会摆放，他会蹬三轮，却不认红绿灯。除吃住外，艾大妈还给他买衣服。小胖儿吸烟，还爱喝啤酒，却只认识一元面值的钞票，在他的一个大钱包里，艾大妈把零花钱都给他换成一元钱，一沓。

虽然智力有问题，但小胖儿知道艾大妈对他的好，他也从心里关怀着艾大妈。艾大妈一推三轮车，他就说："不行，岁数大了，累着你怎么办？"

艾大妈还有一个流浪儿子叫大静。大静今年30岁，是廊坊人，父母双亡，智力也有些问题。1997年，大静在中介所找工作，因为结不了工钱而一筹莫展，准备露宿街头，被艾大妈看在眼里，叫到店里来住，之后便留了下来。

艾大妈对大静的照顾也细致入微，铁皮房里有一套生活用品就是大静的。曾有人给大静介绍对象，艾大妈像亲妈一样高兴，买了很多见面礼。大静待不住，经常出去打工，年节就回来住。

亲生儿子来到身边

自从离婚后，艾大妈就离开了自己的一对亲生儿女，她无时无刻不思念着亲生骨肉。令人高兴的是，两年前，她的儿子董少纯一家人来到她身边生活。

董少纯今年31岁，与妻子王艳平都下了岗，孩子今年两岁了，他们帮助艾大妈打理五金土产店。

对于两个流浪兄弟，董少纯夫妻没觉得见外。董少纯常哄着智障的小胖儿，两人一块喝啤酒。他觉得，他不常在母亲身边，有个人陪着母亲，互相照顾，很好。他告诉记者："我妈这些年不易。"

因为从小妈妈就没在身边，董少纯的妹妹还与艾大妈有些隔阂，董少纯答应去做工作，他相信以后一家人会团圆的。

辛苦一生也有欣慰

艾大妈告诉记者，她现在更多的心思放在小胖儿身上，几年下来，她已把小胖儿当作亲生儿子一样，连回娘家都带着他。艾大妈很担心自己百年之后小胖儿的归宿，她想先为小胖儿办个户口，尽自己所能为他做些保障。

董少纯出去办事了，采访也接近尾声。艾大妈告诉记者，刚才接受采访时，董少纯说出了"我妈"两个字——儿子过来两三年了，但与妈妈还或多或少隔阂着，从来不喊妈，这是第一次，还说妈妈这些年不容易。艾大妈感慨万分，流下了眼泪。

防艾乡医　老周

与艾滋抗衡的乡医老周

如果善举是寂寞的

对于做好事，我们从小就被父母教育着努力去做，长大后也同样教育着我们的孩子，中华民族是讲究“勿以善小而不为”的。在这样的传统教育下，做了好事会得到好的舆论评价，自己心里也觉得宽慰。我们又得到延伸教育：做好事不要求回报，这也得到一定程度上的认同；一开始就想着回报的善举出发点是模糊的，更何况对每一件善举的核算也是不确定的。面对着廊坊乡医老周，我们的想法却是：如果善举是寂寞而孤独的呢？

在廊坊市一个平常的村落，老周做了40多年的乡医，年过花甲，他算得上这一带的名医，但已经“赋闲”了许多年。老周领我们到他的药房，与主人相对应，药房已成满是蜘蛛网的杂货屋，药橱躲藏在角落里，看得见寥寥的几盒西药。老周拿出两盒来，如今早已过了上面印的有效期。所谓诊所，多年来已基本无人光顾了。是那个村民们提之色变的字眼——艾滋病，让老周脱离了原来的生活轨道，同时，也告别了原本富足的生活状态。

1993年，上级防疫站对整个村子的人免费验了一次血，说是查血型。全村只有村医老周一个人知道，这里面还有一项秘密任务——检查艾滋病病毒携带者。这个地方穷，在医院管理不规范的时期，一些人曾经去血站卖血，交叉感染，使有些人成为艾滋病病毒携带者。

这是老周第一次听到“艾滋病”这个词。从那时起，他开始注意到电视里、报纸上关于艾滋病这方面的报道。他开始很惊讶地发现，自己所在的村子里就有得了这病的人，他还在看病时认真地观察他们，并搜集了一些这方面的资料。那时候，不是因为任务，而是出于职业的使然，这个秘密，他连妻子都没有告诉，因为上级郑重地告诉他：必须保密。

老周没有想到，从那个时候起，自己会成为一个专门治疗艾滋病的医生。他只知道，这个病有平均 8 ～ 9 年的潜伏期，当他有意地到一些艾滋病病毒携带者家去做调查时，前脚出门，背后就传来人家的骂声，别说别人，连患者都不愿意接受这样的事情。

老周把防治艾滋病看成了一个医生的职责，同时看成对同一方水土养大的乡亲的担当与关怀。2005 年，他当选“感动河北”十大人物，得到社会的嘉奖和赞许，他才知道自己这些年忙碌的，是善举。只是这善举是寂寞的，没有轰轰烈烈，没有当面的谢意，而且注定是孤立无援的。

如果善举是漫长的

对于善举，我们很多时候更愿意举手之劳，“一个人干一件好事不难，难的是长久地干一件好事”，担负着村子里十来名艾滋病患者的日常治疗工作，老周的工作是不容有差错的，同时琐碎而漫长。

成为一个艾滋病大夫以后，老周开始详细地摸底、调查，定期向防疫站报表。病人们的每一个变化、每一个反应，他都会详细地记录在一个从不让别人看的本子上面。最贴近的诊治和接触，使他很快就对病人们的情况了如指掌。这些人，一天也离不开他了。每三天，老周会准时去乡里把国家免费发放给病人们的药领回来，早 7 时，他会挨家手把手地教他们按时服用，还要查看服药效果。这药，必须按钟点吃，一次也不能落下。这些病人越来越依赖他了，他们的日常病症，必须由老周来护理，而比较严重的症状，老周则通过电话求教北京的专家们，有时候他还会亲自带着病人到北京地坛医院求治，地坛医院的大夫们大都认识这个来自乡村的艾滋病医生。

不论酷暑寒冬，老周必须准时把药领回来，这是铁一样的纪律。多少回，雨水把他浇透；多少回，漫山遍野的雪地里，留下他蹒跚的脚印，但是，拿药送药的事，他从来没有耽误过一次。2004 年秋冬交替的一天，家里有点儿急事，等办完了天已经黑了，他又急忙赶往乡里去取药，回来的路上，对面驶过一辆汽车，大灯一闪，他从自行车上摔了下来，腿摔伤了，留下了毛病，至今，他每天都需要服药。

老周细心照顾每一个艾滋病病人的日常患病，对他们有了感情，然而，他也不得不流着泪，送走了他的两个病人。一个孩子在临终时，老周为他输液，那孩子痛苦中把针头甩了出来，碰到老周手上，老周的手流血了。这可是最危险的。老周痛心地料理完孩子的后事后，才一个人跑到北京地坛医院找培训期间的老师求购疫苗。

如果善举是孤独的

一开始接受防治艾滋病的任务，老周只想到医生的职责，而没想到自己做的是什么善举，更没想到这件事会给自己招来那么多白眼，招来乡邻的疏远甚至厌恶，自己的职业与日常生活被艾滋病彻底改变了。

村里正进行改造，原先的房子拆了，盖好的楼房还未装修好，老周与老伴借住在一户乡亲的平房院子里，屋里的摆设很简陋，老两口身体都出现了问题，没人来看病，地里的重活也干不了了，很多时候，连吃饭都是凑合的。我们走进不远处老周的儿子家，儿媳带着孩子在家，很坦率地说："当时我们都反对他接这个活儿，艾滋病能传染，刚一开始谁也不大了解，哪天沾上了天就塌了。那时孩子还小，我们不让孩子到爷爷奶奶那里去，为这个没少吵架，也不是不来往，亲爹亲儿子，只是尽量少去，去了也不喝那里的水，尽量少碰那里的东西。"

在家人看来，老周防治艾滋病，不仅是费力不讨好，而且还把危险引到了家中，那真是不可原谅。更受打击的是老周在村里的尊严。以前的周大夫爱热闹，有成就感，乡亲们家里有大事小情或是来了贵客，都请他来作陪。可是，这些年，他发现自己突然成了不受欢迎的人。在一个乡亲聚会的场合，老周像往常一样跟大家一起喝酒，有个老乡就对他说："你天天鼓捣那个艾滋病什么的，身上别也有这个菌吧，别跟我们在一个桌上吃饭了。"这个话，等于在大庭广众之下，给了多年受尊重的周大夫一个大大的难堪。

老周从此不再去参与这些热闹场合了。他桌上放了一些艾滋病防治方面的书，除了看看那几个病人，没事儿，就翻翻书看。他说："我文化不高，学点东西吧。"连亲戚们都疏远他了，他去北京找专家，到以往走动频繁的亲戚家坐坐，前脚出门，后脚亲戚就把他用过的杯子等东西扔掉了。他知道，人家很忌讳艾滋病。

如果善举需要坚持

有段时间老周几乎要放弃了。可

是，那些感染者已经开始发病，他们浑身没劲儿，皮肤起红痘、疱疹，迅速消瘦，本来贫穷的家庭，眼看已经破败到极点了。有些人家的孩子，不满14岁就辍学了，到很远的地方去打工。有一个病人就躺在仅剩一张破炕席的土炕上等死。

老周淌着眼泪回到家，对老伴说："这乡里乡亲的年轻人，上有老，下有小，就这么着等死，我这个医生，看不下去！"从18岁开始当赤脚医生，老周觉得，他无法推掉这个分内的职责。再说，他也想过了，"我已经快60了，这病潜伏期不是很长吗？即使传染上了，再过10年，我活70岁，也差不多够了。"他安慰家人："别人都不做，我得去做，你们放心，会有回报的。"

日子一天天过去了，老周坚持着孤立无援的善举。在规律服药和周到的照料下，村里的艾滋病人们都有了好转。到今天，很多人都可以下地劳动，管理家务，站到外边跟正常人看不出什么区别来。老周为此特别自豪。

老周还帮他的病人们解决一些其他生活方面的问题。他听说，一个病人的两个14岁的孩子因贫困退学了，他就找到学校，说服打动校方，最后学校免了费用，孩子复学了。作为一个农村的大夫，他特别理解身边这些患病的乡亲。他知道，他的病人们都是因为穷才得的这个病。他看到穷人家里最质朴的感情，老周告诉我们，他们村患这个病的，大多数是妇女，当初她们卖血养活这个家，如今得了这个病，没有一家男人因为这个而离弃妻子的，这些家庭的孩子们，也都比别家的孩子懂事，他们小小年纪，就担起了家庭的责任。那两个孩子，本来学习特别好，就是因为要治妈妈的病，主动放弃了学业，决定出去打工。这些病人特别懂得感恩，他们享受到了国家免费投药，觉得是国家救了他们的命，总是向他表达那份真诚的感激。

这些乡亲们朴素的感情感动着老周，他觉得，必须帮助他们。可是，有的病人穷得连最廉价的治疗费都付不起了，到现在还外欠几百元治疗费。老周是个心软的人，他从不追要这些钱，可是他也不能说完全不要，因为，他自己也得生活。

在这些病人的日子渐渐复于正常之时，老周自己的生活却变得有点糟糕了：

前些年，老周家里在种地之外养着一群羊，再加上老周看病的收入，一年挣1万多元钱是平常事。他家盖了村里最好的房子，并且在全村第一个买了手机、电视和汽车，平时吃得也比别人家好。可是，现在羊早卖了，老周成天跑病人的事儿顾不上，如今，需要60多岁的老伴种地养家。“上边”给他补一些钱，但是太少了，每个病人每年补助他100多元，这点儿钱，连他成天奔跑县里、乡里的路费都不够，更不要说他带病人去北京看病了，好多时候他都得自己贴钱。院子里摆着一堆玉米，这是全家的唯一收入。一个酱缸和腌着萝卜咸菜的罐子，摆在墙根底下，那是前些年都不屑于吃的东西，如今成了饭桌上的主菜……

老周坐在我们对面，面庞黑红、头发花白，明显的老态。他的老伴在一旁，听着我们的谈话，这些年来，老周所干的事给这个家庭带来的损耗她最清楚，还有很多荣誉、证书、奖状、媒体报道。但他们都老了，虽然上级有关部门尽可能地给予照顾，可生活过得并不宽裕。送走老周，下楼时他的腿明显不适，一高一低的，想着他的善举，寂寞、漫长、孤独无援，又是十几年的坚持，不禁两眼一热。D

附：乡医老周“感动河北”十大人物颁奖词

不为良相，便为良医，说的是责任和使命。良相可以兼济天下，经世致用，造福万民，而良医可以悬壶济世，治病救人，惠泽四方。

一个在中国最普通的村医，一个年近花甲的老人，以自己的良知和爱心，以自己的责任和使命，以超越生死的勇气，向这个世界谈之色变的艾滋病，宣战！

在良心的天平上，他让所有黑心医生失去了重量。

（注：与吴艳霞合作。摄影田明。老周当选2005年度“感动河北”十大人物）

拼命女子　李红英

李红英，一个花一样的美丽的女子，本应明媚舒适地去生活，但她坚持在繁重的财政岗位上，任劳任怨、平和热忱，劳累工作与发愤自学成为她的生活常态，直至被癌症病魔完全击倒……

坚强之花开至生命的最后

——追记大城县财政干部李红英

柔弱女子竟是拼命三郎

2010年6月6日，是大城县财政局干部职工难忘的日子，该局国库科副科长李红英走了，结肠癌病魔夺去了她年仅28岁的生命。李红英一直负责着全县近万名在职公教人员工资信息管理与发放，之后的一天，一位退休老人来到她的办公室，习惯性地要找李红英查询信息，当得知年纪轻轻的她已经永远不在了，老人忍不住当场落泪……

2001年6月，不满20岁的李红英从秦皇岛财经学校毕业，分配到大城县财政局预算股工作，负责全县在职公教人员工资信息管理、预算外财政专户收支、政府债务年终决算、部分行政单位支出报账业务审核等业务。刚接触到实际工作，李红英发现在学校所学知识与岗位工作有不小的差距，她有些茫然，爸爸开导她："基础差不要紧，遇到多大困难也不能失去进取之心。"

这句话决定了李红英的工作走向，对于烦琐的流程、数据、计算机软件、财会技能，她开始了持久地钻研与自学。时间不长，这个新手就做到了工资政策"问不倒"、信息数据"一口清"。2004年，在全省"人事编制工资管理系统”软件培训班上，大家都记住了李红英，她对软件的掌握让许多“老财政”都叹服。培训过后，她被留下参与软件的后期完善。

在李红英办公桌的玻璃板下，压着她的座右铭：“鸟欲高飞先振翅，人求进步先读书。”面对着近万人的工资管理，她的工作繁重而且必须精准，来查工资的、办理对口业务的，她的办公室每天访客络绎不绝，她忙得就像一个停不下来的陀螺。在这之外，她还给自己制订了长期的学习计划，每天回到家里，还要自学至少三个小时。从参加工作到去世，李红英冲刺一样奔跑了九年，2009 年下半年，她开始持续地腹痛，有时疼得躺不下，她就抱着枕头看书，面对丈夫的劝，她笑着说：“反正我也睡不着，不如多看点儿书。”2009 年是李红英收获颇丰的一年，这一年她拿下了本科毕业证与会计师职称，她给自己制订了 2010 年的计划：报考注册会计师。她没有想到，她会永远地离开工作岗位与书本。

“80后”“官二代”的新榜样

2011 年 1 月 16 日，大城县财政局会议室，召开情况介绍会，也是李红英的追思会，纸巾盒在领导与同事间传递着，很多人流着眼泪。

李红英的忙累是公认的。由于科室职能转化人员分流，加上对李红英工作的信任，她一直担负着两三个人的工作量，近万人的信息、几十个对口单位，每天的数据调整、不住嘴的政策解释。对口单位财会曾多次在一旁听李红英解释政策：“查询者多是退休老人，耳背，我都听明白了他还不知所以然，我在一边儿都烦了，红英一点儿不烦，她说岁数大的人来一趟不容易。”

财会工作是无休止的数据与账册，有不少对口单位的同行感慨：“从没见过红英着过急，从没见过她对谁甩脸子，大家问她烦不烦、累不累，怎么会不烦、不累？只不过她有涵养，这么多年都那么平和、热情。”一位出纳红着眼圈说：“红英的工作太平凡不过了，她不是轰轰烈烈，平时也觉不出她多伟大来，可现在一做事，就想：如果红英在会怎么做？”

李红英 1982 年出生，是人们质疑能否经受生活考验的“80 后”，李红英的爸爸李福武从大城县财政局副局长、党组副书记岗位上退休，享受副处级待遇；她的公婆也在县直部门任职，在大城县，特别是县财政局，她也算得上是“官二代”。可人们没有见过她撒娇偷懒、气盛骄人，已经调任县政协副主席的戴秀云曾是她的主管领导，清楚地记得，多少次别人工作接不上手时，李红英总是说“我干吧”，从没见她问过“这事儿该不该我干”。

一个周日中午，副局长刘承起值班，有一个低保户因为数据变动到银行取不出钱来，来找李红英。刘局长给在家休息的她打电话，她很快来了。过了一个小时，低保户又来了，数据还是不行，李红英又从家来到办公室，她怕低保户再耽误，干脆和他一起去银行，办完后已是下午三点。

李红英工作的九年，一直在最繁忙的科室，领导与同事没见过她爸爸对她有任何照顾，她拼命三郎一样的干劲令人难忘。大城县财政局局长李锡铭告诉记者：“红英一直好强，家庭教育也好，她不但不想沾爸爸的光，还把爸爸当成动力，就是不能给爸爸丢脸。”

除了不辞辛劳与和气热情，李红英还留给大家一个捂着腹部带病工作的印象。从2009年上半年开始，李红英开始感到身体不适，肠胃总是隐隐作痛，她认为是肠胃不好，只是去诊所开些中药，工作太忙了，她没有心思仔细检查。疼痛是持续的，她怕凉，大夏天不敢吹空调、不敢吃西瓜。很多人都看到过她左手捂着腹部、右手操纵键盘工作的场景，疼得厉害了，她双手抱着肚子，在办公桌上趴一会儿，缓过劲儿来接着干。很多人劝她好好去查查身体，她总是一笑：“忙完这一阵儿再查。”

大城县综合执法局会计魏淑香与李红英相熟，李红英身高一米六七，生完孩子后体重130斤，她们曾相约减肥。魏淑香的减肥效果不好，可李红英却一直消瘦下去，她问诀窍，红英回答“少吃饭，多干活就会瘦。”魏淑香不知道，隐藏的病魔已使李红英的饭量骤减，好友很后悔自己的迷糊：“红英瘦得令人担心，我不知道她是病了，早知这样还不如胖好呢！”

妈妈找局长替她请病假

记者见到了李红英的父母，爸爸退休了，妈妈是小学老师。李红英去世半年多了，两个老人仍沉浸在无尽的心痛与后悔中。

李红英还有一个姐姐，父母从小就把姐妹俩当男孩子养，希望她们坚强面对生活，加上父母工作忙碌，李红英从小就自立、好强。上小学时她曾经生病，被大人锁在家里，她就跳墙出去找同学问作业。她就是以坚韧、自强的秉性成长的。上班后她曾崴伤左脚，但一天班也没休，穿不上鞋，妈妈给她缝了棉袜子，她先是拄双拐，再是拄单拐，最后踮着脚尖走，一直坚持了一个多月，期间还被单位接去加过整夜的班。

对于病痛，家里人也与李红英一样，认为是肠胃不好。但她真是没工夫仔细检查，妈妈知道她疼得睡不着觉，还便血。一天中午，妈妈把她叫回来，要她下午去检查，她也只是留了便样，由妈妈拿去医院化验，她接着去上班了。妈妈伤心不已："我的孩子太能忍了，结肠癌如果发现得早，是可以治疗的，她不该这么年轻走。她把大伙都迷惑了，却把自己耽误了！"

李红英就是这样的秉性，不服输、不抱怨，干什么默默鼓劲，忍什么压在心里。住院期间，接替她岗位的同事，有环节出了纰漏，心怀内疚地打电话给她，她总是详细地解释，电话里她的声音微弱、有气无力。在剧痛下，她在病床上不出声地翻滚，医生看她苦撑，主动给她注射杜冷丁止痛；实在忍不住，她跟爸爸学唱京剧，至死都留给亲人平静的笑脸。在最后的日子里，她还不忘照顾同病房病友，对医护人员的疏忽报以宽容，

追忆李红英

她的坚强之花一直开到生命的最后。

多少次劝她休息、检查，她总是拖，妈妈实在憋不住了，2009 年 12 月底，跑到财政局替她请假。主管局长批了，李红英却说："再给我一个星期，我忙完了就歇。"2010 年 1 月 5 日，李红英住院，确诊为结肠癌晚期，她一去再也没有回来。

一朵逝去的坚强之花

连续两天的采访，李红英的形象在记者脑海里越来越清晰，但记者已经见不到她了。她是美丽的，充满阳光，在好友圈里被称作"小五"，爱吃炸酱面。记者登录了她的 QQ 空间，她是"云深不知处"的云儿，记者以这种方式与这朵逝去的坚强之花交流。

在 QQ 空间里，李红英是那么的温婉，她发布的年幼爱子的照片，她搜罗来的各种饺子的做法，都显示着她是多么热爱生活、留恋生活。她是坚强的："人一旦没有了信念，真的是一件可怕的事，一口气，让我度过了自认为最艰难的时刻，也在泄了气后，连呼吸的力气都不愿拿出来，就在差一点想放弃的时候，偶然透出的一丝空气，吹动了久久不见阳光的干草般的脉搏，而后敢呼吸，敢存在，敢有力气去坚持。""鸟，在天空飞，也会遇到风暴，遇到风沙；鱼在海里游，也会遇到波涛，遇到海啸。鸟，因为经历风雨，才会使翅膀变得更有力，鱼因为水的阻力，才会让自己游得更快。"

记者发现，早在 2009 年下半年，她在病痛中忘我的工作中，对自己的病情就有预感了。她也"彷徨""纠结"过，感到"累了"，但最终她是充满希冀的："在 2009 年的最后一天，对自己说些鼓励的话，2010 年——一定要重新站起来！"

在李红英生前的办公室，她亲手培育的一盆栀子花已经枝繁叶茂，在阳光里摇曳着。她 QQ 空间重复着一首歌曲："相信你还在这里，从不曾离去……"

（注：与张俊英、田亚维合作）

艺术燃灯　王同刚

大城教师 40 年拨亮千盏艺术灯芯

为“美术组”义务补课达 1.4 万小时

近日来，在大城县、廊坊市，不少人在为一位八旬老人忙碌，这些人都是王同刚的学生。1 月 15 日，“老圃芬芳——王同刚美术教学成果展”将在廊坊文联美术馆展出，正是这个老人，在大城县中学（现大城一中）从教 40 年，为美术组义务补课高达 1.4 万个小时，使一个封闭、贫瘠的平原腹地县，美术人才辈出，勃然呈现出“大城美术现象”。

“我就是喜欢美术教育”

2012 年 1 月 6 日下午，记者走进大城县一个普通的民宅，一位老人站起身来，他今年 81 岁了，挪动脚步需要助行器，他就是王同刚。

王同刚，1931 年生，廊坊市安次人，读小学时喜欢上了绘画，后来考进廊坊师范读书，师从著名画家鲁艾，学习素描、水彩，后转攻水墨。毕业后到廊坊一小教书，继续醉心美术，并传授孩子画法。在一次教育成绩展览上，其所教学生的画作博得教育部门领导的赞赏，王同刚由此调回母校廊坊师范任美术教师。1957 年，师范改组，不设专职美术教师。组织上告诉王同刚，大城县、宝坻县（现属天津市）中学都缺美术老师，他最终选择了大城县。老人告诉记者：“我就是喜欢美术教育，到偏远地区工作都无所谓。”

持续40年之久的“美术组”

1957 年 12 月，王同刚来到了大城县中学，任美术老师，之后也教地理课，到1996年退休，一干就是40年。由于教学成绩突出，他先后被评为县模范老师、省优秀教育工作者、省特级教师、全国教育系统劳动模范，历任县人大常委、副主任。在课堂教课的同时，王同刚组织了“大城中学美术兴趣小组”，这个小组仅在极度困难时期、“文革”期间停办两三年，王同刚一直力挺到退休。

美术组是自发形成的，王同刚义务授课，学校初中、高中几个年级的孩子自愿参加。没有场地，王同刚就在操场、学校器械室讲课，更多的时候，是带孩子们来自己家里。一开始是十几个孩子，1964年大城中学有4个学生考入河北艺专（天津美院前身），声名之下，有更多孩子加入进来。美术组不分届、不分专业，来的孩子有大有小，有学素描的、学水彩的，王同刚皆一视同仁、因材施教。记者了解到，美术组授课、写生一周就有四五次，一次两个小时，记者为王同刚算了一笔账：40年他课外义务授课约7000次，达到14000个小时，他的教育年限不觉间拉长了一倍，应是80年！

一人拨亮千盏艺术灯芯

王同刚40年辛劳为大城县换来了什么？大城县地处冀中平原腹地，封闭、贫瘠，新中国成立前几乎没有画家，这些年来，廊坊乃至全国涌现出“大城画家群”，出现了“大城美术现象”。记者了解到，当今中国现代人物画领军人物史国良籍贯大城县，在史国良之外，首都师范大学美术学院院长、著名水墨画家刘进安生长于大城，早年在大城与王同刚相往来，二人亦师亦友。目前，大城县籍画家有15人是中国美术家协会会员，一个县的中国美协会员人数，曾一度超过偏远省份，在廊坊市也超过半数。40年中，作为一名中学教师，王同刚亲自授业的学生近千人，其中涌现出8位中国美协会员，从事美术创作、研究、教学的教授级专家十几人，省、市美协会员更多达几十人。在1月5日召开的专题研讨会上，廊坊美术界认为：王同刚是大城县美术的启蒙者、奠基人，他当之无愧。

为了这些学美术的孩子，王同刚在家里是甩手掌柜，家务活儿都抛给同是教师的妻子，他没空儿为三个孩子辅导作业，儿子王千学画，也是跟着美术组一起学，他并没有额外指点过。1976年，老伴病倒了，患上半身不遂，直至1992年去世。王同刚不得不接过家务，照顾老伴、做饭，生活简朴，经常狼狈不堪，但美术组的课从未耽误过。廊坊市美协副主席、廊坊市文联美术馆馆长高世迎告诉记者："王老师家的门几乎没关过，总为我们敞着，王老师不收一分钱，困难的学生还在老师家吃住，老师免费提供笔、纸、水彩。"

老人告诉记者，他爱护并尊重每个学生，"我从不批评，只是鼓励、赞赏"。40年来，王同刚传授美术基础知识、帮学生找准美术方向，在他的慈爱呵护下，被拨亮的艺术灯芯没有一盏熄灭过。学生们或进入专业院校，或成为社会美术工作者，他们之所以飞得高远，是因为从王老师那里学到了做人、为艺的根本方向。如今，王同刚老人生活安宁，满心桃李遍天下的欣慰，逢年过节，各地学生登门拜望，屋里也总是满着。老人出版过画集，参加过省市画展，但更令他享受的是他老圃多年、根脉纵横所散发出的阵阵芬芳。大城县举办这个展览，旨在弘扬老人爱生如子、无私奉献的名师典范，也是众多学生念师德、传师恩的艺术回报。

采访结束了，记者握着老人的手，那手宽厚、温暖。

王同刚老师与学生们探讨画技

书生校长　杨明章

中学校长“燃灯”聚集千人读书会

2017 年 5 月 31 日至 6 月 3 日，第二十七届全国图书交易博览会将在廊坊国际会展中心举行，河北已经掀起一股全民阅读热潮。在大城县，大城一中副校长杨明章组织的公益性“燃灯者读书会”已运行两年，汇集起近千名读书人，引领当地一片浓郁书香。

他总是那么出人意料

在大城县，杨明章算得上一位特立独行的文化人。

1989 年，从河北大学中文系毕业的杨明章，回到家乡成为县委宣传部一名宣传干事。在旁人眼中，这份工作有着一定的前途，但他却不安于现状，竟然尝试下海从商，呛了几口苦涩后，他又游了回来。返回原单位的他重新开启梦想之舟，白天四处采访，晚上伏案笔耕。一年下来，他在全国各级报刊发表新闻作品百余篇，并相继荣获省、市好新闻奖。

1994 年，杨明章被调到县委办公室，几年下来工作突出，前途光明，但他又做出令人出乎意料的事：提出到教育系统去工作。其实，献身教育的梦想一直萦绕在他心间，工作之余，他几乎谢绝了一切应酬，潜心研读了大量教育学、心理学、成功学、创造学等方面的书籍。他珍惜每一个学以致用的机会，在担任县职教中心“海天文学社”辅导老师时，他以“学会作文”“学会学习”“学会生存”为题，精心准备了三期讲座，大获成功。讲座结束时，出现了令他永难忘怀的一幕：文学社百余名社员齐刷刷站起来，饱含深情地唱起周华健的《朋友》：“这些年，一个人，风也过，雨也走……终有梦，终有你，在心中。”

2003年12月，县里一纸调令，杨明章赴大城一中任副校长，他多年的梦想终成现实。

“我记得住上千名学生”

5月12日，记者来到大城一中，见到了衣着朴实、面带书生气的杨明章，说起话来轻缓、淡泊，带有儒士学者风范，这是他给人的第一印象。

走进校园十几年来，杨明章躬耕教育事业，努力使自己成为学生的“避风港”。有的人觉得他是“傻子”，多次放弃“高升”的机会，他告诉记者，他以1979年诺贝尔和平奖的获得者德兰修女为精神导师，坚持用爱改变世界、温暖人心。潜心研究教育多年之后，杨明章还开始了“特殊”的教育方式励志演讲。“高中生面临升学压力，课业很重，励志演讲虽不能给他们带来什么实际效益，但是可以激发他们的斗志，让他们在学习压力下得到休整，也可以开阔视野，见识一下外面的世界。”

在学生们眼里，杨校长是个“问不倒”的人，“周杰伦什么时候出专辑？”“王菲和谢霆锋什么时候结婚？”杨校长的演讲课堂上，学生提问五花八门，不设禁区。自2007年以来，这样的演讲已逾千场，杨明章亦乐此不疲。“学生的思维天马行空，有人重历史，有人爱时政，有人聊文学，有人侃八卦，要在这群年轻人中游刃有余，我不但要继续做书生，还得做网虫。”

杨明章和学生打成一片，杨哥、杨笑长、杨大大这些都是学生们对他的称呼，不管是什么，他照单全收，“这些年过来，我记得住上千名学生。不管称呼我什么，都是学生们对我的喜爱，我亦乐在其中。”

校长的书生本色

在一个县城特立独行，心甘情愿到清贫辛劳的学校工作，支撑杨明章的，是他自少年时开始的读书生涯以及对书籍的痴迷。

杨明章的办公室里，除了简单的办公用品，都是满满的书，一排书架占满了墙壁，办公桌上堆着他近日正在看的书。

杨明章爱读书已不是什么新鲜事，认识他的人都知道。他的“书生”生涯始于1976年，那一年他10岁，是小村庄里打草放羊的小羊倌。一本泛黄的《格林童话》，他从天色泛亮读到油灯初上，反反复复舍不得松手，奇妙稚趣的童话世界点燃了他

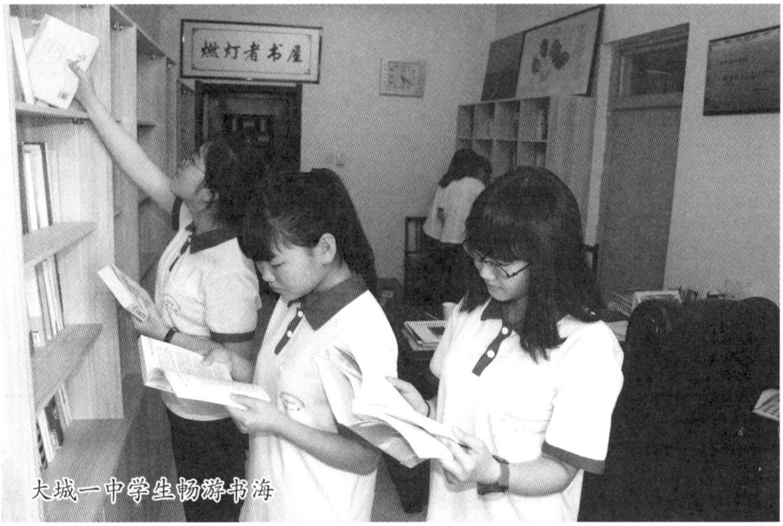

大城一中学生畅游书海

所有的想象。隔着两里地射击苍蝇左眼，一个鼻孔可以吹动七架风磨，这些在他看来是那样不可思议，那本充满超凡想象力的童话书他至今记忆犹新，也改变了他今后的道路。

四十年来，杨明章一如往日，无论在人生的哪一阶段，从不允许任何事剥夺他与书为伴的生活。在从教之初，他便立下“每周至少读一本书”的规矩，一坚持就是十年。如今，他将自己的“一本书主义”延伸为“无论收入多少，学业或工作多忙，都要坚持每月至少买一本书、读一本书”。他每年都要专程赴京买书，并虔诚地称之为“朝圣之旅”，他是北京图书大厦、风入松书店、万圣书园等大大小小几十家书店的常客，最多的一次竟带回120多本书。网购时代的来临更为他增添便利，仅2012年他就网购了500多本书。

择一事而倾心血

目前杨明章坐拥5000册图书，俨然成为了精神富翁。2014年的一个契机，使他从自己嗜书走上读书“燃灯”之旅：几名素未谋面的乡村教师慕名前来借书，几番图书往还之后，乡村教师对书籍的饥渴与时下乡村文化生态相对贫瘠之间的反差，令杨明章寝食难安。为让那些渴望通过读书促进自身成长的教师、学生有一个共享的读书交流空间，他决定发起成立“燃灯者读书会”。

2014年4月23日“世界读书日”这一天，“燃灯者读书会”正式成立。

读书会以“点亮自己，照亮他人，自度度他，修己达人”为宗旨，以会员每月共读一本书、一起交流读书体会为基本形式，致力为会员提供自由开放的读书交流平台。

倡议发出后，反响十分热烈。大城一中校友、现就职于文化艺术出版社的马夕雯为读书会设计了 logo；一中校友岳天逊、张嫣雯夫妇为读书会精心设计制作了网站；著名教育学者张文质、“中国好书奖”获得者张大诺、廊坊师范学院文学院教授尹振球、盲人作家李东辉等人欣然接受邀请，担任了读书会顾问，并发来热情洋溢的贺词。当年的 5 月 10 日，燃灯者读书会举行了成立仪式，助推大城全民阅读的星星之火就此点燃。

截至目前，书屋共收到捐款 5 万余元，赠书 5000 余本，捐赠者中，既有大城一中校友，也有社会各界人士。读书会已举办活动 15 期，会员撰写读后感 200 余篇。随着“燃灯者读书会”的影响越来越大，要求入会的人越来越多。这些人职业不同，年龄各异，上至七旬老者，下至五岁稚童，文化水平也相差很大。为此，他们又相继成立了大城一中读书会、凌燕诗社、大城亲子读书会等社团，作为“燃灯者读书会”的分会接受指导。在他们的带动影响下，县人武部、农行等单位纷纷办起了自己的读书会，分散在全国各地的读书会会员也计划在当地筹办燃灯者读书小组，全民阅读的星星之火已渐成燎原之势。

记者在与杨明章聊天时，进来几个一中学生，到书架前找书、翻书。杨明章办公桌上有一个借阅记录本，记录着借阅者、图书名称。杨明章淡淡地说：“很多时候就不记，看书就拿走，不还回来都行。爱读书是好事儿，书放在哪里都是火种。”

对面的杨明章使记者想起同为大城一中教师的王同刚先生。王老师 1957 年来到大城县中学，执教 40 年，义务为学生讲授美术课，拨亮千盏艺术之灯，其中涌现出 8 位中国美协会员，从事美术创作、研究、教学的教授级专家十几人，省、市美协会员更是多达几十人，枝叶繁茂、硕果累累（燕赵都市报曾重点报道）。王同刚的努力，使地处封闭平原腹地的大城县形成了灿然的书画群，作为王同刚老师的学生，杨明章接力而上，从读书上开辟一条芳香大道。他们都是择一事而倾心血，接续了大城县的文化脉搏，形成了独特的“大城一中文化现象”。

（注：与陈彩燕合作）

科技达人　刘起元

香河农民斥资180万研制“诺亚方舟”

2012年11月30日上午，在香河县钳屯乡的一个工厂里，记者看见一个个硕大的球体、半球体，这就是刘起元斥资180万元研制的6个“诺亚方舟”。刘起元身为农民却干了不少实业，是一个整日痴迷于新型技术的狂想者，多年前他曾答应女儿，建造一个“不倒翁模样会走的房子”，还能抗击各种灾难安全逃生，所以这些大球可称作“诺亚方舟”。

一个农民的科技研发之路

记者眼前的刘起元其貌不扬，衣服上满是尘土、污垢，与实业、科技有些距离。他今年45岁，是土生土长的香河人，他告诉记者，“我只是爱做梦”。刘起元的妻子刘桂文与他们的大女儿在一旁，刘起元的科技实业梦离不开家人的支持，女儿大学毕业后独自打理着家里的家具厂，让他得以全身心投入建造“诺亚方舟”。

采访当然从刘起元的人生经历开始，记者很好奇他这个农民怎么就成了“科研家”？刘起元只是初中毕业，辍学的原因是“与伙伴们打赌不去上学，结果别人没做到，只有他做到了”。走上社会后，刘起元种过菜、养过牛、当过临时工，后来到电力局上班。他显然不是一个安分的人，从电力局病休后所干的事显露出他的科技天分。

1992年，他开始做家具。如今香河号称“北方家具之都”，他算是第一批试水者，他考察、引进了大家还没有见过的春秋椅，自学木材烘干技术，并自制了“曲线锯”。

很快，他又投身于鱼缸生产，自己研制了“热弯炉”，做出了当时罕见的直径1.5米的大鱼缸，在北京拍卖出1万元的高价。

他开过汽修厂，钻研130发动机，能把整机拆成零件再重新组装；他在县城开过水族馆，妻子去学热带鱼的养殖，他则将单池水循环供氧改造成整体循环供氧；他还曾大批养狗，几经钻研，找出控制“犬瘟热”的方法……

大球可防水防辐射防撞击

刘起元目前的“大动作”已经被女儿传到网络上：“诺亚方舟”都下水试验了。从他的实业科研之路不难看出，他是一个大脑运转飞快的“狂想之徒”，早年间对女儿的承诺是起因，看电影《2012》给他的冲击更大：地震、飓风、洪水，大大小小的灾难周期性袭来，除了人类要注意自己的行为，保护地球、保护生态环境，还需要强大的科技用以抗衡。

今年4月份开始，他开始研发这样的“房子”，构思、画图纸，很快便投入实际操作，雇佣了10个工人，由于工序问题，做一个太过浪费，他一下子做出一批6个，单个造价约30万元，总投入也就高达180万元。刘起元向记者介绍了他的“诺亚方舟”：整体为球状，分里外两层，最大的一个净重4.2吨；里层为经纬相交的钢结构，中间是防水防火棉，外面是一层层纤维、树脂，刷上防腐漆，做到了防水、防火、防辐射、防冰寒，他还专门进行了汽车撞击实验，用铁镐都凿不动。大球外、内直径分别为4

米、3.2米，内空间约17立方米。里面装备有发动机、储能电瓶，能储备两吨粮食、一吨水……

为了亲身体验刘起元的构想，记者进入“诺亚方舟”里面：球体被截出平面，环形的座位都包了皮革，好似KTV包间，坐七八个人没问题；座位上设腰部、腿部两道安全带，球体发生旋转、翻滚都没问题。球中间垂直着一根铁管，与“极点”相连，铁管上方固定着电灯和换气扇，下方固定着氧气瓶，半圆形的茶几嵌套在铁管上，可以360°旋转且能上下移动，既是餐桌也可当把手。打开脚底下的翻板，既是发动机、螺旋桨，也是粮食、饮用水的储备间。舱内还设有瞭望孔，刘起元给大家示范了舱门的严密性，称不会发生泄露。刘起元说，第一个大球已基本成型，但他总有新想法冒出来，会不断改进。

何时才能“现实照进梦想”？

与其说是“诺亚方舟”，其实更像一个水上逃生舱，刘起元也认可记者的看法。他一再强调，他只是一个“一路做梦、一路打拼”的人，从做家具、做鱼缸开始，他就不断地琢磨技术、醉心科研，怎么更省力、怎么更有效，他攻克了一个难题，很快又被另一个难题迷住……

记者同时发现刘起元的一个问题：他总是兴致勃勃地搞研发，对于市场调研、批量生产却不甚了了。在妻子刘桂文眼里，刘起元的研发总是太超前了，一般人们不认可，可没等占住商机，他就又去琢磨新玩意去了。在香河县家具行业，他入行最早、品类最新，如果干到现在，早已经发大财了；做鱼缸，型号与造型在北方市场遥遥领先；在廊坊还没有水族馆时，他就投几十万在香河县干上了。最能说明问题的是：这些“诺亚方舟”一没有市场调研，二没有订单，他已经斥巨资热火朝天地干上了。

正因为如此，一家人总是跟着刘起元的梦想“坐过山车”，在很多人眼里，他就是一个“败家子”，不断实现创意，陆陆续续也挣了不少钱，但又无一不投在下一个更大的梦想上。刘起元的大女儿刘岱岳告诉记者，爸爸打拼多年，家里的日子却过得并不松快，他总是大梦想套着小梦想，虽然没给她优厚的生活条件，但她非常崇拜爸爸。她希望爸爸在攀爬科研高峰时，能圆梦，总有一天，能“现实照进梦想”。D

（注：与实习生李丹丹、彭露悦、田然合作）

农业老板　邢雨台

一个乡镇企业家的农业梦

“干事要有决心。想上天堂，就要有下地狱的心。”你可能想不到，这样一句充满坚定信念的话语，出自霸州市胜芳镇一位只有小学三年级文化水平的普通农民邢雨台之口。邢雨台经商多年，凭借一股韧劲、拼劲，成为拥资千万的乡镇企业家，目前，他又如一个“赌徒”，投资数百万租种5000亩订单高粱，把自己全部精力“赌”在心中的农业梦想上，要当现代立体农业的农场主。

在商业上摸爬滚打了十八年

2013年7月13日，记者来到邢雨台的万亩良田。他家住胜芳镇，今年48岁，黝黑的皮肤，朴素的衣着，是非常典型的农民形象。他告诉记者，读书时他的成绩一塌糊涂，读了8年，只读到小学三年级。可正是在这平凡的外表、略显笨拙的面容下，掩藏着一颗倔强的心。

起先，邢雨台一直在从事运输行业。经过多年经验积累，1996年做起了钢丝床生意。单一的钢丝床生意并不能满足充满闯劲儿的他，他把生意的经营范围慢慢扩大，涉及各种家具。凭借踏实肯干的这股劲头，2000年，他注册了属于自己的家具生产公司。十几年前，他正值野心十足的年纪，一心想着要把自己的生意做大，走出河北，面向全国。于是，他大胆地下了人生中的第一次赌注——在新疆乌鲁木齐建工厂，主营办公家具。但老天似乎没有垂怜这个敢想敢干的人。由于距离较远，管理起来并不是很得当，乌鲁木齐工厂在短短两年内，竟然亏损了100多万元。

面对经济和精神的双重打击，邢雨台并没有放弃创业的梦想，经过一番思考总结，他回到了胜芳，踏踏实实做起了家具进出口贸易。小学文化的他找了一个翻译，一板一眼地跟外国人打交道。经过五年的经营，2007年，他又一次大胆转型，经营起钢材生意。

回归农业施展创业抱负

经商这么多年，有胜有负，虽然积累了千万资产，但也几乎累垮了身体。邢雨台出身农家，也种过几年地，他始终觉得自己是个农民，有时也不堪生意上的负累。岁数一大，邢雨台有了回归农业的心思。但他心里的农业，已不是他十几岁时那样种几亩责任田了，他从商业投资角度考虑，同时把目光投向商业订单、规模种植、相关产业与循环经济。他又开始雇人，上网查找农业商机，了解红茅糯高粱的优良特性以及种植管理方法，他决定与贵州茅台镇酒厂合作，订单种植高粱。

说打就上，邢雨台又开始“赌”了，他前往贵州怀仁县茅台镇实地考察。通过与专业人士的沟通交流，他更加坚定了心中的梦想，签下了定向种植的合同。回到胜芳，他开始马不停蹄地运转、包地，附近村庄的5000亩被他分批租下。如此规模地种地可不是简单事，仅种子投资就20万元，他又要考虑机械、化肥、用于粮食储存的烘干塔，资金一时紧张，他把自己花30万元买来的汽车以10万元的价格转手，用这些钱，买回了大型拖拉机……就在今年清明节前后，他播种下了第一批种子。

记者看着眼前的邢雨台，竟然涌冒出一个词来——“狡黠”。在倔强、敢打敢拼之余，他毕竟经商多年，成本核算、预期收入清清楚楚，他要的是成功，而不是牺牲。他告诉记者，目前各种商业、加工业都面临竞争，还有环保问题，农业是一个空白，大有发展空间。他与酒厂订单种植，卖高粱就有收益，高粱秸秆可用来养殖，养殖业所产生的粪便可用以沼气资源，他的目标是立体循环的现代农业，耕种、收割都是大规模化机械作业，他正联系北京农林部门，请飞机进行喷药。一旦首期运作成功，他立即扩大规模，争取租种面积达到20000亩。

农民汉子的“疯狂人生”

现在，邢雨台每天出没在高粱地里做他的农民，开始了他疯狂的种植生活。“每天早晨5点半吃完饭，6点就开始下地；中午不休息，一直到晚上8点，每天工作12个小时，也不回家，就住在地头。有的时候一天就

亲自下地的邢雨台

一顿饭，半个馒头，一根黄瓜。刮大风的时候，就趴在地里躲风。现在已经投入了400多万元进行种植，还有120万元正在投入建造烘干塔……”说着这些，邢雨台脸上没有丝毫的倦意，似乎把种高粱当成了一种享受。

还有一件令记者感到好奇的事，邢雨台只有小学三年级的文化水平，对于这种需要技术种植的高粱，他是怎么学习管理的呢？邢雨台并没有感到不好意思，反而拍着胸脯说道：“我不会干，但是会看呀。”这个看似憨厚木讷的人对于技术与信息没有半点马虎，他请来的技术员个个都是精英干将。但是由于每天长时间的工作量，不少年轻人都吃不消了，所以，老邢也开玩笑地说：“已经累跑了好几个技术员了。”目前，他只雇了三个人，管理着这5000亩地，他更相信科技与机械。

作为一个老板，邢雨台从商场一头扎进高粱地里，面容黝黑、浑身泥土，付得出千辛万苦。他告诉记者，以前在商业上殚精竭虑，身体一直不好，现在饮食简单、体力劳动增加，他的体重减了20多斤，血压也变得正常了。以前生意上的朋友，发现他突然转向农业，先是不解，等了解了他的宏伟计划、看见他逐步成型的立体农业，很多人服了这个疯狂的人。邢雨台告诉记者，他有着一个农业梦，如果能实现，吃苦受累不算啥，这梦，也是“中国梦”的一部分。

（注：与王倩合作）

钢琴女神　姚程程

左眼先天性弱视　听力辨识度极高

石油女孩弹行18载考入全球最高音乐学府

如一朵幽兰娴静地坐在水边，指触琴键，波纹一样的琴音四散漾开，2013年8月8日，在北京一个安静的住宅里，记者见到了纤细柔弱的姚程程。作为一名准研究生，她已被全球顶级音乐学府——美国茱莉亚音乐学院录取，据悉，该学院相关专业今年在亚洲只录取了她一人。

姚程程1991年11月出生在廊坊万庄石油区，父母均在中石油勘探开发研究院地质所工作。她4岁学琴，9岁进入中央音乐学院预科班学习，12岁以专业第一名的成绩考入中国音乐学院附中，18岁被保送中国音乐学院钢琴系。18个寒暑，从懵懂无知到青春无敌，纤弱的女孩把青春弹奏成一条奔腾不息的音符之河。

被命运击中　向左还是向右

姣好的面容，傲人的成绩，繁花似锦的前途……人生对于姚程程似乎顺遂无虞，就像这18年求学之路看上去一帆风顺一样，其实一路走来酸甜苦辣一一尝遍。

5岁那年，妈妈孙燕察觉出程程有些不对劲：看电视时，她总斜着眼睛。母亲带着孩子去医院检查，诊断为左眼先天近视型弱视，视力表仅能看到最上面的两排。在为期一年的治疗中收效甚微，孩子以后可怎么办？程程的未来成了妈妈的心病。

程程的音乐启蒙老师欧阳小华对孙燕说：“视力不好就学钢琴吧，盲人都可以弹琴……”一语点醒梦中人，孙燕从此坚定了让孩子走音乐之路的决心。从此，程程再也没看过电视，她在妈妈的陪伴下开始跑北京拜师学艺。

“每到周末，四五点钟就起床，从万庄乘车到北京去学琴。”程程说那时感觉自己并不苦，“我能很快排除负能量，我记不住苦难，我只记得高兴的事情，因为这样才可以生活得快乐。”

9岁以后，程程转至位于北京大兴的中央音乐学院预科班学习，开始寄宿生活，怕她不习惯，孙燕每个周

末都会赶到北京陪她练琴，照顾她的饮食起居。这样的生活坚持了一年，孙燕才安心离开，像放飞一只风筝一样，看着她起飞。

天赋异禀　是前进还是退缩

上帝在你面前关上一扇门的同时，会为你打开一扇窗。程程在视力方面有缺陷，可是在听力方面她获得了补偿，这又何尝不是一种幸运呢？

随意敲下一个琴键，窗外汽车按一下喇叭，程程都能准确地辨识出是钢琴上的哪个音节，这本事常让教她的老师感到诧异："全班四十个小朋友，如果姚程程不来，就没有人听准老师弹的每个音符。"孙燕告诉记者。也有老师质疑程程，"手指软，弹出的曲子像白开水"，甚至因为误会坐了整整一年的冷板凳。面对波折，母女俩没有气馁与停歇，母亲为孩子的出路，而程程，已经发现了音符之美。

2003年，非典，北京大街上超乎寻常的清静，程程戴着口罩去参加小升初的考试。她说，曲子需要用"心"去弹奏，不拼难度，不炫技巧。在她的指下，钢琴以自己独有的声音诗意地吟唱起来，冲淡平和，寂静幽澜中透着那么一点点沉思。程程披挂着第一名的荣光进入中国音乐学院附中，开始6年的中学生涯。最让她难忘的是在这6年中她3次赴德国演出。2004年4月，经过国内的层层选拔，程程代表中国到德国去参赛，那个季节的德国寒冷无比，以至被冻感冒，清鼻涕流个不停，在比赛中，她一边弹钢琴一边擦鼻涕，那首巴托克的《保加利亚舞曲》弹完，她哭着走下了舞台。2007年她终于找到了弥补的机会，两年一次的施坦威全国钢琴比赛，程程以特等奖的成绩获得了去德国汉堡演出的机会。2008年5月，汉堡音乐厅座无虚席，在上千名观众的注目下，她完美地演绎了肖邦的《摇篮曲》和拉威尔的《夜之幽灵·幻影》，4次返场谢幕，让她感受到音乐带来的荣耀和快乐。

振翅之初　妈妈全程伴随

通过跟随李民老师的用心学习及刻苦训练，姚程程于2009年被保送上了中国音乐学院，开始了她丰富多彩的大学生活。程程在向记者讲述大学生活时，脸上洋溢出的笑容充满了自信与骄傲。程程自2009年入学，先后参加了各种比赛演出，走访了国内外不少城市。2010年1月获中国音乐学院雅马哈音乐奖学金比赛第一名，7月获第五届鼓浪屿全国钢琴比赛专业青年组第六名，并在决赛时与中国著名指挥家郑小瑛合作演出了肖邦第二钢琴协奏曲。11月受邀在中国音乐家协会为李岚清演奏。2011年5月初随中国音乐学院钢琴系师生赴奥地利萨尔茨堡和维也纳成功举办三场中国作品专场音乐会，11月获第二届“珠江一恺撒堡”全国钢琴大赛青年组第一名。2012年随中国音乐学院钢琴系师生赴德国再次举办三场中国作品音乐会并受到热烈欢迎，9月在厦门宏泰音乐厅举办的文华艺术院校奖第二届全国青少年钢琴比赛中，与中国著名指挥家石叔诚合作演奏了拉赫玛尼诺夫第三钢琴协奏曲，并获得青年组第四名。

四年的大学生活使姚程程在专业和生活上增长了许多阅历，她告诉记者：“这些年，除了要感谢我的老师，我还要感谢我妈妈。”程程在廊坊万庄上小学时，妈妈不论严寒酷暑，都会坚持陪程程去北京练琴。

在那个时候，学琴的费用很高，妈妈平时很努力地工作，把所有的资源都投入到她学钢琴上。直到后来，程程每次去参加比赛，不论去哪里，妈妈都会请假陪着她，做好她的后勤工作，照顾生活起居。记得第一次去德国参加比赛时，妈妈把家里所有的钱凑起来，给她买了往返的机票，很多同学参加完比赛都去游玩、购物，其实程程也想去，德国毕竟充满古典人文气息，但是由于资金问题，囊中羞涩的妈妈告诉她，下回再游玩吧，以后你一定有很多机会游历世界。正是妈妈的话鼓励了程程，一定凭自己的努力，要争取到以后的机会。据记者所知，姚程程大学时的学费没有让家里交过，每年都会得全额奖学金。

钢琴诗人　梦想照进现实

她在舞台上不断成长，身体里散发出一种迷人的钢琴诗人的气质，强大与纤弱形成鲜明的对比。这是辅导姚程程10年的恩师李民对她的评价。

今年3月，程程赶赴美国纽约，迎战茱莉亚音乐学院和曼哈顿音乐学院的招考。在曼哈顿稳操胜券后，她又向茱莉亚冲刺。考前，她与茱莉亚音乐系的系主任、主考官卡普林斯基有过简短交流，等她完美地演奏完毕，所有的评委都冲她点头微笑。

中国音乐学院钢琴系主任李民先生介绍说："茱莉亚音乐学院是所有学音乐的学生心中的梦想圣地，在全球音乐学院中综合排名第一，考入这个学校的中国学生真是凤毛麟角。"李主任说，姚程程的乐感和技术都很完善，尤其是她对声音的刻画和想象在国内学生中很少见到。她的特点是在舞台上稳定性极好，专注度非常高，有着迷人的气场，具备作为一名优秀表演艺术家的素质。希望她通过到茱莉亚的学习，到国际大都市顶级的演出舞台上去斩获认可、汲取营养，来培养气场、释放光彩。

记者电话采访李民老师时，程程一直在放松自己的手臂和手指，柔弱的女孩告诉记者："在乐感、技巧之外，其实弹琴是项体力活儿，比赛、演出要一两个小时，我都要喝几瓶提神饮料、吃些牛肉，我要爆发出自己所有能量，才能完美地完成演奏。有一次参加完比赛，回到宾馆就瘫倒在床上，躺了两天才起来。"虽然考入了梦寐以求的茱莉亚音乐学院，但姚程程并没有觉得自己很高傲。回想起从小到大学习钢琴的每一堂课、每一次比赛，她说得最多的是感谢。这些离不开辛勤培育她的老师，离不开悉心照料她的父母。她没有太多地提自己：多年来每天早晨五点起床，练琴五六个小时以上，多次因为疲劳过度手指、手臂受伤……在优异的钢琴成绩之外，她的托福成绩考了97分，每一次在国外比赛，她都用英语与当地人对答如流。

在姚程程的琴房里，我们看到陪她度过了十几年的那架钢琴，一尘不染。琴边的书柜里整齐地摆放着各种乐谱，以及许多名著。另外，门后还有一座专门放CD的架子。程程说，每次弹琴找不到感觉时，就会读读书，听听音乐，希望能找到灵感，调整到最佳状态，再去演奏。对于这次考取茱莉亚音乐学院研究生的事情来说，程程坦然地笑着说："我感觉就像做梦一样，因为这一直是我梦寐以求的学校。"

临别，程程为我们弹奏了舒曼的《奉献》，很难想象一个纤瘦高挑的女孩身上会爆发出如此之大的能量，她不仅是在用心弹奏，也在弹奏她人生的乐章。

（注：与贾树敏、王倩合作）

武术名师　张绍堂

廊坊师傅张绍堂将技艺传向世界

李派太极拳获评河北省非遗保护项目

近日，李派太极拳被评为河北省非物质文化遗产重点保护项目。李派太极拳是我国传统太极拳的重要支脉，至今已有一百多年的历史，已于2009年被正式列入“天津市非物质文化遗产重点保护名录”。作为李派太极河北传承人，廊坊师傅张绍堂40年带徒授艺，逐渐把李氏太极推向世界。

外籍弟子专程来廊求学

2013年9月14日，记者来到廊坊市安次区北旺乡相士屯村，见到了李派太极传人张绍堂。院中正有三个金发碧眼的外籍人士练功，一招一式非常认真，上衣的后背都湿透了。他们均来自俄罗斯，其中一位是张绍堂的入室弟子，师父赐名养元，意为修养元气。其余两位是养元带来的朋友，他们专程坐飞机来廊坊学艺。

养元今年36岁，在莫斯科是从事旅游业的，专门组织俄罗斯人来中国了解和欣赏中国传统文化。2008年，他与太极拳结缘。2009年，在网上看到李派太极拳的信息，感觉和别的太极拳不太一样。他对李派太极拳的思想、功法、风格都很有兴趣，就给网站负责人写信，希望能向张绍堂学习李派太极拳。网站的负责人是张绍堂的入室弟子刘力，在他的引荐下，养元开始学习李派太极，并于2012年正式拜师，成为张绍堂的入室弟子。在养元的影响下，仅在莫斯科一座城市，就有12人练习李派太极拳。他们中最大的已经有五十多岁了。

武术名家张绍堂先生

李派太极已从中国走向世界

据介绍，历史上的中国武术分

内家拳（以道家武当为代表）与外家拳（以少林武术为代表），内家拳由内而外练气为主，外家拳以筋骨强健为先。内家拳又分南派（清代甘凤池为代表）与北派（清代王宗岳为代表），王宗岳著有《太极拳论》，完善了太极拳的理论基础。王宗岳传人为蒋发，蒋发传河南温县陈长兴，陈长兴传河北永年杨露禅；杨露禅的传人王兰亭同时拜董海川为师，王兰亭代师授艺教师弟天津武清李瑞东。李瑞东与当时的武术名家大刀王五、王兰亭、李宾浦、司星三互通有无，在太极拳的基础上，融合了戳脚、八卦拳、形意拳等，形成了李派太极拳的拳法与拳理，称为五子拳（后称五行捶）。李瑞东传与其子李季英、其弟子陈继先，李、陈二人传与廊坊广阳人张万生，张万生传与其子张绍堂。

张绍堂今年62岁，八九岁跟随父亲练拳，16岁离乡，做过多个工种，期间练功不辍，并传人技艺。1993年，张绍堂开始专业研究武术，收徒传拳。作为李派太极拳的河北传人，张绍堂坚持悟练结合，写出了上百篇的心得和论文，部分论文在《武当》《武魂》等武术杂志上发表。与其弟子杜子宇共同编撰了李派功法系列丛书共七册，现已出版。李派太极功法影像资料和教学片在大陆和台湾

张绍堂为弟子示范剑法

广泛传播，张绍堂被北京体育大学国际武术研习班“中国传统太极拳”课程特聘为教授。近四十年间，张绍堂通过私人切磋、武校授课、正式收徒，传艺近万人，除中国外，涉及俄、法、德、意、瑞士各国，并成立了欧洲李派太极传播总会。目前，张绍堂正式收徒近百人，其中外籍人士占五分之一。

悟道：拳法是拳术之根本

张绍堂较为完整地继承了李派太极拳的衣钵，对太极文化有很深的见地。内家拳源于天地运势与阴阳互化，太极理论分天盘、地盘、人盘。无限时间为宇、无限空间为宙，动者为阳、静者为阴，天盘为天体运行、阴晴圆缺的能量，地盘为世间万物生长收藏之载体，人盘为万法万象之规律。

张先生认为，太极是时间与空间互相交织生成的万法万象，阴阳互化、和谐统一是拳法理论，招式只是外在的形式。太极文化讲究“阴阳有分工而不分家”的统一和谐，武的最初含义与最高境界是“止戈”。作为国粹，武术遵循伦常，讲求心法，养浩然之气，发勃勃生机，如果只是简单的锻炼身体、流于套路，那武术便是无源之水、无本之木。Ð

（注：与汪文慧合作）

相关：

他变卖家产首倡“强国强种，以武强健民族”——

廊坊隆重纪念清末著名武术家李瑞东

国内外三百位武学人士研讨李派太极

2017年4月15至16日，纪念李瑞东逝世100周年暨李派拳法研讨会在廊坊举行，来自全国各地及海外的300位武术友人齐聚，纪念清末著名武术家李瑞东。李瑞东是李派太极创始人，他痛感当时国衰民弱，变卖家产首倡“强国强种，以武强健民族”。李派太极拳发源于京津，集大成于廊坊，2014年12月被纳入国务院公布的第四批国家级非物质文化遗产代表性项目。

李瑞东名树勋，字文侯，晚号烟霞逸士，直隶武清（现天津市武清区）人，清咸丰元年（1851年）生，民国六年（1917年）在家中中煤毒而逝。李树勋出身诗书门第，为人慷慨大方，人称“小孟尝君”，又因先天鼻梁塌陷，人送外号“鼻子李”。李瑞东一生皆在武林中，恭拜六大名师：戳脚李老遂、八卦董海川、太极王兰亭（代师杨露禅传）、少林慧海法师、南太极甘淡然、心意岳青山，融南（甘）北（杨）太极、形意八卦、内家外家于一身，再成新体，开创李派太极之新脉。李瑞东历任清淳王府武术教师、清宫武术总教师、全军武术总教长兼北京高等学堂武术总教习，官至三品带刀侍卫，光绪皇帝从师之。作为晚清武林代表人物，李瑞东痛感国衰民弱，率先提出“强国强种，以武强健民族”，变卖家中二百亩良田，创建并主持“中华武士会”，

成为当时社会强音；其还曾联合好友大刀王五拥新政，抗外倭，竭尽其能，不愧为武林一代巨匠。

李派太极自李瑞东始，发源于京津，集大成于廊坊，盛行一时，英杰辈出：第二代廊坊传人李子廉，其徒弟郝明系1936年中国第一次参加奥运会领队；第三代廊坊广阳区张万生，第四代张绍堂（张万生之子）。李派太极第四代传人张绍堂先生习武多年，交流、指导逾万人，国内外正式收徒百人，并远赴日、韩、法、意、瑞士、港台等国家与地区，推广李派太极、弘扬国术精髓。张绍堂先生系统地总结了李派太极“三盘拳”拳法及理论，编竣七册卷，为李派太极扩宽了普及、精进之途径，为2014年李派太极被列为“河北省非物质文化遗产代表性项目”“国家级非物质文化遗产代表性项目”做出卓越贡献。

本次活动由廊坊市体育局、廊坊市体育总会主办，廊坊市武术协会李派太极专业委员会承办，旨在弘扬中国传统文化，探讨交流太极文化在实现“中国梦”伟大历史征程中的积极作用。2016年，李派太极廊坊弟子在广阳区北旺乡集资建设李瑞东广场，树立李瑞东雕像，这是京津廊地区第一座李瑞东纪念场馆，成为此次活动的主场地。据介绍，来自国内及美国、韩国、俄罗斯的300位李派太极练习者汇聚一堂，这也是李派太极首次隆重纪念李瑞东，成为国内武术界一桩盛事。

老头很潮　刘桂沅

刘桂沅：老汉在潮头

“人生一世，草木一秋”，世间万物都有自己枯荣的规律，很多人奔波一辈子后就该安享晚年了，对于心有壮志的人，我们誉以“老骥伏枥，志在千里”“霜叶红于二月花”。廊坊的城市不大，很多人认识刘桂沅，经常看见他骑着自行车穿梭于街巷。他今年76岁了，搞建筑搞了一辈子，在花甲之年突然转攻中医药研究，拖着一条残腿，活力不亚于壮年，读研究生、写论文、弄发明……总在潮头施展手脚。

残疾的孩子没倒下

刘桂沅是安次区落垡镇西马圈村人，幼年家境贫困。1950年，刚上小学一年级的他不小心把腿摔坏了，右腿腓骨骨折。为了给他治病，家里几乎花光了所有的钱，但仍没治好。由于伤势严重，只能到天津住院手术治疗。

想着贫穷的家庭和躺在病床上的自己，刘桂沅掉下了眼泪，他不知道从哪里冒出来的勇气，对父亲说：“把我送到落垡火车站，我要找政府申请救济。”父亲说：“你一个孩子，去了有人管你吗？”刘桂沅说：“我不去的话，一辈子就站不起来了。”无奈之下，父亲第二天用独轮车将他送到了火车站。

刘桂沅拄着拐棍独自一人上了去廊坊的火车。他找到了原安次县政府。门卫问：“小孩儿你找谁呀？”他说：“我找县长。我的腿坏了，申请救济给我治腿。”过了一会儿，出来一位工作人员，对他说：“小朋友，县长不在，有什么事跟我说吧。”“我的腿摔坏了，家里没钱治，党要不救济我，我就成残疾人啦！”说着他潸然泪下。

那工作人员和蔼可亲：“小朋友别哭，我们一定把你的腿治好的。”他开了封介绍信，让小桂沅到乡里找驻乡指导员，临走还给了他两个白面馒头。每当说起这件事，刘桂沅总是激动不已。

回家后，父亲拿着介绍信领到了50万元（相当于现在的50元钱）的救济款，刘桂沅在天津骨科医院顺利进行了手术。三个月后痊愈，他重新回到学校。他当时就发誓：一定好好学习，长大后成为国家的有用人才，回报社会。

他是这么说的，也是这么做的。回到学校后的刘桂沅刻苦学习，成绩一直名列前茅，而且一直担任班长、学生会干部，他考入西北工学院机械制造系，成为千里挑一的大学生。参加工作后，他又考进天津大学土木建筑系深造。

大学毕业后，刘桂沅分配到原廊坊地区建委工作，连续三年获得“学大庆先进工作者”荣誉，他研制的“加气混凝土”“全装配轻质大板”“麦秸硬质纤维板”荣获省、市三项科研成果奖。后任原廊坊地区建材建筑研究所所长。当时，廊坊全区9个县，有7个县的水泥厂都是在他的指导下筹建起来的。

下海，为社会做些事儿

1985年，刘桂沅从体制中出来，成立了自己的建筑工程公司，慢慢积累了一定的资金。2005年6月，刘桂沅了解到安次区妇联正在开展“春蕾计划”，他当即决定参与。他从贫困学生档案中选定了5个孩子，决定孩子们上小学时每人每年资助300元、初中400元、高中500元、大学3000到5000元。之后，他又陆续资助多名贫困孩子。截至目前，刘桂沅共资助了16个贫困学生。

对于这些孩子，刘桂沅不光给予物质援助，而且在精神上鼓励教育他们，并提出严格的要求，不但让他们完成学业，还要成为于国家有用的人才。2006年，他资助的黄杰、赵宇被评为“河北省优秀春蕾女童”；他资助的吴彩霞攻读了北京中医药大学临床基础研究生。从1991年至今，刘桂沅捐资助学、救助贫困生，累计捐款近36万元。如今，受他资助的学生中，有的已经大学毕业走上工作岗位，有的正在读研究生。

除了资助困难学生，他还捐资助教。有一次他听说，廊坊三中初一某班的学生因教室投影仪出现问题而导致视力下降，家长意见很大，他拿出1万多元钱给班里购买了电脑和投影仪。 他说：“花1万多元救了60多个孩子的眼睛，值了！”

虽然当时做了手术，但腿内一直留着钢板，刘桂沅走起路来腿还是有点跛。他深知残疾人的不易，对残疾人事业十分关心。2007 年廊坊市残联筹建残疾人康复中心，聘请他担任总工，月工资 3000 元，他答应承担这份工作却婉言拒绝了报酬。他说：“党给了我第二次生命，又把我培养成才，我为残疾人事业做点儿贡献是理所当然的。”几年来，他风里来雨里去，奔走在指挥现场，累计为国家节省资金高达 20 万元以上。

除此之外，省运动会、涞水县雨灾、四川芦山地震，他都捐款，多年来累计为公益事业捐款 12 万元。他由此名列中央文明办中国好人榜，还有很多省市县的荣誉，但这些对他都不重要，他有自己的生活信念，该做什么、不该做什么始终一清二楚。

花甲之年攻读中医药研究生

可能正是凭着从清苦日子熬过来的坚韧，刘桂沅在花甲之年突然转向中医研究，这令人吃惊，从年龄与专业来讲，他干了不该干的事儿，可是他依然投入、忘我，好似一个壮小伙。

与中医结缘是 1992 年，一个朋友告诉他：一个人无论多成功，没有健康就等于零。这句话打动了 56 岁的他，他决定研究医学。他没有任何医学底子，也没有什么家族传承，他只是有一股钻劲儿。他买回来李时珍的四卷

本《本草纲目》，开始每日研读。刘桂沅告诉记者：他的老师是医圣李时珍。

2002 年，他在廊坊成立中医药研究所，自己学的是机械、建筑专业，虽然把《本草纲目》翻破，但毕竟离专业研究还很远。66 岁的他开始复习，啃起了《中药学》《中药临床基础》等课本，最终考取了北京中医药大学临床基础研究生班。刘桂沅告诉记者：“当时我是班里岁数最大的，与年轻人相比，不管身体还是记忆力都有所不及，所以只有付出更多的努力与刻苦。”毕业时，他写的毕业论文《历代医家对疾病辨证论治创新》长达 1 万字，获得了全班最高分，得到了老师和同学们的好评。

老汉凡事求个认真

如今，刘桂沅承担着“通络溶栓胶囊”“胰岛素再生胶囊”“金香清热解毒胶囊”“粉刺霜”“胃肠溃疡胶

囊”“痔疮灵”六项十二五中医药科研项目。他的研究所出品了方子，就开始给身边的朋友赠药治病。六项中医药研发项目总投资需要300万元，国家只拨了1万元科研经费，其余都由他自己筹措。家里人劝他：自己投资研发中药，还免费赠药，别把人看坏了惹来麻烦。

他心里有谱儿，口服药必须经过验证，他自费到北京中医药大学做动物试验和临床研究，几经试验，做到疗效确切、作用机制清楚，无不良反应，无毒副作用。外用涂抹药他拿自己做试验，在选材上他十分较真，他告诉记者：中药分上品、中品、下品，中品微毒、下品剧毒，他坚持选用无毒的上品药材，可以药食同源，没有毒副作用。他70多岁了，凡事求个认真，他经常挂在嘴边的一句话：毛主席说“世界上怕就怕‘认真’二字”，我也一生讲认真。他研发中药深研病因、病机、病理、治则，同时深研药性、药理、药效、有效成分、作用机制。几乎所有的药材，都是他亲自买回来的，他把买回来的药材进行精选，除去杂质和次品，再磨成超级微粉。

十几年以来，凡是上门求医的病人，刘桂沅都把他们当作自己的亲人，除了传统中医讲究的“望、闻、问、切”四诊合参，还对病人进行心理治疗，使其精神放松；再从调节饮食养生上对病人实行食疗法；最终用他研发的新药免费给病人治愈。从2005年至今，他先后给国内外3000多例疑难杂症患者免费治疗，药费投入高达200多万元。“得了疑难杂症找刘老，不打针、不输液，免费赠药能治好。”这是身边受益人为他编的顺口溜。

2015年10月16日，记者走进刘桂沅的实验室，他正在精选从药都安国买回的中药，满屋飘散着药香，冬虫夏草、三七、当归、金银花……别小看这些药材，它们可是治病救人的良药。刘桂沅的六项科研成果正在申报国家专利。其中“通络溶栓胶囊”“粉刺霜”“胃肠溃疡胶囊”“金香清热解毒胶囊”已获得专利。

正聊着，廊坊市侨联的领导陪同德国柏林生命科学院院长金鑫来访。金院长是生物学博士，从事癌症方面研究，他告诉记者：刘老的研究很有价值，如有可能，双方将开展成果转化方面的合作。

目前，刘桂沅正在筹建一家中医药研究院，发扬中医药传统瑰宝，使自己的钻研成果更广泛地服务社会。他对自己有信心，这是不是他永不觉劳累、忘记了年龄的动力源头？

好一个潮头老汉！

爱心团队 侯振国

一个人带动1500人走上公益之路

作为一位经历过唐山大地震的企业家，侯振国秉持一颗感恩的心，不但自己投身公益，还将身边的人带动起来。霸州市的“侯振国爱心团队”自2009年成立以来，已由最初的334人发展到现在的1500人，这些人集体戒烟省钱捐资助学，集体献血、捐献造血干细胞……5年来，“侯振国爱心团队”累计筹集善款500余万元，先后让18名大病患者重拾希望、500多个贫困学生重返课堂，为700多个困难家庭重新带来了温暖，形成了一个爱心凝聚的慈善高地。

“5000元能挽救一个生命”

今年49岁的侯振国现任新利钢铁公司常务副总，是爱心团队的发起人，他出生在唐山市丰南区一个普通家庭，曾亲身经历了无情灾难夺去亲人生命的巨大悲痛，也感受到大灾面前全国人民支援唐山的无疆大爱。“母亲常对我说，乡亲们没少帮忙，要懂得感恩。”正是这样的经历，让侯振国树立了回报社会的信念。

2008年“六一”儿童节前夕，在走访困难家庭时，侯振国遇上一户住在破旧出租房的三口之家，一家人为给患先天性心脏病的4岁男童张一凡看病，将房子变卖，已经到了举债无门的境地。走访回来的当天晚上，侯振国给多位同事打去电话。爱心团队成员董会国记忆犹新：“那天晚上接到侯振国的电话，问我：‘假如5000元钱能挽救一条生命，你会不会慷慨地拿出来？’我说：‘当然会。’当时心里也怀疑，5000元怎么能和一条生命画等号？”

董会国没想到，侯振国使用的是各个击破的办法，公司20多位中层干部都接到了他同样的电话，当晚就筹集到了12万元。这样，家境贫寒的4岁先心病患儿获得了新生。“通过救助张一凡这件事，我感觉一个人的力量太渺小，一个人帮大家，可能有点力不从心，但大家团结起来帮助一个人，力量还是蛮大的。”说起这些，侯振国颇有心得。

2009年，公司334名成员便以“侯振国爱心团队”的名义凝聚在一起。“每月发工资的日子就是固定捐款日，队员们会根据自身经济情况，主动把几十元到上万元不等的捐款送到团队，捐款数额在逐月增多。”团队会计杨立红告诉记者，现在“侯振国爱心团队”委托当地信安镇政府设立了基金管理委员会，对基金进行专项管理。

五项帮扶基金催生“爱心捐助日”

为了做到专项基金专项使用，爱心团队根据受助人群的需求设立了五项爱心基金。其中的“春蕾计划爱心基金”，用于救助信安镇因经济困难而辍学的孩子，使每个孩子都能完成九年义务教育。截至目前，此项基金每月为该镇196名贫困学生发放100元到300元不等的生活费。

此外，爱心团队与信安镇政府联合开展了“12年义务教育”活动，对信安镇贫困学生进行资助。

“升学考试奖励基金”针对高考学生，信安镇学子被大学本科一批录取者，给予每人1000元的奖励，被本科二批录取者给予每人500元的奖励，鼓励这些学生取得更优异的成绩。“助学基金”针对信安镇考取大学院校后家庭困难的学生，基金将资助其完成学业。“重大疾病救助基金”对信安镇患有重大疾病的学生给予救助。

在“侯振国爱心团队”的感召下，自2012年以来，信安镇政府把每年元旦后上班的第一个工作日定为“爱心捐助日”。大家自发地从十里八村汇聚到镇政府设立的捐款箱前，奉献自己的一份爱心。信安镇诚信公交公司经理吴敬超，把准备买私家车的10万元现金一次性捐了出来，她说：“看到这么多人用累加的爱温暖一个个素昧平生的弱者或家庭，确实触动很大，我愿意成为他们中的一分子。”

爱心从霸州不断向外延伸

为了筹集更多善款，侯振国又有了新点子：抽烟对身体有百害无一利，而且花钱不少。2012年9月开始，侯振国以身作则主动戒烟，把用于买烟的钱全部捐出来。公司32名厂部级领导积极响应“戒烟捐款”，只此一项每月就为基金会增加3万余元善款。

随着爱心团队影响力的逐步扩大，许多社会人士主动加入其中，奉献自己的一份爱心。爱心团队把目光向信安镇以外延伸，遍及廊坊的各县市。记者了解到，“侯振国爱心团队”有一套完备的管理方案，确定受助者要经过集体讨论，善款的使用也非常清楚。

2012年4月30日，文安县大叩皂村村民李建红带着两个孩子回娘家，由于煤气泄漏，引发了严重火灾。李建红与年仅8岁的女儿重度烧伤，儿子轻度烧伤，住院押金就要30万元，家庭贫困无力支付。得知这一消息后，爱心团队内部发起捐款，用最短的时间筹集5万元送到了烧伤母子手中。这是爱心基金捐赠对象首次选在霸州之外。

本该学业有成，在社会施展才智，三河市25岁的女研究生赵静却只能在病床上和病魔抗争。为了筹集近百万元的医疗费，父母借遍亲朋，原本幸福的家庭硬生生被拖垮了。在得知赵静的情况后，今年1月3日，“侯振国爱心团队”驱车150公里，从廊坊南部的信安镇到最北部的三河市，开展“暖冬之旅”，爱心团队代表董会国把2万元救命款交到赵静母亲的手里。很快，爱心团队再次为赵静捐款6万元。现在赵静身体状况仍在恢复中，爱心团队每月还向赵静捐款1500元，维持其日常生活。

集体捐献造血干细胞

2015年9月17日，离中秋节只有两天，信安镇19岁的白血病患者张晶晶没能度过这个团圆的夜晚，不幸离世，“侯振国爱心团队”的每个成员都很惋惜。张晶晶是信安镇一名高中生，家里一直靠父亲的微薄收入维持生计，在她患白血病持续的治疗过程中，爱心团队累计捐款36万元。然而，在等待造血干细胞配型的过程中，晶晶因肺部感染导致病情恶化而离世。

大家的爱心没能挽救晶晶的生命，“到底怎样才能挽救白血病患者的生命？”爱心团队的队员们在反思。在与张晶晶及医护人员的接触中，爱心团队了解到，因找不到合适的干细胞配型捐献者，我国每年有400多万名白血病患者随时面临死亡的威胁。

爱心团队有了新的目标，他们联名发出了“造血干细胞捐献倡议书”，主动联系廊坊红十字会，并聘请省内专家为广大职工讲授捐献知识，普及捐赠程序。10月23日，“侯振国爱心团队”170名成员在霸州集体捐献造血干细胞。在该团队的感召下，现在已有1790人主动表达了自愿捐献造血干细胞的诉求，张晶晶的父亲就在其中。许

侯振国（右一）率爱心团队赶赴承德山区扶贫

多人表示，如果白血病患者需要血小板和其他血液制品，他们将给予无私的配合和支持。

截至目前，“侯振国爱心团队”救助范围已经走出廊坊，通过霸州市信安镇爱心基金会、唐山市唐坊镇慈善协会及众多社会人士，正在编织一个爱心互动的“大联盟”。

侯振国告诉记者：“大家都说做公益是用钱，我觉得其实是用心。做公益能让人转变理念，转变思想，秉持一颗感恩的心，人与人之间就更加团结，更加温暖。一个人做一件好事并不难，但多年坚持不懈地做好事，就需要一种信念了。我们一定会坚持做下去，希望汇聚的人越来越多，公益的事业越做越大。”

报道反响

10 月 30 日，《燕赵都市报》与《河北日报》、河北电台、河北电视台、长城网等省内 10 余家媒体聚焦霸州市“侯振国爱心团队”，梳理他们 5 年来的爱心故事，探寻他们走过的公益之路。11 月 14 日，霸州市召开“侯振国爱心团队——霸州道德模范”命名大会，向“侯振国爱心团队”颁发了“霸州道德模范”牌匾，大会认为：这支以职业劳动者为主角的团队，他们无私奉献、助人为乐、心系弱者、孝老爱亲的高尚品德，值得每一个霸州人学习和尊重。

（注：与刘洁晶合作。“侯振国爱心团队”当选 2013 年“感动河北”十大人物）

都市高手　卢克明

“黄漕飞叉”，一种保家卫村的技艺，绵延百年后成为健身、表演兼具的省级非遗项目；传承到自己后，卢克明被称为“隐于都市的高手”，现代都市满眼满心的嘈杂、享乐，钢叉又如何能继续舞动如飞？

飞叉在周身游走

小村里的百年飞叉

廊坊市的迎春路并不长，听说卢克明在路边开了一家烟酒店，记者就一家家地打听，快走到路尽头时找见了他。他是安次区“黄漕飞叉”第四代传承人，人称“隐于都市的飞叉高手”。

黄漕是安次区葛渔城镇的一个小村子，很多年轻人出去闯荡了，村里现在只有三四百口人，多是老人、小孩。而从这里兴起的飞叉已有一百多年的历史，被列入《河北省省级非物质文化遗产保护名录（2010年）》。黄漕村离廊坊40公里，2015年12月15日，大雾弥漫，记者随卢克明一起回去，一路闲聊。

飞叉是从冷兵器演化而来的，现在成为兼具健身、观赏性的技艺。黄漕飞叉却是极具攻击性的具备看家护院功能的功夫。清光绪年间，黄漕村的名人解锡桂在北京教书，请武师回村里教授村民功夫。飞叉是其中一种，被渗留下来。后来又几十年的沉寂，1937年前后，被邻近不远的永清县武术好手刘东林复兴。1983年，卢克明的父亲卢增宏担任村长，兼任飞叉会会长。黄漕飞叉的范围很小，原先邻村也练，到1990年就断绝了，仅剩黄漕一个村。

黄漕村果然小，街道静寂，且坑坑洼洼。飞叉传到卢克明这里是第四代，操练鼎盛时有四十来人；现在飞叉会有20多人，能下场演出的10余人。现在最大岁数的演练者是71岁的王凤民，偶尔摸两下，不下场演出了。62岁的解承于在下场演出者中岁数最大。卢增宏今年67岁，他在飞叉的传承过程中发挥了很大作用，父子俩搜集、整理了论文《浅谈飞叉与飞叉云会》，还编写了飞叉图册，准备印行。黄漕飞叉有前踢、后踢、抡

卢克明表演飞叉

高、踢高等45个基本套路，变化、连接套路100多个，演练形态十几种。它源于武术，招数名称有张飞骗马、太公钓鱼、苏秦背剑及连接套路“倒流水”等，很有些文化底蕴和艺术美感。

飞叉有它的运行轨迹

来的时候卢克明把飞叉放在了车里，运动服装却没带来，脚上穿的也是皮鞋。卢增宏与解承于一旁观战，他为记者舞动飞叉：飞叉上下翻飞，时而缠身绕颈，时而飞旋腾空，叉头上的响片叮叮作响、闪闪发光。叉是要飞的，不像刀剑握在手里；就是流星锤，也有条链子。飞叉是在周身游走的，脖颈、肩背、胸腹、手臂、臀胯、腿脚，每一处肌肉与关节都动起来，飞叉飞得出去、收得回来，有着自己的运行轨迹，对精准度与感觉要求非常高。

卢克明说，练飞叉是人前行云流水人后吃苦受伤。他3岁起就看父亲练习飞叉了，8岁那年正式练习。父亲特意给他制作了一个小木叉，逐步教他旋叉、金丝缠腕等初级套路。台上一分钟，台下十年功。飞叉每个动作看上去很有流畅的美，但练习时，一个动作需千百次地重复、纠正。

卢克明挽起袖子，他的胳膊有几处深浅不一的印记，单头叉有六七斤，双头叉有十来斤，它在胳膊、后背旋转时，一不留神，就会划破皮肤和衣服。这些伤口都是家常便饭了，更别提那些砸伤和磕伤了。他 15 岁上台演出，没想到首次表演时就受伤了："那是在天津的一个村里，正值中午，太阳特别刺眼，我把叉抛向空中后，突然被阳光照得睁不开眼了，迟疑了一下，叉就从高空中落到了头上，顿时血流如注。前辈们表演时，叉被抛到空中后，人都是背对着太阳的。我之所以被砸，是因为动作不到位，演出经验少。"

首战就丢了人，卢克明没有退缩，他咬牙坚持了下来，要自己勤练习，还要临场不乱。此后，卢克明还拜一位天津武师为师，学习武术套路、散打。2000 年是卢克明人生的一个分水岭。从这以后，他登上了一个又一个大舞台，黄漕飞叉渐渐有了名气。2000 年天津世纪钟落成暨迎接新世纪活动仪式、2001 年 4 月 19 日首届"中国•天津妈祖文化旅游节"、2009 年 5 月 17 日中央电视台"欢乐中国行——精彩河北•魅力廊坊"大型文艺晚会……

身居都市怎样传承飞叉?

1995 年，卢克明离开乡村来到廊坊，干餐饮、批发烟酒。他告诉记者，坚持是一回事儿，生活却是另一回事儿。一晃，20 年过去了。他对飞叉的坚持是每周末就找个安静、宽敞的地方去练上一通，基本上不间断。黄漕村也有其他人到廊坊，他们形成了一个六七个人的小圈子，还有两三个外来者加入。

村里的飞叉活动主要是过年，他每年春节都回去，腊月二十几，外出的都回来了，在家的也空闲下来了，大家聚在一块儿切磋、排演，然后参加正月里的各种喜庆活动及调演。这个团队分两部分，除下场演出的之外，还有服装、锣鼓等。演出费用很少，在外做大了的成员根本看不上，他们还得搭钱，但他们还保留着一股劲头儿，只为祖上传下来的东西别在自己这一代失传了。每次演出，卢克明总是压轴表演苏秦背剑、三抄水、戳灯等套路，引得全场掌声不断。

2010 年，卢克明出资在黄漕村盖起了三间会馆，起名"飞云会馆"。会馆也是冷清，看来只有过年时热闹几天。记者问现在最小的飞叉练习者几岁，卢克明说，飞叉这种技艺，不像杂技需要童子功，不比其他武术器械，更需要力气与熟练度，需要手足眼的高度配合，一般十二三岁才能练，练上三四年才能下场演出；到了二十几岁手脚僵硬了，也就练不了了。

卢克明的儿子 11 周岁，他开始带着练，这玩意儿既单调又危险，远不如手机、网络好玩，孩子也抗拒，但他还能降得住。女儿大，已经上高中了，没有练。记者看他还有些“传子不传女”的封建思想。卢克明说，村里以前也有女性练，现在没了。记者替他发愁后续力量，现在对这个感兴趣的孩子越来越少，智能时代里冷兵器情何以堪？便劝他放开圈子，女性、黄漕村之外的人，只要想学就应该吸纳进来。所有的技能培育都有个基数问题，否则就会越来越萎缩，第五代传承人不能是“矬子里拔将军”啊。

卢克明还是很有信心的。他首先想把自己的事业做大，等能力增强了，招收弟子的范围就大了，发展的力量也就充足了。他说，收徒这事，得看缘分，更看对方的德行和天赋——如果徒弟坚持得下去，那还好；如果坚持不下去，这手艺就从此失传了。因此，他很慎重。他告诉记者：“我还年轻，再练 30 年没问题，带徒弟传承飞叉的时间还很长。”

创业小伙　孟海江

在城里买了房子、汽车，谈了女朋友，跟单位没矛盾，他却抛下一切跳回农村，说只想换个活法——

高校讲师辞职回乡开豆皮厂创业

2016年4月21日，在三河市皇庄镇桥河村一个平常农户家里，30岁的孟海江正在调试新购置的豆片机。半年前，他辞掉石家庄某职业学院系教研室主任的职务，回乡改造家里的豆皮作坊。辞职不是因为跟单位闹矛盾，他只想从学校生活中挣出来，换一个活法；他没想到，他无意中跳进了国家倡导的“大众创业、万众创新”的时代洪流。

老作坊的手艺孟海江都会

高校任教四年后他跳回农村

2011年，孟海江毕业于河北师范大学汽车维修专业，后任教于石家庄某职业学院汽车工程系，教课期间晋升为系教研室主任，2015年7月，经再三考虑并做通家里人工作，他辞职回家。他告诉记者，入职4年就得到晋升，不是自己有多大才能，只是比较认真，能及时完成各项工作。对于辞职这件事记者还是很敏感的，问他收入多少：当讲师时基本工资加课时费，一月3000出头儿，当主任后课时少了，也差不多这些。他告诉记者，每天上课、写材料，多年下去也只是熬资历，他想趁年轻多干些有挑战性的事儿，换个活法。

在廊坊，三河的豆腐丝很有名气，而三河豆腐丝多半出于桥河村。孟海江的父亲就做了30多年的豆腐产业，家里西厢房有一间存黄豆，有一间是作坊，大锅、水缸、水瓢、笊篱……凭着这些器具，孟家做出豆腐、豆皮、豆片、豆泡等豆制品，可能是父亲做法好、配料精，多年来孟家的豆制品比别家都卖得贵。考大学之前，孟海江就经常帮着父母制作豆制品，他学会了很多技术，他从城里辞职后，创业的目标就是把家里的作坊做大做强。

创业步骤：买机器、弄商标、开微店

记者看到的孟家老作坊狭窄、乌黑，易耗品就是几百元的大锅，由于底火不断，一年就能烧坏一口。孟海江把另外三间西厢房弄起来，宽绰、明亮，他购置了豆皮机、压榨机、剥皮机，这一套设备花了两万多元。他告诉记者，村里有三四十家作坊，有豆皮机的十来家，他采购的型号最大。以前父母手工制作，一上午能做四五十斤豆子，这套机器一开动，每小时能制作 150 斤豆子。父亲的豆制品做得好，他要传承这种技艺，他注册了一个商标叫“孟香嘴”，并在包装袋上印上了微信、微店的二维码。

孟海江在调试新设备

孟海江用真空袋包装了豆皮，但他知道，豆制品的保质期也就几天，只能打附近市场，三河在北京、天津之间，这两个大市场足够他折腾了。高校老师很多，卖豆皮的很多，这个独辟蹊径的孟海江却不多。他告诉记者，桥河村这么多做豆制品的，成套购置设备的不多，也没有独立的商标，从高校回乡创业，他注重的是技艺传承、品牌包装与现代营销，这才不辜负他在外面七八年学的知识与方略。

父亲到现在都有些想不开

记者了解到，孟家是个非常重视教育的家族，孟海江的大姐也是毕业于河北师大，在石家庄工作，二姐也考入了高等院校，这样的家庭在农村是少见的。孟海江的伯伯在北京搞科研，支持他回乡创业。他61岁的父亲却一开始就极力反对，到现在都有些想不开：儿子考上了一本重点，留在省会当了高校老师，孩子争气、家长也舒心。家里拿出多年积蓄，给他在石家庄买了两居室住房，还买了一辆汽车；他也谈了一个女朋友，按发展步骤今年“六一”就能结婚的，他却突发奇想辞职回乡了。他一回来女朋友就有了迟疑，估计要分手了。在老孟的意识里，孩子还是要向城里奔，孟海江回来后，村里人议论纷纷，多是“在城里没有混好、出事了”的猜疑，老孟心理压力很大。他告诉记者，做豆腐是辛苦活儿，扩大投资了，一旦销路打不开怎么办？辞掉稳定的工作来创业，中途失败了怎么办？

孟海江的妈妈倒是想开了。她认为孩子又不是不干正事，年轻人有创业的想法应该支持，现在很多观念都变化了，孟海江考上大学时户口就没迁出，要知道：现在农村也有了很多城里人艳羡的福利啊。

（注：与吕新颖、李伟合作）

匠人大师 徐艳丰

廊坊市永清县的徐艳丰出身木匠世家，到他已是第十三代了，可他却琢磨起秸秆扎刻这样的小玩意儿。这些小玩意儿每个都用料几十万根、耗时三四年。五十年来他心无旁骛、着魔于此。小玩意儿不小，成为中国一绝，他也由一个不识字的匠人，成为民间工艺大师。

唯有匠人才耐得住那份寂寞

徐艳丰与扎刻新作《梦香楼》

十年再见徐艳丰

这些天，记者经常想起永清县的徐艳丰。那个家传十三代木匠，运用鲁班祖师爷发明的榫卯结构，几十年在农村摆弄高粱秆儿，捣鼓微型中国古建筑的怪人。他的扎刻艺术被国内外专家誉为“东方构成学的典范”“堪称中国一绝，世界无二”。上一次采访他是2007年冬天，与这位“民间工艺美术家”已将近十年未见了。

2016年7月18日，记者再次见到徐艳丰，他是永清县刘街乡南大王庄村人，却自己住在一座豪华别墅里，他说：“我可买不起这豪宅。”这是县里企业家朋友李玉田借给他住的，为了让他有一个养病的清静之地，客厅里摆着几件高粱秆扎刻作品。

徐艳丰，1952年生，今年65岁了，因14年前罹患尿毒症已经两次换肾，相较于上一次采访，这次更安静些，说得也更随意些。51年前，14岁的徐艳丰看上了别人的蝈蝈笼子、走马灯，他想：何不自己做一个？他祖上是山东德州，木匠世家，到他已是第十三代——他的五叔（虽是五叔，却比他还小不少）现在还在北京从事古建维修。徐家木匠以乡间戏楼、小

“梦香楼”局部

庙为主，不是皇家宫廷活计，而是民间手艺。蝈蝈笼子、走马灯虽小，却也是高粱秆儿、榫卯工艺。其实木匠在做大活儿之前，都要以此做一个模型，以小见大。徐艳丰说，他迷上了扎刻，其实是木匠行业的小玩意儿，他是不务正业了。

徐艳丰第一件成熟作品就是14岁开始做的“天安门”，那时村里放电影，在正片之前有加片儿，是毛主席接见红卫兵，天安门城楼一晃而过，他当时就想：要能做一个小天安门就好了。为了捕捉这“一晃而过”，他跟着放映队走了7个村子。后来他发现姥姥家有政府赠送的年画，就是“各族人民大团结”主题的天安门正面图像，姥姥过生日时他送过“八仙过海”的灯笼，姥姥知道他钻这个，就把画给了他。其实，永清县离北京才一百多里，他从没有去看看真的天安门的念头，凭着“一晃而过”与一张年画，他开始了第一件扎刻的创作。扎刻“天安门”有1米宽、2米长、1.1米高，少年徐艳丰耗时三年零七个月完成。12年过去了，1982年，河北省与日本长野县进行文化交流，征集文化艺术作品以国礼形式送到日本，“天安门”脱颖而出，从此，永清秸秆扎刻走出国门，被国内外专家誉为“东方构成学的典范”，“堪称中国一绝，世界无二”。

只想做中国的古建筑

1996年2月，徐艳丰被联合国教科文组织、中国民间文艺家协会联合授予“民间工艺美术家”称号。2009年，“永清扎刻”被确定为“国家级非物质文化遗产”。作为代表性传承人，徐艳丰成了民间工艺大师。其实他就是一个痴迷手工的少年，只用一把三寸小刀、一把尺子、一个小锤和一张图纸，白天下地干活儿挣工分儿，晚上开始琢磨。扎刻所需秸秆不仅量大，而且要笔直饱满、颜色均匀，且有足够韧度。正是生产队时期，他知道东北大头（穗）高粱不怎么长秆儿，秆儿非常硬，可是脆，河北的高粱有韧度，他就拿两种高粱磕，人工授粉，培育出杂交的“铁秆高粱”，承包到户后，他每年都种几亩自己培育的扎刻专用高粱。

扎刻不仅是榫卯结构的精品，同时也是物理结构与建筑美学的完美结合，而徐艳丰竟是一个不识字的文盲，他靠的就是遗传基因里的木匠天赋。“天安门”耗时三年零七个月，一共用了70多万节高粱秆，繁复精美、惟妙惟肖，可见他如醉如痴的韧劲儿。入行50年来，他共有成熟作品十几件，从天安门开始，黄鹤楼、故宫角楼、飞天楼、滕王阁、山西应县木塔，仿制对象都是中国经典古建筑，曾有人邀请他做日本京都古建、西班牙教堂，他都拒绝了，中国古建精髓是榫卯结构，他觉得外国的建筑没什么意思，中国人只做中国的古建筑。

十年过去，徐艳丰已是患病多年的老人，他的双手、双臂因为长期扎针、输血，已变得乌黑、起皱，记者关心他的身体，更担心他的创作力。他说，现在手的感觉、眼的感觉是不如从前了，从前有了感觉几乎连轴转，现在一天只能做六七个小时，而且很容易累，经常干干停停。他说，已养成多年的作息，晚上9点就睡，凌晨三四点就醒，起来做工，“那时清静，心也非常静。”他告诉记者，

徐艳丰与女儿徐晶晶，侧面是徐晶晶扎刻作品

“我不是一个正常人，我是个怪人，一懂事就琢磨扎刻，别的不想，脑子里全是这玩意儿。”

为中国梦做“梦香楼”

与他也算老朋友了，记者自然而然地问起技艺传承的问题来。他一指在客厅里忙活的女儿徐晶晶、儿子徐健。徐晶晶今年34岁，她弟弟徐健30岁，十年前记者到徐家采访时，他们已经在父亲指导下开始了扎刻，目前，姐弟俩已经能独立完成作品了，作品的质量令父亲满意。徐艳丰说，做扎刻，最少得五年的学徒，才能出师。也曾有人慕名来学徒，但都望而却步，待得最长的一位是四个月，不辞而别，后来写信：“太烦琐了，太费心了，实在受不了。”老人面容平静：“一般的人，忍受不了那种寂寞。”

徐晶晶与父亲坐在一起，她算是徐家第十四代木匠了，学艺已11年。扎刻除了灵气，主要还是细致功夫。她告诉记者，现在他们比父亲精力足，但父亲在扎刻上是很有天赋的。记者了解到，多年前徐艳丰曾受邀与人合作，扩大生产，但结果很不理想。作为年轻一代，徐晶晶与弟弟也是经年累月雕磨一件作品，但她也要想扎刻的发展定位与市场化的问题。

徐艳丰验证高粱扎刻的牢固

记者了解到：这些年徐艳丰在做一件“梦香楼”。没有什么参照实物，他是响应习总书记提倡的“中国梦”，这件作品高1.3米、直径1.31米，七层、双帽，宏伟、精致。“梦香楼”已完成70%，洁白的高粱秸秆扎在一起，有欲飞的檐、有厚重的梁，门窗的框细如牙签，却能推开、关闭。他告诉记者，扎刻作品虽是高粱秆制作，不用一根钉子，但非常结实。为了证明，他把底座搬下来，双脚踏上去，使劲蹬踹，果然无恙。他看着记者，笑得像孩子一样。

拼命局长　霍希武

廊坊有个拼命局长
他左腿过敏溃烂裹着保鲜膜拄拐上班

“我们局长真是工作拼命，他患有痛风、膝盖滑膜炎，因用药腿部过敏溃烂，他用保鲜膜裹住流脓水的腿，拄着拐上班……”这个干部职工口中的拼命局长，是廊坊市食品药品监督管理局局长霍希武，他因病去世将近半年了，大家仍忘不了他从不休节假日的工作身影。

霍局长去世前一天时间表

记者面前是廊坊市食药监局办公室主任李鹤查、宣传科科长刘玉明。2016年5月12日凌晨，时任廊坊市食药监局局长、廊坊市人民政府食品安全委员会办公室主任的霍希武突发心脏病，经抢救无效在家中去世，享年57岁。他们描述了5月11日——霍局长去世前一天的时间表：

他像平常一样7点出头就到单位了，上午在办公室办公，处理文件，他告诉李鹤查自己身体很不舒服，肩膀、后背发散性刺痛，吃过午饭后就回家休息。12时（他去世后局里调取了楼道的监控镜头），他走出办公室，到对面屋子拿了两瓶止痛的药，准备从食堂出来后直接回家；一位副局长同他一起下楼，他一瘸一拐的，走向食堂时，三次用手抚摸后背。12时30分，他从食堂出来，同事说用局里的车送他，他拒绝了，自己开私家车回家。（以下系记者采访霍希武妻子霍秀芬所获信息）12时50分，他回到家中，由于他上班时间中午基本不回家，妻子还以为他把什么东西落在家里了，他皱着眉说：“太难受了。”就躺在客厅沙发上，妻子让他去医院，他说躺躺就好。下午，他一直躺在沙发上，把手提电脑放在茶几上，处理了一些工作。下午5时，给李鹤查打电话，说明天省局要来一个副局长检查5·18经洽会筹备情况，让李把他放在办公室的双拐送到家里来，明天如果腿疼他就拄着拐上班。李安排一位同志把拐送了过来。晚8时多，平时要看完十点《今日关注》栏目才睡的他，早早上床了，但到了11时，妻子还发现他用手机微信与一位局领导谈次日工作。12日凌晨2时，他醒了，胃痛得出了一身汗，他以为是吃药刺激所致，喝了些水之后接着睡下。凌晨5时，睡眠很轻的妻子听到他喘了一声粗气，翻身看时他已呼吸急促不能说话，妻子急忙给自己当医生的弟弟打电话，让弟弟拨打120，并对他进行人工呼吸。救护车很快赶到，医护人员在霍家展开抢救。8时许，抢救无效，霍希武局长去世。

“他走了以后我才觉得委屈”

记者驻廊坊多年，对霍希武却不是太熟悉。他1959年出生，廊坊市安次区人，当过四年海军，历任廊坊市委副秘书长、市委机关事务管理局局长、市政府食安办主任、市食药监局局长。2009年，他调任市食药监局局长，6年半的时间里，廊坊市食药监局建成了全国领先的“药品智能监管系统”“食品药品智慧监管综合平台”，多起重大食品药品违法案件被查处，获得国家总局“全国查处假药实绩突出单位”，开通了社会广泛关注的“廉政微博”。10月末，去世半年的霍希武当选国家食品药品监管总局评选的“食药安全守望者”，在入围的候选人中票数名列前茅。

在同事眼里，霍希武是一个工作节奏快、标准高、要求严的局长，不辞辛劳，长期超负荷工作。10月31日，记者来到霍家，见到了霍局长的妻子霍秀芬，她眼里的霍希武是一个什么样的丈夫呢？霍秀芬刚刚从北京儿子家回来，丈夫去世后，儿子不放心妈妈，把她接了过去。提起积劳成疾、英年早逝的丈夫，她的泪水怎么也止不住：“他就是一个工作狂，不知道困难，从不觉累，也不抱怨，很享受工作状态。家里事儿我们都不用他，相反我也围着他的工作转。”

妻子思念的泪水里浮起一个日常的霍希武。他真的是夙夜在公，几乎每个双休日、节假日都在单位里度过，甚至大年初一吃完饺子，也到单位去。很多次，休假时间不方便叫单位司机，霍秀芬就开车送他到单位。霍秀芬膝盖也不好，有一次疼痛难忍，却要自己到医院，她一步步挪动着下楼，还好右腿不疼可以踩油门、刹车。

霍希武在家当甩手掌柜可谓到了极致：2013年5月，儿子结婚，正值

人去拐还在

5·18中国（廊坊）经洽会筹备期间，儿子婚礼筹备都是妻子，婚礼头一天晚上他住在了单位，“他只是出席了一下婚礼而已”；2014年8月，86岁的老母亲不慎摔折胯骨，卧床多日，他从未请假歇班，照顾老人的责任都落到妻子与妹妹身上。他在市政府任职期间，老父亲在医院昏迷4个多月，他同样没有请假歇班，只是利用上班前、下班后前去看望，可见他的工作作风是一以贯之的。

记者禁不住问霍秀芬，对这样常年不顾家的丈夫，她不埋怨吗？家里的其他亲属——特别是老人，不埋怨他吗？霍秀芬说：“我从铁路部门退的休，以前工作也忙，也跟他闹过，但很快就习惯了。他不在乎职位，只要能干些实事儿就行。他不是不孝顺，我们说老人丁点儿不是他就不高兴。照顾老人有我呢，到医院轮班时，我就去，不用他。”

霍秀芬眼里的丈夫就是这样，2015年10月，由于痛风、膝盖滑膜炎用药，他两腿行动不便，左腿过敏溃烂，流出的黄水都把秋裤、外裤弄湿，为了怕人看到，他就用布包好腿，外面再包一层塑料保鲜膜，然后拄着拐上班长达一个月。他拖着这样的腿去石家庄开会，半路在车里晾着腿，到会场之前再裹起来，不让别人看到。偶尔闲暇夫妻俩去散步，他还留意沿途的超市、小卖部，进去问食品的进货渠道，人家不知道他是局长，施以白眼。但丈夫热爱生活，几次和她畅想退休生活，想去旅游，补偿家人，儿子的婚礼虽然没管，但儿媳已怀孕，想起就要当爷爷了，他心里就美滋滋儿的。他没有快退休的意识，还是一心工作啊工作，这一切天伦之乐他却没等到。霍秀芬流着泪说：“这么多年来我没觉得委屈，他突然这一走，我才觉得委屈。”

记者走进霍希武的书房，他常用的电脑摆在书桌上，他在家、出差都用它处理工作。宣传科科长刘玉明告诉记者，霍希武对自己严苛，对单位同事却在意得很。儿子结婚，单位的人他谁也没通知，得到信儿的人想过去帮忙，他也谢绝了。可单位同事有事了，他曾开车几个小时跑到外地去看望、慰问。当过兵的他身体不错，他觉得自己只是痛风、膝盖滑膜炎、颈椎不好，撑一撑就没事了。

半年了，他想第二天拄着去单位上班的那副拐，一直安静地放在客厅阳台上。

乡间诗者　赵志信

残疾鞋匠吟得千言“野居赋”

人们常说：“上帝为你关上了一扇门，必定为你打开了另一扇窗。”记者眼中的赵志信每日以残疾之身摇着三轮车，在大城县后北曹村的街头修鞋，年逾五旬的他仿佛不安天命，读书、吟诗，其《野居赋》云：“野居村外，月朗风清。枕上能辨风声，窗前可赏风景，屋雅何须大，花香无须浓。”宛若清贫、困厄中的乡村哲人。

2017 年 2 月 3 日，记者来到赵志信的家里，他正在和两位村民聊天。尽管正午刚过，太阳亦浓，但是他那不足 20 平方米的小屋里却有些发黑。对于突然到来的造访者，他并不感到意外，因为他每天都在接待着各种“不速之客”。旁边村民说：“别看他这样（残疾），这可是我们村的大文学家，我们都喜欢来找他说话。”赵志信习惯了别人对他的各种评价，他脸上的笑容并不勉强，仿佛生活并未给予他任何的苦难，也许这是经历过后的一种笃定和从容，从某种程度上，更是对生活的一种包容和感恩。“别看我这屋子又小又脏，但是从来没缺少过人气。”

最羡慕他人上学堂

赵志信出生于 1965 年的二月初一。他的残疾并非天生的，而是因病导致的。那时，赵志信才一岁半。“刚开始，只是发烧，后来总不见好，母亲带我找到村里的赤脚医生后，被确诊为小儿麻痹症。”

这对于他的家庭来说，犹如“晴天霹雳”，只有躺在病床上的小志信不知道这究竟是怎么一回事。后来，父母想尽各种办法，也尝试了各种偏方。即便是 20 世纪 70 年代初的大旱之年，家里也毅然将分得的白菜和萝卜拿去卖掉，用换来的钱为他看病。

几年间，他受过各种“疼痛”，到目前他仍然记得的治疗方法是用针穿透脚部，反复摩擦以刺激脚部神经。他说这个疼痛他终生难忘，那一年他才六岁。尽管如此，老天似乎并不买账，直到失去治疗价值，一家的努力也没有让他站起来。

因为生病，赵志信本不富裕的家每况愈下。给家里带来的负担，让他心里很过意不去，也不愿让全家人跟他吃这么多苦，渐渐地，自己接受了这个病，开始劝解父母不要再为他奔波。

对于儿时的赵志信来说，最让他羡慕的是两个哥哥，因为他们到了适学年龄，就和其他孩子一样，背起书包走进了课堂。“那时，父母忙着干活，我自己整天在屋里不是坐着就是躺着，只要看到他们背书包去上学，我就眼馋得不行，但是实在没有办法。”

后来，大哥的语文老师孙宝丹偶然间得知了赵志信的情况，便主动做起了家访，赵志信因此走进了向往已久的课堂。第一次走进课堂，看到这么多同龄的孩子，让他觉得万分新鲜。在上学之前，他自己去的最远的地方，就是自家院子。“偶尔爬出来晒晒太阳，就等于玩了。”

但是，幸福并没有持续很长时间。赵志信上完二年级，哥哥们都升入中学，要离村读书，不能再继续背送他，他被迫辍学，再次回到那间只有他自己的小屋里坐着或躺着。“后来，我变得有些自闭，不愿意见任何人，这其实是一种自卑。”

对于一个十岁的孩子来说，这种孤独有些沉重，甚至残忍。但是生活带给人苦难的同时，也会给予人力量。不爱说话的他，爱上了学习和思考。哥哥们上学留下的教材成了他生活的“玩伴”。虽然上过两年学的他只认识一些拼音，不过他有自己的学习方法。“既然不认字，我就从学习字典开始，不懂的就请教哥哥们。”

几年的时间，他从未间断地学习。“那几年，我哥他们留下的教材被我翻烂了三本。”赵志信回忆道，“我学习得很慢，也没有专业的老师辅导，但是后来大部分字我都认识了，读书看报啥的都不成问题。”

就想自己养活自己

真正让赵志信走出自闭的事发生在他 20 岁的时候。1985 年初冬，赵志信从母亲拾回来的一堆废柴里看到一张破旧的报纸，上面刊登的是张海迪的事迹，看完后赵志信备受鼓舞：“我当时就打定主意，我不能再做一个废人，一定要做一些事才行。”

他的尝试是从卖冰棍开始的。21岁那年，赵志信看到院子里放着一辆坏了很久的自行车，便请村里的电焊师傅帮忙改装成了一个手摇三轮车。他去离村3里的冰棍厂提货。因为没有冰箱，他找来一个竹筐，为了防止冰棍融化，他在里边放上麦秸，外边盖上棉被。第一天，他去了村里的小学卖，“刚开始有点拉不下脸来，不好意思喊，不过学生们可能看我是个残疾人，就比较照顾我，那一天赚了8角钱，美得我半宿没睡着觉，第一次感觉自己有了一点儿价值。”

第一年卖冰棍，赵志信挣了30多块钱，他把每天辛苦赚来的钱小心翼翼地藏起来。冬天闲暇之际，赵志信有了新的想法：卖冰棍毕竟不是长久之事，应该找一个大点儿的事业干干，既然脚不能动，那只能做手上的活，后来就打定了主意——修鞋。那一年冬天，赵志信用自己赚来的40元钱，买了一个二手的修鞋机，在附近皮件厂买了一些小零碎，就开始了自己的修鞋之路。

不同于卖冰棍，修鞋毕竟还是一个技术活，得有老师教才行。赵志信说，他的老师就是他的顾客。让他记忆颇深的是邻村的一位大姐，“那时，我刚修鞋没两天，她一下拿来了几双鞋，我怕修不好，没想到大姐还很敞亮，让我随意弄，修坏了就不要了”。实践是最好的老师，除了起早贪黑地忙活，没事他也会钻研，慢慢地赵志信摸索出了修鞋的门路，生意越来越好，虽然钱挣得不多，但足够保障他的基本生活。

后来，赵志信的两个哥哥都结了婚，妹妹也出嫁了。转眼间，弟弟也到了成家的年纪。此时赵志信修鞋已有几年，省吃俭用零零散散地有一点积蓄，他不愿让父母太辛苦，于是他拿出了3000块钱帮着父母翻盖了原有的三间土坯房，自己和父母则借住在了别人家，这一住就是六年。

30岁那一年，父母借来的房子不能再住，他又找叔叔在村东协调了一小块地，出资盖了四间小房子，这让赵志信有了一个属于自己的家。

“自己养活自己，这是我最基本的原则，也是我的生活底线，这些年虽然不容易，但是我做到了。”赵志信告诉记者。

把微笑留给每一个人

赵志信是个健谈的人，他经常穿梭于周边各村街修鞋，一来二往，和周边的村民熟络起来，也会有很多村民把鞋送过来修。久而久之，他这间又脏又黑的小屋门庭若市，修鞋的、聊天的、闲坐的、下棋的……络绎不绝，赵志信显得不那么孤单。

“在世界的角落里，在阳光照射不到的昏暗的小屋中，我却不在乎那稀碎的日光。在这秋去冬来的季节，我被浓浓的爱围裹着……”赵志信在朋友圈里的这段文字让人感动。二十年匆匆而过，生活虽然艰难，但是却练就了他从容豁达的生活态度。如今，谈起往昔，他说唯有感恩二字能表达自己的心情。

一提起感恩，赵志信首先要提到的便是孟桥村的戚国祥。他是找赵志信来修鞋认识的，并没有过深的交情。有一天，戚国祥推门而入，一坐就是一上午。“我以为他来闲坐，临近中午时，我看他还不走，就示意他我出去一下，他以为我去买菜，就匆忙拦住了我。”

戚国祥道出了自己的打算：“我来看看平时你是怎样出行，想给你做一个代步工具。”赵志信很错愕，没想到二十多天之后，戚国祥就把做好的小车送了过来。虽然只是一个小车，却是赵志信的“脸面”：“以前，我出来进去都是靠爬，有了这个小车之后，它就成了我形影不离的‘好朋友’，我的生活质量有所提升了。”

“你做饭太麻烦了，我给你做个流动厨吧！省得来回拿东西费劲！”“这兜鸡蛋送你了，修鞋给不起钱，给兜鸡蛋吧！”“这是我家院子里种的石榴，你尝尝吧！”……回忆起乡邻的点点滴滴，赵志信说自己如沐春风，内心充满了温暖，就好像心里有一个太阳，即使身在阴冷的小屋里，也不会觉得那么冷了。

“野居”变成精神殿堂

现在，赵志信每天过得都非常充实。除了修鞋，他保持了每天看新闻、读书的好习惯，国际形势、国家政治以及民生疾苦都是他关注的焦点，闲暇时，他还能写上一段文字，记录一下自己的感受。他说，身体的不自由不能限制思想的自由，心里有阳光就不在乎是白天还是黑夜。

闲暇时，他还喜欢练练毛笔字、下下象棋、写写文章。“白天，人们往来不断，我也算实现了‘谈笑有鸿儒，往来无白丁’；晚上，我自己可以静下来看会儿书，写写文章，并不觉得空虚乏味。”

这些年来，他积累了一些诗词，最得意的就是千余言的《野居赋》了，“前言”就体现出他多年自学的国学功底：“纺补为业，诗画解忧。自认井底之蛙，才疏学浅，不堪大器。然是非犹能明断，善恶尚能区分。学时深得学道，浅知儒礼；缀后好于自修，深仰共德。”

“野居”有残疾谋生的艰辛：“冬去春来，忙碌一年挣不了仨瓜俩枣，寒来暑往，闲待几天又计算运转来年。忙中岁月不知岁，醉里春秋又复春。虽腰酸背痛，也一声不吭，只为多挣一两块；纵感冒伤风，也无所畏惧，一干就是大半生。”

他的栖身的“野居”俨然一座精神殿堂：“东临旷野，一眼纵观天际；西靠大路，几树隐现村庄；北走蜿蜒，能达新生之学校；南翔坦荡，可上胜利之大桥。房边大路，行人冉冉车来车往不断；屋内小床，过客匆匆人多人少常留。斗室之间，能晓天下之事；方柜之内，可藏古今之词。”

赵志信说最开心的事莫过于每天早晨一睁开眼，感受着周围围绕着我的好人、好事，感受着人们对自己的爱和包容，他无以回报，唯一能做的，多为大家补鞋，好好生活。

（注：与陈彩燕合作）

大义的哥　闫长河

“从没见过那么多钱，但一分也不能留”——
廊坊清贫出租车夫妇送还病人18万救命钱

狭窄、逼仄的出租房一住就是五年，夫妇俩黑白倒班儿，一天开十来个小时出租车，省吃俭用还借了不少钱，刚给儿子买了婚房——从东北来廊坊的闫长河、迟彩霞夫妇生活过得紧紧巴巴，但他们面对重病乘客遗失在出租车里的18万元救命钱，却没有丝毫犹豫，原封不动地送了回去。

杂物袋里装着18万元巨款

事情发生在2017年2月3日下午2时许，闫长河在廊坊市人民医院急诊部门口拉上两个客人：老爷子七十多了，行动不便，被其60多岁的侄子扶上了出租车，一个黑色塑料袋放在后备箱。车开到廊坊开发区西柏村，老爷子下车困难，其侄子一个人弄不动，闫师傅下车帮忙搀扶，忙乱之间就把塑料袋放在后备箱这事儿给忘了。之后闫师傅开车继续拉活儿，晚上10时许收车，他到加气站加气，打开后备箱后发现了黑色塑料袋，里面装着脸盆、暖壶、拖鞋，还有散放着的几千元钱。他回到在安次区董常甫村的租住地，对正要休息的迟彩霞说：“有客人把钱落在车里了。”

迟彩霞把塑料袋拎进屋里，一翻，发现袋里的一个布包里还有成捆的人民币，有十几万之多！闫师傅想，应该就是从医院拉的老爷子落下的，“他肯定急坏了！”夫妻俩当即决定向所属瑞通出租公司汇报。公司晚上只有一个值班的，闫长河便拨通吴晓东经理的手机，随后与妻子开车到吴经理家里处置此事。吴经理又检查了塑料袋，又发现包裹着的5万元。吴经理随即上了他们车，一起连夜去西柏村里寻找失主。由于天太晚了无法打听，他们开车转了一个小时也没有找到，只有约好第二天到公司处理。

第二天一早，闫师傅夫妇早饭都没吃就赶到了公司。他们进一步检查黑色塑料袋，发现一张银行取款凭条，上面金额与袋内现金相符：181322.3 元。闫师傅告诉记者，看到凭条他长出了一口气，他怕这么多钱没个凭证，如果跟失主对不上数，自己就说不清楚了。他们再次赶到西柏村，大白天好找多了，他们找到了正焦急万分的失主刘士元大爷。一问才知道：刘大爷今天 73 岁了，患有脑血栓，老伴去世了，与儿子相依为命。大爷年前曾到医院检查，年后准备住院，就从银行里取出了自己的全部积蓄，没想到暂时不用住院。打车回家一时忙乱，把杂物与现金混装的塑料袋落在了后备箱里。

亲人为夫妇俩的善行点赞

5 日上午，几经辗转，记者拨通闫师傅的电话，他正在家里，有些不好意思地说：“我家里太小，太乱。”记者随后来到他们夫妇俩的租住处。确实小，就两间平房小屋，加起来也

闫长河夫妇狭小的家

就 30 平方米，夫妇俩住里屋，外屋有儿子睡的单人床，还有灶台。院子也就两米宽，出屋门就是院门。小归小，屋里却不乱，被女主人收拾得干干净净、井井有条。

他们一来廊坊就住这个出租屋，已经五年了。闫长河、迟彩霞夫妇家在黑龙江齐齐哈尔市依安县农村，多年种着家里的 60 亩地；以前曾来廊坊两年，开过小杂货店，后因父母没人照顾就回了东北。五年前他们再次来到廊坊，闫长河先考了驾照开上了出租车，迟彩霞后来也考驾照，夫妇俩倒班开出租。闫长河的两个姐姐、一个哥哥也在廊坊，父亲去世后老母亲也过来了。一家十几口人都迁移过来了，他的二姐、二姐夫也倒班开出租车。

阳光照射进出租屋里，记者与闫长河、迟彩霞聊了很多。闫长河告诉

记者：“18万，我们从来没见过这么多现金。”这些年他们的日子算得上清贫，抛去出租车“份儿钱”，两口子辛苦一个月净剩五六千元，也就顶个普通上班的。房租每月450元，他们与房东处得很好，人家不给涨钱，他们也主动交租不拖欠。儿子今年21岁了，在美容美发店打工，正在谈对象。去年他们给儿子买了一套房子，6400元一平方米，幸亏买得早，现在廊坊的房价一万好几了。这些年日子过得紧，买房还有五六万元欠账没还上，很快就是装修房子，给儿子订婚、结婚。但他们不愁，慢慢挣慢慢还，日子会好起来的。

很多人的善恶只是一念之间，很多人其实禁不住突来的考验。记者了解到，刘大爷当时并没有要出租票，发现钱丢了以后很难找到闫长河；即便找到了，出租车对外运营、人来人往，托词“没看见失物、有可能被其他乘客拿走”，也拿他没办法。这对辛劳清贫的夫妻，面对可以抵家庭几年收入的巨款，没有任何犹豫，没有任何分歧，连夜向公司汇报，连夜去找寻失主。闫长河口气很坚决：“没钱可以去挣，拿自己该拿的钱，不是自己的钱一分也不能要。”事后，刘大爷激动不已，当场拿出两万元塞进闫长河的口袋表示感谢，被他坚拒了。他说以前也有乘客把小物件落在车上，被他喊了回来。这次麻烦，耽误了一天的时间。他连刘大爷的电话都没留。

采访闫长河、迟彩霞夫妇让记者明白：贫富真的与人性无关。他们有着东北人的侠义，在他们的身边也有一个善良坦荡的圈子，互相影响着，形成良好的家风。事情发生后，家人们都知道了，没有人埋怨他俩傻，一致表示赞赏。姐姐打电话：“老弟你做得对，你真棒！”外甥女也打电话，被舅舅感动得都哭了。儿子在店里回家少，第二天晚上才知道，他在电话里说：“我爸爸真厉害，点赞！”

映像

大城2·17大爆炸

按中国人的传统，年是要过到正月十五的，但在正月十三、十四，记者的镜头不得不对着血淋淋的场面。2000年2月17日上午11时，同许多乡镇一样，大城县大广安乡正是集日，乡民们都在忙着“十五”采购，吆喝声、相互问候声及洋溢在众人脸上的闲适令所有人放松了警惕，大家谁也不会想到，一场大爆炸已悄悄迫近，硝烟、惨叫、血……这些只有在影视剧中看到的场面突然出现在大家眼前。

18日中午，记者站在昨天热闹非凡的地方时，却只看见一片爆炸后的惨状，散落着的衣物、震得扭曲的钢铁诉说着当时的惨烈，几个村民引导着记者找到炸得腾空而起越过屋顶飞出几十米的残肢，路旁的树上挂着一团血污。据该县公安部门统计：死亡9人，受伤9人，十几辆车被当场摧毁。数字是苍白的，哭泣声不绝于耳！

19日清晨，记者准备乘车返回了。车站旁又响起了鞭炮声，一个青年拎着一挂鞭围着自己的店铺走。记者走上去问，他说正月十五嘛，吃饺子前先放挂鞭。听了这话，记者的脚步迟疑了，记者决定：重返大广安乡爆炸现场。

风很大，现场时不时地刮起一阵风尘，有几个人开始清理了，把血泥、遗弃的衣物往一辆车上扔，旁边一名中年男子点燃冥纸，悲恸地哭着，为他死去的兄弟“招魂”。记者来到离此不远的赵家，48岁的男主人当时路过，不幸身亡，留下三个孩子，分别是11岁、8岁、6岁，孩子们不懂什么，做母亲的却已呆傻。中年男子已哭完，领着记者前去东陈村，28岁的李永进与妻子摆摊卖货，他在留各庄集上卖完后，来大广安看妻子卖得怎么样，刚刚走过鞭炮摊，就被炸倒在地，他有一个6岁的孩子，父母60来岁，爷爷80多岁，一家四代都靠他一人支撑……

中午时分，记者赶到大城县人民医院，部分伤者在这里治疗，一个脸部被炸伤的小姑娘还没忘记告诉记者，拍完后给她一幅照片。赵各庄村民陈栓柱因与贩卖鞭炮的赵宝平、赵丽平同村而“惹祸上身”，当时他推着自行车穿过集市，看见赵氏兄弟正在那里卖炮，就停下来搭话，刚说几句他就发现鞭炮摊冒起了白烟，他叫了一声扭头便跑，“轰”的一声巨响，

2000 新闻周刊 燕赵都市报 2000年2月20日 星期日
□本报编辑：周 辉 电话：0311—8631208
视觉新闻 5

大城2·17大爆炸

恸哭

按中国人的传统，年是要过到正月十五的，但在正月十三、十四，记者们的镜头不得不对着血淋淋的场面。17日上午11时，同许多乡镇一模一样的大城县大广安乡正是集日，乡民们都在忙着为"小年"采购，吆喝声、相互问候声及洋溢在众人脸上的闲适令所有人放松了警惕，大家谁也不会想到，一场大爆炸已悄悄迫近，硝烟、惨叫、血……这些只有在影视剧中看到的场面离大家还远得很。

18日中午，记者也站在昨天热闹非凡的地方时，却只看见一片爆炸现场，散落着的衣物、震得扭曲的钢铁述说着当时的惨烈。几个村民引导着记者找炸得腾空而起跃过屋顶飞出几十米的残肢，路旁的树上挂着一团血污。据该县公安部门统计：死亡[illegible]人，受伤9人，十几辆车被当场摧毁，10米内的房屋门窗玻璃尽被震碎。数字是苍白的，哭泣声不绝于耳！

[illegible]日清晨，记者准备乘车返回，[illegible]车站旁又响起了鞭炮，一个[illegible]年拎着一挂鞭回着自己的店铺走，记者走上去问，他说十五嘛，吃饺子前得先放挂鞭。听了这话，记者的脚步迟疑了，记者决定，重返大广安乡爆炸现场。

风很大，现场时不时地刮起一阵风尘，有几个人开始清理了，把血泥、遗弃的衣物往一辆车上扔，旁边一名中年男子点燃冥纸，哀哀地哭着，为他死去的兄弟招魂。记者来到离此不远的赵家，[illegible]岁的男主人当时路过，不幸身亡，留下三个孩子，分别是11岁、[illegible]岁、[illegible]岁，孩子们不懂什么，做母亲的却已呆傻。中年男子已哭完，领着记者前去东陈村，[illegible]岁的李永进与妻子摆摊卖货，他在留各庄集上卖完后，来大广安看妻子卖得怎么样？刚刚走过鞭炮摊，就被炸倒在地，他有一个[illegible]岁的孩子，父母六十来岁，爷爷[illegible]多岁，一家四代都靠他一人支撑……

中午时分，记者赶到大城县人民医院，一些伤者在这里治疗，一个脸部炸伤的小姑娘还没忘记告诉记者，拍完后给她一幅照片。赵各庄村民陈栓柱却因与贩卖鞭炮的赵宝平、赵丽平同村而惹祸上身。当时他推着自行车穿过集市，看见赵氏兄弟正在那里卖炮，就停下来搭话，刚说几句他就发现鞭炮摊冒起了白烟，他叫了一声扭头便跑，"轰"的一声巨响，他被推倒了，他爬起身来，"轰"的又一声，他再次摔倒，他感觉到血从头上淌了下来，而四周已硝烟四起，几乎看不见人了，他捂着脸就往不远处的乡医院跑。

记者与陈栓柱道别时，只说了一句"大难不死，必有后福"的祝愿话，真的，别的什么也说不出来了。正月十五，这个集算是过去了，时间飞奔着冲下一个年去了。心情沉重的记者呼吁大家记住，记住这个血的教训。

文/图 本报记者 [illegible]

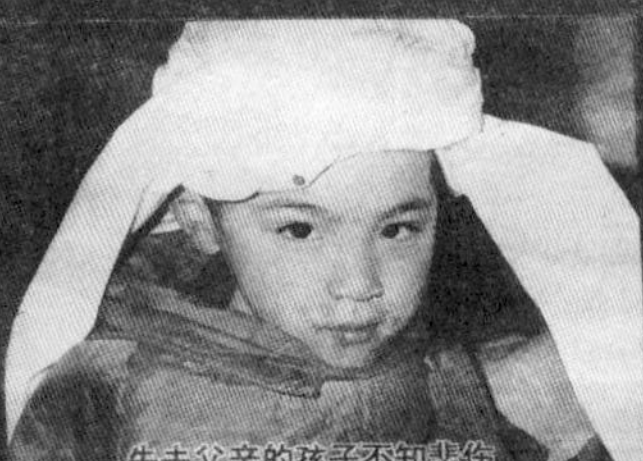

失去父亲的孩子不知悲伤

为死去的亲人招魂

爆炸现场，被扭曲的钢铁

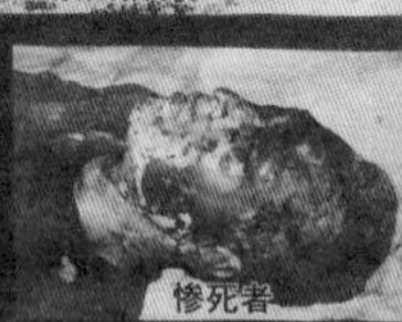

惨死者

残肢

他被推到了；他爬起身来，“轰”的又一声，他再次摔倒；他感觉到血从头上淌了下来，而四周已硝烟四起，几乎看不见人了，他捂着脸就往不远处的乡医院跑……

记者与陈栓柱道别后，只说了一句“大难不死，必有后福”的祝愿话，真的，别的什么也说不出来了。正月十五，这个集算是过去了，时间飞奔着冲下一个年去了。心情沉重的记者呼吁大家记住，记住这个血的教训！

她说她叫代子

——对一个被拐彝族女子的记述

代子从四川省凉山彝族自治州美姑县被拐至河北廊坊，22周岁，没有人知道她的确切名字，村里人叫她阿甘，她说她叫代子（音）。2000年4月7日，记者一行随安次公安分局杨税务派出所徐瑞亮所长，来到杨税务乡和平村侯家，看望被解救的代子。

在车上，徐所长向我们介绍了代子的被拐经过。1998年10月，代子去赶乡里的集，在路上被三个同乡劫持，威逼着来到汽车站，经四川西昌市来到山西太原。三个同乡找到在太原开厂子的苏某，经商议，决定将她带到河北廊坊安次区东小营村，苏某与该村王某相识并在当地做过工。王某安排他们几个住在自己家里后，开始张罗着找买主，他们开价1万元，但东小营村没人出这个价钱。后来王某的远亲东张务村的张某看上了代子，经过讨价还价，以8000元成交。但因代子没身份证、户口证明、结婚证明，张家只预付了3000元和700元的路费，让四川人回去办理三证。十几天后，四川人拿回一纸结婚证明来，张家却从中看出破绽来，遂向王某提出退款要求，王某无奈，只好自己先拿出3700元给了自己的远亲。垫了钱的王某很快又为代子寻找买主了，后通过其姐姐，将代子转给和平村的侯某，经过几番周折，侯某拿出5200元。王某用200元把等着分钱的苏某打发回山西，除了垫付的3700元，他得了1300元。最后侯家也不要“手续”了，1999年末，代子产下一男婴……

侯家住着5间破损不堪的矮屋，记者一行走进屋时，代子正在炕上坐着。炕上放着一个纸箱，里面趴着五六只小兔子，代子左侧则是一个箩筐，一只母鸡正护卫着几只小鸡。炕上还坐着一位老婆婆（经询问是代子丈夫的姥姥），代子的儿子本来在老人的膝上睡着，人们进来后醒了，但孩子很乖没有哭。老婆婆一脸木然，但心里肯定为外孙的“家”担心着。

代子说婆婆看戏去了，丈夫出外蹬三轮挣钱去了。代子说现在她对这个村熟悉多了，刚来时不会说这儿的方言，很害怕，现在还学会了打麻将。问她丈夫喜欢不喜欢她，她说看不出来。问她喜欢不喜欢这个孩子，

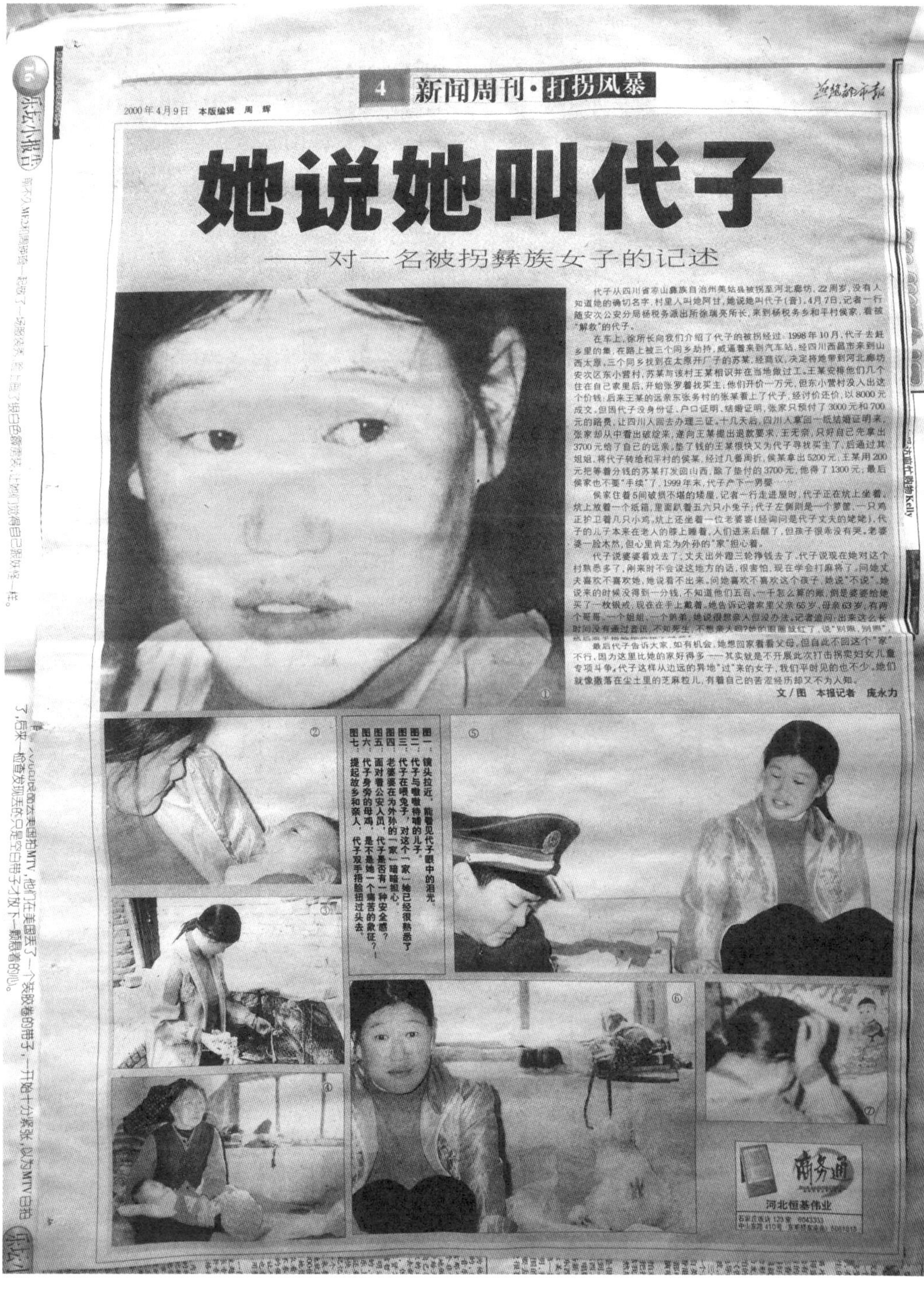

4 新闻周刊·打拐风暴

燕赵都市报

2000年4月9日 本版编辑 周 晖

她说她叫代子

——对一名被拐彝族女子的记述

代子从四川省凉山彝族自治州美姑县被拐至河北廊坊，22周岁，没有人知道她的确切名字，村里人叫她阿甘，她说她叫代子（音）。4月7日，记者一行随安次公安分局杨税务派出所徐瑞亮所长，来到杨税务乡和平村侯家，看被"解救"的代子。

在车上，徐所长向我们介绍了代子的被拐经过：1998年10月，代子去赶乡里的集，在路上被三个同乡劫持，威逼着来到汽车站，经四川西昌市来到山西太原，三个同乡找到在太原开厂子的苏某，经商议，决定将她带到河北廊坊安次区东小营村，苏某与该村王某相识并在当地做过工。王某安排他们几个住在自己家里后，开始张罗着找买主，他们开价一万元，但东小营村没人出这个价钱；后来王某的远亲东张务村的张某看上了代子，经讨价还价，以8000元成交。但因代子没身份证、户口证明、结婚证明，张家只预付了3000元和700元的路费，让四川人回去办理三证。十几天后，四川人拿回一纸结婚证明来，张家却从中看出破绽来，遂向王某提出退款要求，王无奈，只好自己先拿出3700元给了自己的远亲。垫了钱的王某很快又为代子寻找买主了，后通过其姐姐，将代子转给和平村的侯某，经过几番周折，侯某拿出5200元，王某用200元把等着分钱的苏某打发回山西，除了垫付的3700元，他得了1300元，最后侯家也不要"手续"了，1999年末，代子产下一男婴……

侯家住着5间破损不堪的矮屋，记者一行走进屋时，代子正在炕上坐着。炕上放着一个纸箱，里面趴着五六只小兔子；代子左侧则是一个箩筐，一只鸡正护卫着几只小鸡。炕上还坐着一位老婆婆（经询问是代子丈夫的姥姥），代子的儿子本来在老人的膝上睡着，人们进来后醒了，但孩子很乖没有哭。老婆婆一脸木然，但心里肯定为外孙的"家"担心着。

代子说婆婆看戏去了，丈夫出外蹬三轮挣钱去了。代子说现在她对这个村熟悉多了，刚来时不会说这地方的话，很害怕，现在学会打麻将了。问她丈夫喜欢不喜欢她，她说看不出来。问她喜欢不喜欢这个孩子，她说"不说"。她说来的时候没得到一分钱，不知道他们五百、一千怎么算的帐，倒是婆婆给她买了一枚银戒，现在在手上戴着。她告诉记者家里父亲55岁，母亲63岁，有两个哥哥、一个姐姐、一个弟弟，她说很想亲人但没办法。记者追问，出来这么长时间没有通过音讯，不知死生，不想亲人吗？她的眼圈就红了，说"别照，别照"，然后双手捂脸扭过头去……

最后代子告诉大家，如有机会，她想回家看看父母，但自此不回这个"家"不行，因为这里比她的家好得多——其实就是不开展此次打击拐卖妇女儿童专项斗争，代子这样从边远的异地"过"来的女子，我们平时见的也不少，她们就像撒落在尘土里的芝麻粒儿，有着自己的苦涩经历却又不为人知。

文/图 本报记者 庞永力

图一：镜头拉近，能看见代子眼中的泪光。
图二：代子与嗷嗷待哺的儿子。
图三：代子在喂兔子，对这个"家"她已经很熟悉了
图四：老婆婆在为外孙的"家"暗暗担心。
图五：面对着公安人员，代子是否有一种安全感？
图六：代子身旁的母鸡，是不是她一个痛苦的象征？！
图七：提起故乡和亲人，代子双手捂脸扭过头去。

商务通

河北恒基伟业

她说“不说”。她说来的时候没得到一分钱，不知道他们五百、一千怎么算的账，倒是婆婆给她买了一枚银戒，现在在手上戴着。她告诉记者她家里父亲65岁、母亲63岁，有两个哥哥、一个姐姐、一个弟弟，她说很想亲人但没办法。记者问，出来这么长时间没有通过音信，不知生死，不想亲人吗？她的眼圈就红了，说“别照，别照”，然后双手捂脸把头扭了过去。

最后代子告诉大家，如有机会，她想回家看看父母，但自此不回这个“家”不行，因为这里比她的家好得多——其实就是不开展此次打击拐卖妇女儿童专项斗争，代子这样从边远的异地“过”来的女子，我们平时见的也不少。她们就像散落在尘土里的芝麻粒儿，有着自己的苦涩经历却又不为人知。

中关村的“皮毛”

“要 VCD（光盘）么，软件、游戏要不要？要‘毛片’么？”“要‘毛片’么？什么样的都有……”这些大胆露骨的问话，行走在北京中关村大街的人都会听到。

中关村是我国高科技聚焦的“硅谷”，对于软件、程序等高科技，文科出身的记者懂得不多。但来到中关村也有逛逛的欲望，俗话说“内行看门道，外行看热闹”，但中关村大街竟如此“皮毛”，真令记者感到不舒服！

2001 年 2 月初的一天，记者到中关村办事，一路走一路听到这样的问话，一个、两个尚觉不出什么，但一多了，在阳光明媚、熙熙攘攘的大街上，走 200 米就有 20 来人这样跟你搭讪，你就不由得惊异万分了。

在被问过数次后，记者决定探探这个群落的虚实，与他们“来往来往”。一默许，问话的男子立刻带着记者走进路边的一个院子，在院子里，男子招手让一个抱孩子的妇女过来，把记者转交给妇女后，他就又出去了，妇女心领神会地将记者带到两辆停着的卡车中间，俯身从车的底盘里拿出一摞光盘，有《夫妻性爱自白》《都市卖身女》等等，封面大都不堪入目……

重新来到大街上，记者发现有很多直接在街上展示、交易的。兜售者有男有女，还有稚气未褪的孩子，妇女则多数抱着一个一两岁的婴儿。他们都操着相似的口音，一位小伙子告诉记者：“我们都是河南的，（干着好）一个告诉一个，就都来了。‘毛片’是从广东过来的，过好几手呢！一天卖不了多少，被查着了要罚款，还要没收货。”

经过一番观察，记者发现他们的生意还是不错的（不然也不会呼朋唤友一起北上了）：他们几乎是见人就问，有的还跟着走上一大段，见对方实在不感兴趣了，才放弃；有不少人就被他们说动了心，跟他们去僻静的地方或当场挑选；有一些人已成了他们的老主顾。记者与他们砍价时，来了一位中年男子，问能否用看过的光盘换新的？他们选定的对象都是男人，记着没发现他们拦女士。

看来这已成了这个地方某些人的“特色产业”了，他们已干得非常熟练，揽客、介绍都心不慌、脸不红，跟卖萝卜白菜一样习以为常了。光盘藏在身上、车里、墙缝里、灌木

中关村的"皮毛"

文图／本报记者　庞永力

"要CD（光盘）么，软件、游戏要不要？要'毛片'么？""要'毛片'么？什么样儿的都有……"这些大胆直露的问话，行走在北京中关村大街的人都会听到。

中关村是我国高科技聚集的"硅谷"，对于软件、程序等高科技，文科出身的记者懂得不多，但来到中关村也有逛逛的欲望。俗话说"内行看门道，外行看热闹"，但中关村大街竟如此"皮毛"，真令记者感到不舒服！

2月初的两天，记者到中关村办事，一路走一路听到这样的问话。一个、两个尚觉不出什么，但一多了，在阳光明媚、熙熙攘攘的大街上，走2[illegible]米就有[illegible]来人这样跟你搭讪，你就不由得惊异万分了。

在被问过数次后，记者决定探探这个群落的虚实，与他们"来往来往"。一默许，问话的男子立刻带着记者走进路边的一个院子，在院子里，男子招手将一个抱孩子的妇女叫过来，把记者转交给妇女后，他就又出去了。妇女心领神会地将记者带到两辆停着的卡车中间，俯身从车的底盘里拿出一摞光盘，有"夫妻性爱自白"、"都市卖身女"等等，封面大都不堪入目……

重新来到大街上，记者发现有很多直接在街上展示、交易的。兜售者有男有女，还有稚气未褪的孩子，妇女则多数抱着一个一两岁的婴儿。他们都操着相似的口音。一位小伙子告诉记者："我们都是河南的，（干着好）一个告诉一个，就都来了。'毛片'是从广东过来的，过好几手呢！一天卖不了多少，被查着了要罚款，还要没收货。"

经过一番观察，记者发现他们的生意还是不错的（不然也不会呼朋唤友一起北上了）：他们几乎是见人就问，有的还跟着走上一大段，见对方实在不感兴趣了，才放弃；有不少人就被他们说动了心，跟他们去僻静的地方或当场挑选了；有一些人已成了他们的老主顾，记者与他们砍价时，来了一位中年男子，问能否用看过的光盘换新的？他们选定的对象都是男人，记者没发现他们拦女士或小姐。

看来这已成了这个地方某些人的"特色产业"了，他们已干得非常熟练，拉客、介绍都心不慌、脸不红，跟卖萝卜白菜一样习以为常了。光盘藏在身上、车里、墙缝里、灌木丛里、垃圾下面，总之，你若感兴趣，他们会变戏法一般给你变出一摞来。他们中有一家人都来的，而一两岁的婴儿也被利用起来，一个妇女的回答证实了记者的猜测："不带孩子被逮住怎么办？"由此可以看出，当地警方对此也是屡出重拳的，只是他们已总结出不少"经验"，"上有政策，下有对策"了。

为了多卖点钱，他们其实也没什么畏惧。记者在那一段街来回走了两趟，相机镜头打开着，他们照样迎上来兜售。记者装作等人，端着相机做拍高楼状，其实心情紧张地在偷拍。在一片拆迁的残垣断壁前，记者偷偷照一个婴儿时，婴儿的母亲察觉了，说："你照这个干什么？照下来交给电视台，多丢人！"所幸她没有深究，继续给记者介绍，希望能做成记者的生意。记者佯说只买一盘，并给一个"超低价"，她不卖了，并生气地大嚷起来。记者趁机"尴尬"地离开了。

→中关村是高科技聚集地，但有时候也不免飞进来几只苍蝇。

→几个稚气未褪的孩子也站在街头兜售。

↓交易就在大街上偷偷摸摸地进行。

↑怀抱孩子的妈妈手拿黄色光盘。

↑交易在墙角旮旯进行。

↑年轻的妈妈跟人交易，充当挡箭牌的孩子被放在一边。

从里、垃圾下面，总之，你若感兴趣，他们就会变戏法一般给你变出一摞来。他们中有一家人都来的，而一两岁的婴儿也被利用起来，一个妇女的回答证实了记者的猜测："不带孩子被逮住怎么办？"由此可以看出，当地警方对此也是屡出重拳的，只是他们已总结出不少"经验"，"上有政策，下有对策"了。

为了多卖点钱，他们其实也没什么畏惧。记者在一段街来回走了两趟，相机镜头打开着，他们照样迎上来兜售。记者装作等人，端着相机做拍高楼状，其实心情紧张地在偷拍。在一片拆迁的残垣断壁前，记者偷照一个婴儿时，婴儿的母亲察觉了，说："你照这个干什么？照下来交给电视台，多丢人！"所幸她没有深究，继续给记者介绍，希望能做成记者的生意。记者佯说只买一盘，并给一个"超低价"，她不卖了，并生气地大喊起来。记者趁机"尴尬"地离开了……

回顾：

在北京大街上偷拍

2001年2月初在北京大街上的一次暗访，使我增强了新闻敏感性，也锻炼了对题材的把握能力，印象很深。

那个新闻纯粹是碰上的。2月1日，我把出故障的数码相机拿到位于北京中关村的指定维修部去修，放下后就出来逛中关村大街。我曾多次路过中关村，但没有驻足造访过，对因高科技密集而有中国"硅谷"之称的它，有着外行的好奇。走着，一个男子迎着我过来，问："要'毛片'吗？什么样儿的都有。"我摇头；他跟着我走了好几步，见我没有丝毫动摇才放弃。走着，一个妇女凑过来："要'毛片'吗？中国的外国的好看得很。"走着，"'毛片'要不要？"……

这让我很吃惊，走了不到100米就有三个人推销黄色光盘，密度之高，推销者的神情熟练而自然，使我怀疑这是否是在阳光明媚的北京大街上。当然，我不会因为这些就鄙弃中关村，对它知之甚少的我看到的只是它的一些皮毛，是依凭高科技滋生的虱卵。但其泛滥成灾着实令人担忧，我决定探究一下这个群体。很快，我就被一男子带到路旁的一个院子，他一招手，一个抱小孩的妇女就过来接替他；听说我要“毛片”，她就来到停放着的一辆卡车边，俯身从车底盘摸出一摞光盘，封面不堪入目。出来后，又有人引我到墙角僻静处，那里有人正在挑选；或者就在大街上，从车底、花丛里、垃圾下，他们都能变戏法一样变出光盘来。通过聊天，我问出了这些人大多来自外省同一个地方，呼兄唤姐多是家族同来发“黄财”；而多为妇女且抱孩子，则是应付检查好耍赖之需。

翌日，我再次来京拿回修好的相机，我已决定拍一两张图片，配说明给本报的“京津视线”版，披露这种现象。我端着相机做拍摄高楼状，偷拍了两男子在大街旁停车场偷偷交易的镜头。我知道满大街三步一个、十步一群的贩黄者多有联系，一旦被发现就有遭围攻的危险。所以在确定拍摄效果后就急忙上了公交车回返。在车上，我满脑子都是这次采访，想已决定的报道方式和可能的其他的方式。突然想到，这么多情节，完全可以多拍些照片全方位展现，可以做整版的“视觉新闻”呀！

这时，车正好到一站，我“噌”地一下就下了车。站在马路边，我又对新的报道方式进行考虑，终于决定到对面乘车，重返中关村。思路确定后，我又用老方法偷拍了手拿黄色光盘怀抱婴儿等待买主的妇女、三五个站在街头兜售的少年、僻静处的交易者等：为了展示特定地点，又拍了中关村的标语牌。见一个抱孩子的妇女正和一男子讨价还价，我凑上去伺机拍被当作道具的孩子，可是相机拍摄的声音被妇女听到，她发现了我，便略带不满地说：“拍这个干什么？拿到电视台放多丢人。”所幸她没有大喊通知同伴，而还想做成我的生意；我故伎重演，就买一张，而且给超低价，她生气地嚷起来，我趁机“尴尬”地离开，逃离险境。

2月4日，本报新闻周刊以整版刊发了6幅图片、千余文字的报道《中关村的“皮毛”》。

一枪惊天下

在我始终使用傻瓜相机的记者生涯里，《霸州枪击案庭审备忘》是我刊发的四个摄影专版之一。一民警值班后与家人外出，路遇电力工人，发生争执，警察拔出佩枪，一名工人中枪死亡。2000 年，“霸州枪击案”轰动全国。当时我任驻地记者刚满一年，典型菜鸟一只，记得在一旁拍摄押解嫌犯进入法庭那一刻，我紧张得竟摁不动相机快门。之后当地人传，是我“写死”了那个涉案警察。我不敢掠他人之能。就像公安组织大型抓捕，我只是站在路边维持秩序，仅仅参与了发生在辖区内的行动而已。

其实，枪击案发生后第二天我就得到了消息，但采访申请未获批准，等几天后再听说此事，它已经在全国范围内发酵，无限膨胀起来。让大伙儿记忆深刻的是，前来采访此案的记者之多、各媒体报道力度之大，应该创下了本地多年来所受新闻关注之最。我们也跟着派出了报道组，发出了一系列联合署名稿件，这个摄影版是我拍的。这是我收录它的原因之一。当时的情景绝对称得上新闻大战，大家被同一种情绪推搡着，也只能冲着同一个方向去。这无疑是我记者生涯经历的大事件，但和当时很多记者一样，当时我就有所迟疑：警察与被害群体争执的真实现场，警察开枪的动机，拔枪的一刹那发生了什么？

作为身在本地的亲历记者，我知道案发之初当地对媒体采取了推拒态度，之后当地所经历的几次大事件所带来的新闻暴风骤雨，都有一个不当对待媒体负面事件采访的问题。出事了，谁都不愿说、不敢说，关键是不会说。目前各级都推出新闻发言人，把“社会重大事件及时、客观、权威发声”定成了制度，这是一种进步——不公开就避免不了猜测与调查。

作为延伸，此案发生后，国家相关部门出台规定：公检法司负面新闻一般不公开报道；而公安部门也长期地执行了“非公务不得佩枪”的规定。说此案在一定程度上改变了中国法制进程，并不为过。十几年过去，我看待此案还是当时的观点，如今老疲，更想几句带过。但那毕竟是少有的新闻大事件，令人们深深体会到舆论的力量与方向对

燕赵都市报

新闻周刊·视觉新闻 5

本版编辑：静 冬 2000年7月2日

"冤啊！他走得冤啊！"牛亚军妻子的哭声令在场的群众无不为之动容。

▲"杜书贵这害群之马，死有余辜。"霸州枪击案成了百姓街头巷尾议论的焦点。

▲已到开庭时间，廊坊市中级人民法院前人头攒动，许多拿到旁听证的人仍难以进入。

霸州枪击案庭审备忘

本报特派记者 杨正犁 吴艳霞 庞永力

6月30日，杜书贵一审被判死刑的消息，当晚就传遍了全国。7月1日上午，记者离开廊坊时，路经廊坊市中级人民法院，头一天被几千人拥撞、全国瞩目的审判庭及周围已恢复了往日的常态。

然而，所有关注此事的人心里都不能平静下来，在等待此案终审结果的同时，人们还在思考着远远超越事件本身的问题。

身为执法者的杜书贵做出这样惨绝人寰的事，"用人民给予的枪打人民"，他败坏的甚至不仅仅是廊坊市公安局的形象，整个执法队伍用鲜血和汗水维护的荣誉都将受到损害。社会需要铲除的不仅仅是杜书贵这种害群之马，官本位、特权思想才是人们痛恨的根源，根除这种恶源是人们的希望所在。

▲杜书贵是否提起上诉，要待法院判决书五日内下达之后再定。

◀在36摄氏度的高温下，数百名群众坐在街头等待宣判结果。

▶杜书贵一家三口坐在被告席上。

▲牛亚军的父亲欲哭无泪。

▲杜书贵的儿子杜辉被带上法庭。

▲前来听审的新闻单位40余家，记者100多人。

事件乃至整个社会的推动，也应了多年后我的一句“庞门左道”：

“在这个网络信息时代，对于诸多社会大事件，全部噤声、无言沉默是一种悲哀；不容辩白、不去辩白，全部是一种声音，也是一种悲哀，甚至会成为灾难。”

坊间

在妻子眼里，南某脾气暴躁，她被打怕了；但她万万没想到，自己的女儿早已被他强暴，从1995年孩子12岁时就开始了。

南某不认为打骂家人是什么罪行，他更没想到，长期欺凌继女的自己，会被判以极刑。

她们在知道能将凶恶无比的他绳之以法后，后悔没有早早地拿起法律的武器。

家庭暴君被判极刑

弱女受害七年

2001年5月25日，廊坊市广阳区旧州乡18岁的女孩红娟（化名）徘徊在乡派出所门前，终于鼓足勇气走了进去，一个令人震惊的案件浮出水面：红娟12岁那年被人强奸了，暴行一直延续了7年之久，灭绝人性者竟是她的继父。

11月27日上午，廊坊市妇联，在记者的面前，放着三份材料，记述着一段家庭暴力与家庭犯罪。

第一份是红娟写的长达7页的"控告书"，述说着她从12岁到18岁的悲惨遭遇。红娟三岁时生父因病去世，1993年，她和弟弟被母亲从四川老家接到河北廊坊，跟继父南某一同生活。1995年夏天，红娟12岁，一个星期日的下午，继父将妈妈、弟弟都支到地里去干活，只留红娟自己在家。这时继父露出了丑恶的嘴脸，开始对她动手动脚；她反抗，他拿出一把刀子，并用语言相威胁，最终将不敢反抗的她强暴。红娟的梦魇开始了，继父背着家人，一次次强奸她。粗暴、野蛮、好吃懒做的继父早用拳头将家人彻底征服，她害怕，同时也怕妈妈、弟弟受到更大的伤害，她自己默默承受着这无尽的耻辱。上到初中二年级她就辍学了，上班后，她继续遭受欺凌。继父阻止她和男人交往，一次，因为一位男同事来家找她，暴怒的继父用剪刀扎伤了她的胳膊。2000年11月，为了还债，继父逼着她与一个男孩定了亲，但其恶行并没有终止。在一次施暴中，母亲发现了，继父反将母亲一顿痛打，已吓破胆的母亲无计可施。2001年3月，她发现自己怀孕了，继父不认账，她与母亲只好将家里的三轮车卖掉，到廊坊一家诊所做了流产手术……

第二份材料是廊坊市广阳区妇联

给市检察院的“呼吁书”。5月底，红娟向公安机关报案，其继父南某很快被捕。想到他以前的凶恶，心里没底的红娟又来到廊坊市妇联寻求帮助，她的悲惨遭遇引起了市妇联的高度重视，很快批转到广阳区妇联。区妇联领导了解情况后拍案而起，找到区公、检、法等部门反映此事，并把红娟的“控告书”直接交到检察长手中。为还红娟母女一个公道，区妇联又发出痛切的呼吁：“……南某不但给继女造成身体、心灵、精神上的重大伤害，而且还对其妻子、继女、继子实施暴力，严重剥夺了家庭成员的平等权利，侵害了妇女儿童的合法权益，严重地触犯和践踏了法律。”

第三份材料是廊坊市中级人民法院刑事判决书。此案浮出水面后，廊坊市公、检、法各部门迅速介入，南某很快被推上了被告席，8月16日，经审理查实，廊坊中院作出一审判决：“被告人南某犯强奸罪，判处死刑，剥夺政治权利终身。”

迟来的警醒

11月27日下午，记者在廊坊某商场找到了给某服装摊打工的红娟。她正向一位顾客介绍服装，礼貌、大方、聪慧，想到她那长达7年的噩梦，记者不禁为眼前这个对顾客应对自如的女孩心痛。

与红娟面对面时，记者想了解的首先是她这些年来的感受及什么原因或力量终于使她走进公安机关的大门。

红娟：我一开始就是害怕，不敢告诉妈妈，怕大家都受到他更大的报复。等大点儿了，一天比一天感到羞愧，甚至不想活了。我也曾想买药毒死他，大家同归于尽，药都买了，但想到我死了妈妈和弟弟会更加孤苦，就放弃了。为了索取订婚钱还债，也为了掩盖更加疯狂的罪行，继父逼我与一个男孩定了亲，他的脾气更加暴躁，每次我的对象来接我、我去对象家里回来，他都会找茬儿，回回都挨骂，甚至挨打。全家都受他的虐待，5月23日，弟弟跟他顶了几句嘴，就被他连打带骂轰出家门，弟弟只好白天在建筑队干活，晚上住柴草垛，可弟弟才16岁啊。这时候，我才觉得，我们苦心忍辱维护的家，早晚会被毁掉的，我与妈妈才决定去告发他。

记者：你是不是觉得就算结婚离家了，他也不会放过你，你永远也摆脱不了他对你的纠缠？

红娟：是，我就是出嫁也逃不出他的手心，被继父强奸后，我最恨的就是男人，我不相信他们，上学时都不愿和男生说话。

记者：你继父被捕后，你的亲属们怎样看这事？

红娟：他们都恨我，怪我把事情弄得这么大。他们有的在路上拦着骂我，骂得很难听。也有几个长辈来，说你还告什么，你受了欺负，告诉我们，我们替你打他一顿，打折他的腿也行，有必要捅到法院吗？

11 月 28 日上午，记者同市妇联权益部、旧州乡派出所的同志来到红娟妈妈的住处。事发后，为了避免引发事端，母子三人就不在本村居住了。

母亲李香也是一个苦命的人，她是四川人，1989 年冬天被拐卖到河北廊坊，被人标价 3000 元卖给一个弱智男人为妻。1990 年与南某认识，当时南的妻子已离家，有一儿一女，南某花言巧语哄骗李某，同年 9 月，两人开始在一起生活。一开始，南某对李香还不错，她决定跟他好好过日子，就于 1993 年回四川老家将自己的一对儿女接来，组成了一个完整的家庭。但不久，南某的本性就暴露无遗，经常打骂她，地里的农活也大部分交给了她，自己则泡在牌桌上。南某脾气暴躁，经常打得她口鼻流血、头晕、耳鸣，她也曾想过去告，但没文化的她连该去哪儿告都不知道，南某也放言：“在这一亩三分地上，你告不倒我。”她曾两次服毒，但都没死成。她告诉记者：“我都被他打服了。”

2001 年年初，她发现女儿长期受辱后，她的心又碎了。但南某的拳脚让她又忍了。命运又使她们的境遇雪上加霜，女儿怀孕了，她只好推着家里的三轮车去集市上卖，拿着钱去为女儿做流产。在诊所的外屋，听着女儿痛苦的呻吟，她晕倒在长椅上……

母女俩撩开衣袖，记者看到她们的胳膊上都有伤疤，那是南某用剪刀刺的。

当她们的苦难无以复加时，她们终于作出了告发的决定，以前她们不是没想过，只是因为无知，因为怯懦，因为还对这个家、对这样的生活存留着一丝希望。她们告了，公安机关立即出击，南某被捕了；她们找了，市、区两级妇联极为重视，为她们大声疾呼；还有检察院、法院，都站在她们的立场上，为她们说话，南某被判了死刑。并没有像南某所说的告不出他那一亩三分地去，她们积存很久的冤屈，一到法律面前，就得到了昭雪。她们后悔地说：“早知这样，我们早就告了！”

临终的忏悔

11 月 28 日上午，广阳区某村。记者一行又来到南某所在的村庄，了解这件事在村民中的反响。村长告诉记者，南某除脾气暴躁外，在村里没有什么劣迹，知道这件事后，村民们很吃惊，觉得丢人；但村民们没想到会判处南某死刑，没想到这事量刑这么重；也有人认为这是家丑，没必要弄到法院。

11 月 28 日下午，廊坊市妇联。市妇联权益部部长吴雪红向记者谈了对此案的看法："这是一起严重的触犯法律的家庭暴力案件。犯罪分子往往不认为自己的行为是犯罪，认为这是家务事，认为配偶和子女是他的私有财产，能主宰他们，能随意处置他们。妇女儿童要勇于拿起法律武器保护自己的合法权益，同时应该呼吁全社会，要意识到家庭暴力不是个人和家庭私事，消除家庭暴力是全社会的事情……"

在对南某执行死刑前，记者采访了他。

记者：你经常打骂你的家人，你是否知道那是一种犯罪？

南某：我就是脾气大，对他们也没有坏心，我妻子有时也打我，她也打孩子，那时觉得不算什么。现在知道打骂孩子他们、扎伤他们也是违法的，我现在后悔了。

记者：从红娟 12 岁你就强奸她，你知道对她的身心造成多大的伤害吗？她以后的路该怎么走？你现在怎么想？

南某：现在想想，真有点儿对不住她。

记者：现在你还有什么话要说？

南某：现在后悔也晚啦。我就是不懂法，人们得学点儿法，有了法律知识后，就不容易犯错误。

11 月 29 日上午，南某被执行死刑。D

年届不惑的他突然色迷心窍，夜夜与“三陪女”狂欢，挥霍八旬老父的积蓄，为占有老父的财产，竟起歹心杀父灭口（未遂）；因被“三陪女”勒索，他竟然杀人藏尸。

一个迷失的疯狂灵魂

案　　发

2011年11月23日晚，一名中年妇女来到廊坊市公安局广阳分局小廊坊派出所报案，称其女儿晓菁（化名）失踪了。晓菁今年23岁，黑龙江人，与家人租住在廊坊，同家里说在一家美容美发店上班，包吃住，平常两天回一次家，最近已经有六天没回家了。

本来晓菁和家人说好11月18日回家的，但一夜未归，其家人四处寻找，发现她没在美容店工作，而是在一个歌舞厅当“小姐”。歌舞厅的人说，她18日下午和一个人出去后就一直没回来。19日晚，一个姓周的中年男子来到晓菁家，以前女儿曾将此人带回家，说是熟人；男子问晓菁在不在家，说18日是他送她到胡同口后分手的，听说晓菁失踪了，表示愿意帮助寻找。20日这个人又来了，对晓菁的失踪很关注。23日，晓菁的表妹接到周姓男子的两次电话，还是问人找到没找到。表妹突然发现，他来电显示的两个电话号码中，有一个竟是表姐的手机号！

办案民警将情况做了汇总，觉得这个手机号很有问题，可能隐藏着重大案情。侦查立刻展开，据歌舞厅人员反应，18日晓菁确实和一个中年男子走的，而那个男子的体貌特征和周姓男子相符；经查，来电显示的另一个号码，是廊坊某厂职工周某家的电话。

11月24日，具有很多疑点的周某被叫到派出所协助破案。周某很从容，说他与晓菁是一般朋友关系，18日下午与她分手后就再也没见过。民警突然单刀直入：“你为什么用她的手机给她表妹家打电话？”周一下慌了神，说话开始破绽百出，民警加强心理攻势，两个小时过去了，周某终于说出了实情：11月18日晚，他杀害了晓菁，把尸体埋在他俩租住的平房院子里。

办案人员立刻赶到周某与晓菁租住的小院，撬开窗台前的水泥砖，挖了半米深，一具全身赤裸的女尸露了出来……

畸　　人

周某今年49岁，小学文化，籍贯辽宁，1977年因盗窃被劳教3年。由于单位效益不好，他没活干了，每月领245元的生活费。他上有78岁的老父亲、下有20岁正在读书的女儿，正该是努力工作的时候，但他却迷恋上了“三陪女”，而且一发不可收拾，变得狂乱起来。

今年4月中旬的一天晚上，周某和一位朋友到某饭店吃饭。饭后，饭店经理让他去楼上的歌舞厅玩玩。他上去后，一名叫晓菁的“小姐”陪他，两人在包房里唱歌，一直厮混到子夜。这是他第一次见识“三陪女”，异样的感觉和强烈的刺激使他为之癫狂。第二天，他又出现在歌舞厅；第三天，他又来了……一直到11月18日他杀死晓菁，他几乎天天和这些人在一起，他告诉办案人员：“我每晚12点以前归‘小姐’，12点以后才属于家……那感觉真是美妙，一天不去就闹心，跟吸大烟一样，这个也上瘾！”

夜宴狂欢的基础就是金钱，他整日出入歌舞厅，房费、小费及请客吃饭，一天至少得花费二三百元，本来家庭拮据的他却如此出手阔绰，俨然一个大款。他共找了百余位“三陪女”但找得最多的还是晓菁，他对她几乎是百依百顺，他自己没有手机，却花2180元给她买了一部新款手机，还给她买了手表、戒指、衣服等；8月初，他还在市区租了一处平房供两人居住，一次交齐了半年的房租1320元。

然而他很快捉襟见肘了。妻子察觉到了他的情况，将他的生活费扣掉。但他没有收敛，反而变本加厉，他偷了家里的1200元钱，然后装模作样地去厂保卫处报案；编造各种理由，从姐姐那里骗借600元钱；还在厂生活区连续盗窃5起，偷了价值千余元的财物。11月初，晓菁提出买楼房让他出两万元，他已在她身上花费了4万余元，实在拿不出来了，晓菁翻了脸，并威胁“若不给，就找黑势力‘做’了你”。

周某被逼得走投无路，他动了杀机，与其等她找黑势力，不如自己先下手。11月18日下午5时30分，他带着一个活扳手来到租住处。果然，晓菁又逼着他拿钱，二人吵个不休，周突然掏出扳手猛击晓菁的头部，晓菁倒地，他又上前掐住她的脖子，直至她没有了呼吸。面对死尸，他仍不解气，把她身上的衣服都扒了下来，因为这些都是他出钱买的。然后他骑车回家拿了一把铁锹，把窗台前的水泥砖撬开，挖了一个长约1.5米，宽、深各半米的坑，将尸体埋好……

逆　子

失踪案水落石出了，办案人员却没有放松，继续加强审问，周某彻底崩溃了，他说出了一个惊人的秘密："我曾杀过我爸爸，但没杀死。"

4 月 29 日深夜，与周某同住一个生活区的周父，被潜进屋里的歹徒连击四棍，几乎丧命，凶手至今没有抓获。78 岁的老人怎么也想不到，对他痛下杀手的竟是自己的儿子！然而，原因竟如此"简单"，仅仅是为了钱！

原来，老人将一生的积蓄 6 万元交给了儿子保管，没想到，这竟成了周某"潇洒"的本钱。他想把这笔钱据为已有，又怕老人问起或老人临终时亲属们要平分，他无以交代。这时，他想到了杀父灭口。4 月 29 日深夜，他用父亲给他的钥匙打开屋门，然后来到熟睡的父亲床前，抡起了手中的棍子……第二天早晨，他带着孩子"看看爷爷去"，一进门，老人躺在血泊里，已和死神做了六七个小时的抗争……

12 月 2 日，记者来到周某所在厂的保卫处，几个同事对他的评价是一致的：爱耍小聪明，报复心强，彪（方言，说话、办事没准儿，容易出格的意思）。同事说他曾因盗窃被劳教过三年，在厂里很少有人和他来往。

在一座陈旧的住宅楼里，记者见到了周某的父亲——一个孤独又痛苦万分的老人。周某的姐姐和姐夫一直在老人的身边照料，说起这个弟弟来，两人气得浑身发抖。生周某时，母亲大出血差点儿送了命，父亲却因为有了第一个儿子而欣喜若狂，从小就对他疼爱有加，视为眼珠子；年老后对他也甚为信任，所以把积蓄交给他保管。在老人脱离危险后，家里曾因存款闹矛盾，姐姐让他将存折还给老人，以免说不清；但老人没要，继续让他保管。老人一辈子省吃俭用，在厂子里以节俭出名，78 岁了还自己开荒种地，老人曾对外孙女说过"这钱都是为你舅舅攒的"。老人身体十分结实，这么大岁数了还能同时拎两桶水，正因为结实，老人才奇迹般地抗住了四棒。老人的女儿告诉记者，现在老人勉强能下床了、脑子一会儿清楚一会儿糊涂，知道真相后，老人说什么也不相信，不时痛哭。

采访时老人在一旁躺着，记者没有多问他，实在不忍触及他的痛处：十几年来为了什么呀，钱没了不算什么，疼爱无比、依赖无比的儿子竟然如此不肖。采访结束时，老人十分坚决地说："按规矩办，该毙就毙，别可怜他！"

（注：与吕元洲合作）

她让4岁的孩子去村外放羊，去搓玉米，她打他、饿他，把孩子的头往炕沿上撞……最终，小林柯就这样死了——

凶残后母害死4岁男童

案情：整个村庄都愤怒了

惨案发生在2001年11月27日上午，整个过程3个多小时。

大城县李贾村村民林大者家是一个普通家庭，其妻张某，1967年出生，小学文化，曾有一次失败的婚姻，与前夫生有二女，1998年12月与林大者结婚，带着一个女儿来到林家。林的前妻1997年11月因病去世，留下8岁的女儿林红（化名）和7个月大的儿子林柯（化名）。

11月27日，林大者为了生计又早早地出去干活了。早7时许，张某发现4岁的林柯尿炕了，便狠狠地骂他，并命令他脱光衣服到院子里冻着，小林柯照办了。时值寒冬，孩子很快冻得嘴唇发紫、浑身颤抖。11岁的林红看不下去了，从屋里拿出一床被子给弟弟披上，但被后母夺下并遭到训斥。林红去上学了，林柯被叫回屋子，张某开始对其连骂带打。在殴打过程中，张某摁着孩子的头部往炕沿上撞了数次，又把孩子揪起来，推撞到墙上，致使孩子的头部又一次受伤。打完后，林柯躺在炕上“呜呜”地哭，张某却到邻居家做活去了，一直到11时半，她才回家。进屋后，张某发现小林柯已经没有知觉，不断地抽搐。3个多小时，孩子慢慢走向了死亡！

张某这时候才意识到问题的严重性，惊慌失措起来。她抱住孩子往外跑，边跑边说“妈再也不打你了”，出门时，碰见放学回来的林红，见弟弟生命垂危，姐姐气愤地说：“你不是打吗？这下出气了吧。”张某抱着孩子跑了一会儿，遇见一个亲戚，对方接过孩子急跑，张某在后面跟着。在村边，遇见了正在干活的村医林德庆，林急忙将孩子带回诊所，这时孩子已基本没有呼吸了。林立刻给孩子注射强心针，做人工呼吸，经过一番抢救，孩子有了一些微弱反应。

林柯被紧急送到大城县人民医院。这时在县城一饭馆吃饭的林大者才得知了噩耗，他的脑袋“轰”地一下就大了，他发疯似的跑到医院。救人要紧，林大者没来得及向张某发难。孩子病情危急，需转院治疗。下午4时，孩子被送到天津市环湖医院急救。虽经医护人员全力施救，小林柯还是因为伤势过重而于次日凌晨6时死亡。

在医院里，还抱着一丝希望的林大者告诉张某："若孩子有个三长两短，我和你没完！"张某已经绝望："这都是我自己造的孽。"孩子的命运牵动了许多村民的心，林家的院里院外站满了等待消息的人。孩子回来了，躺在爸爸的怀里，但是已经永远地闭上了可爱的眼睛，很多人都哭了。张某被警方带走了。整个村庄都愤怒起来，林大者给司法机关写了一封要求严惩张某的请愿书："作为做过两个孩子的母亲的人，用如此恶毒的手段对待一个4岁的孩子已经恶毒到了极点。"请愿书的后面，是密密麻麻的400余名村民的签名！

回放：小林柯饱受虐待

在此案开庭受理的前夕，记者来到了李贾村。在村长的带领下，见到了小林柯悲愤不已的亲人。

据了解，小林柯是个可怜的孩子，1997年3月，林柯出生，三个月后其生母李文霞患了卵巢癌，林大者为治好妻子的病四处奔波，孩子被其二姑林素敏抱养。同年11月，李文霞病逝，留下一双儿女。小林柯在姑姑家里，度过了他短暂生命里的幸福时光。1998年12月，经人介绍，林大者与邻村离异的张某结婚。张某带来一个女儿，林大者也有一个女儿，张某因已结扎不能再生育，两人商量好把林柯从其姑姑家接回来。林素敏十分不情愿，她也没儿子，经过一年半的相处孩子已跟她有了深厚感情；但毕竟是孩子的生父往回要孩子，最后她还是答应了。林柯刚回到林家时，张某对他还算不错，但好景不长，随着时间的推移，林大者与张某产生了大大小小的矛盾，林柯与林红的命运也从此坎坷起来。

张某开始背着丈夫对两个孩子实行高压政策：让年幼的林柯搓玉米粒，稍有怠慢就恶语相向；让孩子到村外去放羊，一次林柯睡着了羊跑了，挨了打骂的孩子后来就把拴羊的绳子一头绑在腰里，与羊磕磕绊绊地走在野外。林红大一些，伶俐会看脸色，挨打就少一些，而小林柯则是苦难重重。一次他没吃饱偷着拿了一个馒头，被张某发现，张某就拿着整个馒头往他嘴里硬塞，把他的唇角都给弄破了。他的脸上、身上也时常带伤，有人问起，张某就谎称是孩子不小心自己碰的，慑于她的淫威，两个孩子也不敢对外人说，甚至在亲生父亲面前也吞咽着委屈、掩盖着伤痛。

记者面前的林大者一脸颓废，出事以来他一直靠酒来麻痹神经，提起惨死的儿子他的眼圈就红了。为了维持这个家，他几乎每天都早出晚归地去干木工活，所以没有留意到一双儿女所受的苦难，以至于邻居向他提起时他都不敢相信。他也曾质问过张某，但张某都找借口掩盖了过去，也许是想维持这个家庭吧，他没有去深究。现在出了这天大的祸事，儿子的惨死使他怒火中烧，他四处呼吁严惩张某，为孩子讨一个公道。

林柯 11 岁的姐姐林红也是两眼含泪，她向记者讲了她与弟弟受后母虐待的一些事情，弟弟很乖，让干什么就干什么，她很想弟弟，恨死了狠心的后妈。

林柯的伯父也满心悔恨，他曾看见张某打林柯，孩子的脸被划破了一块，他质问张，为什么下如此狠手？张某说不是故意的。因为怕撕破脸皮后孩子会更受罪，他压着怒火没有深究，没想到年仅 4 岁的孩子竟遭毒手，把命都丢了，要是自己坚持一下，也许就会把孩子从苦难中拽出来。

邻居大婶至今不能忘记小林柯乖巧的样子，孩子死前几天还曾说帮她搓玉米呢，孩子很懂事儿，但一看到后妈出来就吓得不敢说话了。她说："孩子的妈去世了，孩子又死得这么惨，我都不忍心从他们家门口路过！"

庭审：迟来的悔罪

4 月 2 日下午，大城县人民法院审判庭，廊坊市中级人民法院刑事审判一庭公开审理张某一案，近百名群众与三家媒体的记者旁听了此案。

开庭前，一名 50 多岁的妇女哭得甚是凄惨，她就是曾经抱养林柯的林素敏。她告诉记者，孩子自小跟着她，她们全家都对他疼爱有加，孩子闹着吃奶，她就把自己的干奶让孩子吮吸，两个乳头都吸出了血。她恨自己没有努力把孩子留在身边，孩子跟着张某吃尽了苦，曾偷偷地对她说："姑姑，救救我吧！你带我走！"她和孩子相对而哭，但她想到抚养孩子的是他的亲生父亲，就没有答应孩子。同样是怕孩子受到更多的折磨，她也忍着气没有和张某理论过。她将作为证人出庭，控诉这个狠心女人的罪恶。

庭审开始了，张某对自己的所作所为供认不讳。她一直低着头，闭着双眼，她承认虐待了林柯、林红两个孩子，但有时是管教，主观上是想看好孩子、把孩子养好。公诉人问她，对自己的亲生女儿也如此对待吗？她哑口无言。面对一桩桩的恶行，她情绪激动地喊了起来："我没有那么残忍！"但她承认自己有罪，如果可能的话，愿意以自己的命换林柯的命，她申请法院判处她死刑。随着案情的一步步查实，旁听的群众情绪激愤。公诉人宣读了林柯的尸检报告：孩子营养较差，有皮外伤 11 处，颅脑伤 6 处。听到这里，记者的眼睛也湿润了。控辩双方对张某是故意杀人还是伤害致死进行了辩论。因案情重大，法庭没有当庭宣判，一审结果将于近日作出。

下午 4 时 30 分，庭审结束，在庭外，记者随机采访了一些群众，一位先生愤愤地说："有什么感想？谁能让一个 4 岁的孩子去放羊？这么大的孩子都在父母怀里撒娇，受着百般的呵护，那都是花朵呀！"一位老人也义愤填膺："4 岁的孩子死得这么惨，真让人心疼！但存在矛盾的家庭有很多，有多少像小林柯这样的孩子正处于家庭暴力的阴影中，你们好好呼吁呼吁吧，救救他们！"

社会扫描

她让4岁的孩子去村外放羊，去搓玉米，她打他、饿他，把孩子的头往坑沿上撞……最终，小林柯就这样死了——

凶残后母害死4岁男童

本文报样

一场不该发生的情事，使他来到人世。亲生父母荒唐的感情破裂了，他被送人收养，又被苦苦思念的母亲要回来。中间人因此担上“拐卖儿童”的罪名。养父母对他难舍难分，亲生父母又无法妥善安置他。大家似乎都有自己的理由，他却不知何去何从——

一个可怜孩子的命运

“我找不到我的孩子了！”

2002年4月5日下午，一个女人来到廊坊市公安局安次分局刑警二中队，对接待她的民警说：“我找不到我的孩子了，求你们帮我找找。”

见她面带焦灼，神情有些恍惚，民警先安慰她，使她平静了下来，把事情的原委一一说出。她叫杜亚葳，今年28岁，永清县人。5年前毕业于河北某专科学校，由于学校不包分配，她来到廊坊市找工作。在一家职业介绍所，她认识了比她大4岁的东北人杨春来。杨承诺给她找份好工作，同时和她聊这聊那，能言善辩的他博得了她的好感，经过几次接触，两人的关系有了微妙的变化。很快，两人同居了，一年后，他们的儿子杨楠出生了，杜亚葳做了未婚妈妈。

儿子的出世没有给杜亚葳带来太多的欢乐，因为杨春来已经另有新欢，在外面与另一个女人厮混在一起。小杨楠是在父母的争吵声里来到这个世界的，他一出生就面临着跟妈妈还是跟爸爸的难题。为了惩戒杨春来，杜亚葳把孩子丢下，自己回永清，试图使杨回心转意。但杨不为所动，杜无奈，只好把小杨楠接到永清让自己的父母养着。孩子跟着姥姥，杜与杨两个人开始了长时间的对峙，吵闹、打骂没个休止。

一年过去了，杨春来依然故我，杜亚葳已心灰意冷，她不忍总让父母带着孩子，没有杨的支持她自己打工供养孩子也困难，遂于3月初将孩子带到廊坊，欲甩给杨春来。杨自然不要，在他们争执不下的时候，与他们相熟的潘德（43岁，永清人）出面调解。潘德说：“你们这样闹下去不是个事，事已至此，不如好聚好散；杨给杜点补偿，她一个女人不容易，孩子你们都不要的话，我可以帮你们找一个人家收养。”杜亚葳也只好同意，俩人写了张字据，委托潘给孩子找个收养人家。

经过联系，3月2日，潘德将孩

子送走了，拿回 6000 元钱来，说是那边给的抚养费。6000 元钱放在杜亚葳手里，说是“青春补偿费”，她从中拿出 1000 元，给杨春来；杨这时候良心发现，说孩子是你和孩子姥姥养的，这钱我不能要。最后二人将其中的 400 元给了潘德，作为辛苦费，剩下的 600 元杨留下了。

本来说好一个月后让杜亚葳看看孩子的，但杨春来与潘德失言了。见不着孩子的杜亚葳心急如焚，她甚至以为孩子被杨春来害了，这时候，她的母爱爆发了：一定要看儿子一眼。在杨春来的左右刁难下，她的精神几乎崩溃了，最后她想到了报案。

孩子回来了，事情却没有结束

抛去当事人之间的恩怨不说，孩子失踪就是刑事案件，二中队立刻开始了工作。

按照杜亚葳提供的线索，刑警开始查找杨春来与潘德，一经调查，发现二人均没有正当职业，整日游逛、行踪诡秘。4 月 10 日，警方将二人秘密传唤，经讯问，潘德说出了孩子的去向。在与杨、杜二人谈好后，潘领着小杨楠在市区某生活区找买主，引起了居民张春花的注意，张的亲戚郭钢、吴兰夫妇结婚多年但不能生育，早就有意抱养一个孩子。张与潘接上了头，事情谈得很顺利，最后潘德提出，孩子跟姥姥长大的，应该给老人家 1 万元的抚养费，张春花说：“8000 吧，这个数吉利。”潘同意了。3 月 2 日，潘德领着孩子在廊坊市火车站与张春花一手交钱一手交人。潘拿到钱后有了私心，自己留下了 2000 元，将 6000 元给了杨、杜二人。刑警传唤了张春花，按着张提供的住址，顺利地将小杨楠从郭家接回。杜亚葳千恩万谢，并将 5000 元“补偿费”退还给郭家。

案子到现在就应该算了结了，但事情远远没有结束。

小杨楠回到了母亲怀抱，但杨春来仍然不会抚养他，独自在外打工的杜亚葳只有把孩子再次送回家交给父母带。杨、杜二人未婚生子，又将孩子送给别人，他们一开始所得的 6000 元是“抚养费”还是卖孩子的钱。在受到良心谴责的同时，他们至少涉嫌遗弃罪，鉴于杜思子心切，小杨楠需要人照顾，警方对二人不予追究。

潘德作为中间人私扣 2000 元，已获利，涉嫌拐卖儿童罪，被公安机关刑事拘留。

最烦心的是抱养小杨楠的郭钢、吴兰夫妇。他们非常想要一个孩子，杨楠到他家后，二人对他疼爱有加，买衣服、买玩具，在孩子身上很舍得感情投资。杨楠也特别乖巧，除了刚到的几天说过想妈妈、想姥姥，以后就不说了，叫他俩爸爸、妈妈叫得又脆又甜，郭钢每天上班，孩子总是送到门口，下班接出院子。一个月的时间，他们已深深喜爱上这个孩子。刑警上门的那天，他们正在家里摆了酒席，遍请亲朋，庆祝自己有了儿子。由渴盼到拥有，又从亲昵到别离，他们真受不了这种变故，郭钢一个大男人，在刑警队说到伤心处，忍不住涕泪横流。

4 月 20 日，记者在二中队见到了郭钢，几天时间过去了，他已冷静了许多，他告诉记者，他们是真心实意地想把孩子带好，他们与孩子之间已有了很深的感情，但孩子的亲妈往回要，怎么也得给，现在一到家，不见了孩子心里仍不好受。记者告诉他收养孩子必须到民政部门办理收养手续，私下收养不合法，也不受法律的保护。他说还没来得及办手续。记者问他以后若有合适的孩子还收不收养？他想了想："不了，至少得谨慎，我们再也禁不起这样的折腾了！"

寻访可怜的孩子

在采访的过程中，记者的脑海里不时闪过两个字："孩子"。在整个事件中，杨春来、杜亚葳的感情虽不正常但也无可厚非，潘德中间渔利也算一时贪念，郭钢夫妇思子心切更令人同情，但在这个看似理由充分的表面背后，小杨楠经历了一个出生、遭到冷遇、被亲生父母送人、又被要回的过程，他命运未定、无可适从。

4 月 21 日，记者一行来到永清县杜亚葳的家中，见到了偎在姥姥怀里的不到 4 岁的小杨楠。杜亚葳的母亲谈起女儿来就不住地叹气：

"这孩子从小就有个性，倔。毕业后自己找工作，认识了姓杨的，家里一开始就不同意，婚姻大事不知根底哪行？但她一条道走到黑，不回家了，几个月后告诉家里孩子出生了，谁拿她也没辙。但两人又闹，闺女一开始瞒着家里，自己撑着，姓杨的可把她坑苦了！后来她不忍心让我们养了，她自己打工挣钱也不多，她回来把孩子带走，说给他爸爸去。几天后又说孩子送人了，我哭了好多次。她也想孩子，毕竟是她自己身上掉下来的肉，姓杨的不让她见孩子，她想得快疯了，后来通过公安局把孩子要回来，她说再也不送人了，就自己养着。"

谈话时小杨楠一直穿来跑去地玩。记者问他："爸爸、妈妈好吗？"

他答："妈妈好。"问他郭家对他好不好、喜欢不喜欢新爸爸、新妈妈，他不说话；再问，他说："不好。不喜欢。"记者心疼地发现，这个孩子其实已懂得了很多很多……

把孩子送回父母身边后，杜亚葳又出去打工了，和以前一样，家里人不知道她在哪里做工，联系方式都没有。她也许还那样倔，但也应该吸取教训而成熟起来了吧。

找不到杜亚葳，记者一行又返回廊坊找杨春来。来到他租住的房屋，敲门，无人应。在门前等了一个多小时，确认他确实不在家，而没有人知道他去了哪里、几时回来。D

（注：文中主要人物均为化名，与柴振一、吕振岭合作）

十年前，一个花季少女被恶人强暴，软弱、缺乏法律观念的她被迫与恶人非法同居7年之久。1999年，由于受不了暴虐，她抛下幼小的儿子离开了。在流离中，她遇上了一个关照自己的人，两人走到了一起，建立了美满的家庭，有了可爱的女儿。然而厄运并没有远去，三年后，恶人又突然出现在她眼前——

她被“丈夫”绑架21天

白日惊魂
跑了三年还是被他找到了

2002年5月8日，26岁的王萍（涉案人为化名，下同）匆匆走出家门来到村边上了开往廊坊市区的公交班车。20分钟后，她出现在市区某邮政局，支取出了内蒙古娘家寄来的1000元钱后，又急忙忙往回赶——她的丈夫任秋山正在镇医院躺着，急需钱做手术呢！她从镇医院交完费出来已将近中午了，她又得往家赶。一切都很匆忙，没有留意到有一双邪恶的眼睛一直在尾随着她。

站在站牌下等车时王萍才舒了一口气，突然，一声冷笑从身后响起，她浑身一颤，因为这笑她太熟悉了，急忙转身，站在她身后的果然是他——张玉田！没等她从惊愕中反应过来，张玉田已用一把闪亮的匕首逼住了她。

王萍被张玉田挟持着上了一辆面包车，她没来得及反抗、挣扎。在车上，张玉田掩饰不住自己的得意：“你倒是跑啊，三年了，你让我找得好苦！要不是我眼尖在邮局看见你，说不定你还在外面漂呢！”王萍的脑袋嗡嗡直响，一句话都说不出来。王萍被胁迫着来到永清县某砖场，这是张玉田妹妹打工的地方。当晚，她就被张强奸了。她哀求张：“放了我吧，我已经有了家庭，求求你！”张的妹妹也劝哥哥，但无济于事。可能感到砖场不安全，怕王萍找机会逃走，张玉田又带着她出来，到霸州、唐山、北京通州区他的亲友处，频繁换地方让王萍无机可寻。王萍彻底绝望了，渐渐地精神都恍惚了……

弱女血泪
她被他毁了一生

在医院刚刚做完手术的任秋山得知妻子一夜未归，心立刻提到了嗓子眼——王萍肯定出事了！他立刻向廊坊市公安局安次分局刑警三中队报了案。中队长孙玉文立刻率刑警赶到，首先对任秋山的日常交往、是否与人有经济纠纷、是否有仇敌等方面进行调查，最后推断为这是一起绑架案。后经刑警细致走访，从镇医院旁边小卖铺店主那里了解到，当日中午，曾看见一名男子强迫一女子上了车，然后向东而去。嫌疑人的体貌特征也有了：身高1.70米，体态较瘦，30岁左右。刑警立刻兵分两路，一路在任家留守监控，一路远赴内蒙古王萍的娘家追根寻源。

在内蒙古赤峰市王家，听刑警介绍完嫌疑人的特征，王萍的母亲哭了起来："是张玉田！这个坏东西，怎么总不放过我的女儿啊，他害她害得还不够惨啊？"

王萍的悲惨命运从1992年开始，那时的她年仅16岁，正值花样年华，她正读初中二年级，还是三好学生。这时张玉田从老家承德来到赤峰，与哥哥一起卖早点，他们的店铺与王家相邻，因此互相有了来往。张玉田盯上了王萍，他想尽一切办法接近、讨好她。在一个夏日夜晚，张玉田野蛮地占有了王萍。

悲痛欲绝的王萍想过自杀，但被家人拦住。她的父母缺乏法制观念，为了保全女儿的名声，将此事吞进肚里，王萍因此辍学。但张玉田并没有就此罢手，王家的软弱助长了他的淫威：他上门要挟王家，并把门窗砸坏，要王萍嫁给他，不然就同归于尽。王萍畏于张的淫威，在未办理任何合法手续的情况下，屈辱地开始与张同居。

1993年，王萍随张玉田来到廊坊霸州，自此开始了流离颠沛的生活。他们打零散工，挣一点儿就吃一点儿，居无定所。1994年，他们的儿子出生了，由于没有出生手续，孩子无法上户口。二人先后在霸州、北京郊区、天津打工，张玉田生性浮躁，动不动就跟人打架，挣钱不多还总赔人家医药费，很多时候是王萍在维持生活。他还经常酗酒，回来后就打骂王萍。王同别的男人说几句话，他都作颜作色。王萍彻底绝望了，1999年2月的一天，她抛下6岁的儿子离开了张玉田。

逃出来的王萍来到廊坊市区的一个工厂打工，认识了同厂打工的任秋山。任比她大4岁，廊坊郊区人，离过婚。经过几次接触，他与王萍很谈得来。王萍谈了自己的遭遇，任秋山很是同情，渐渐地，两人之间碰出了爱的火花。1999年9月，两个人领取了结婚证，2000年夏，他们的女儿出生了。结婚后，王萍随任秋山回到农村，在家种地，其乐融融。她尽量不去市区，因为她知道张玉田不会善罢甘休，他会疯了似的找她。

未来生活
丈夫表示会更加照顾她

案情明朗了。卞国强局长亲自督导此案，命令三中队确保人质安全，迅速查清张玉田可能落脚的地方，尽快实施解救。刑警对张的所有亲朋逐个进行筛选，最后锁定其在砖厂打工的妹妹。经多方工作，其妹讲出了张藏匿的地方——北京通州。5 月 29 日，刑警扑至通州，当场将张玉田抓获。一见到警察，王萍好长时间才说出话来，21 天的非人折磨已使她几近崩溃。

6 月 10 日，记者在安次公安分局刑警大队见到了任秋山、王萍夫妇。经过几日休养，王萍的气色已好多了。提起因涉嫌绑架、强奸而已被刑事拘留的张玉田，她恨得牙根疼："他害了我一辈子，如果没有他，我绝不会落到这个地步！他从来没有在乎过我，我只是出气筒、供他发泄，他暴虐得令人无法忍受。"她捋起裤腿来，几年前张玉田打的伤疤还清晰可见。

记者面前的任秋山态度很坚定，他说他们是自由恋爱，感情挺好的。在结合前他就已了解了王萍的遭遇，他没有因此而鄙弃她，觉得她是无辜的，非常值得同情。经过这次变故后，他觉得她更需要照顾和关爱，他会保护她，过好以后的日子。

看着两人离去的背影，记者因善解人意的任秋山而感动，也为不幸的王萍庆幸，但愿她能早日从过去的阴影中挣脱出来，过上正常美满的日子。其实身陷泥淖的人，坚持一下、清醒一下、抗争一下，就能在一定程度上改变自己的命运。这，值得与王萍命运相似的人深思。

犯罪团伙持刀弄枪，为所欲为；一方百姓忍气吞声，血泪涟涟；抢劫、敲诈勒索、斗殴滋事……种种恶行使文安县东部三乡镇阴霾蔽日！廊坊市公安局刑警支队周密部署，展开了该市有史以来规模最大的打黑除恶行动——

廊坊打黑第一案

2002年12月4日早7时，大雾。车队从廊坊市公安局看守所开出来，警灯闪烁，朝着文安县开去。车里押着王氏犯罪团伙的18名成员（另有一人因病在监），在这些人胡作非为的地方，廊坊市公安局要召开千人参加的公开逮捕大会，以还民公道，震慑犯罪。

上午9时，文安县滩里镇公捕大会现场。随着该团伙罪行的宣读，在场的群众有的痛哭，有的挥舞着拳头咒骂，还有人用家用摄像机拍下这难忘的时刻。台上，王某一伙的头似被千斤重压，低垂着。

血泪控诉

11月21日上午8时，20余名文安县农民来到廊坊市人民政府门前，他们提出要见市长，他们要表达对公安干警由衷的谢意：“公安给我们申冤了！我们又可以挺起腰杆儿，做正常的人，过正常的日子了！”

11月22日下午，文安县公安局滩里派出所，一个中年男子还未讲述，就已失声痛哭。他问张英华政委：“姓王的还回来吗？我们一家人可被他害苦啦！”张政委大声地告诉他：“不会了，永远不会了！”

中年男子姓刘，1996年刘家在文安县左各庄镇开起来一家木板加工厂，一家人辛辛苦苦经营，取得了较好的经济效益，在同类企业中遥遥领先。但刘家人还没有尝到创业的甘甜，王某与他的爪牙就闯进了他们的生活。文安县毗邻天津市静海县，该县存在着一股黑恶势力，其头目就是王某。1999年，感到本地没有油水可捞的王某开始有计划地向近在咫尺的我省文安县渗透。

1999年12月的一天，王某率人闯进工厂财务室，无缘无故地让刘某拿出5万元钱，刘当然不允：“我们不该你的不欠你的，凭什么给你钱？”王某用一支猎枪顶住刘：“你是不是活腻了？”仅一个眼色，殴打就开始了，砍刀、铁棒一齐冲向刘某，刘某很快就满脸是血。他拼命往外跑，一伙人就追着打，直到他躺在大门外人们围上来。刘某住进了医院，头上挨了三刀，两条胳膊骨折，右腿膝盖粉碎性骨折。然而就在他住院期间，王某又派手下几次到他家找他算后账。厂子再也办不下去了，半年后，资产价值200多万元的企业被迫关门。

伤好后的刘某回到了自己所在的村，为了生存，刘家又在村子里开起一个小工厂。但王某仍不放过他们，一边派人不断威胁、骚扰，一边雇人设局诱杀刘某，半个月的时间，天天有人在刘家附近晃来晃去，最频繁时一天三四次，刘家人提心吊胆，随时准备打斗，一家人睡觉都不敢脱衣服，直到有一天他们合力将侵入住宅的两名歹徒抓住，这场对峙才算结束。在这期间，刘家共有6人遭到殴打，其中包括刘某年逾古稀的老父亲，2001年11月，老人含恨去世，至死不能瞑目。

接下来接受采访的是农妇邵某，2000年，她的丈夫关某在路边卖木材，遭到王某一伙的绑架抢劫，抢去价值3万元的财物，并被打得手、脚骨折，卧床三个月才下地。因为他们向天津警方报了案，王某又怀恨在心，在一次出外滋事时路过邵家，又猛踹其房门，因房门结实才幸免于难。邵某告诉记者，他们插门的铁棍至今还弯着。

手下遭殃

下一个也是受害者。但他与前两人有所不同，他曾追随王某，为王鞍前马后立过不少功劳。王某的得意干将，怎么也反过来控诉他？

他姓李，三十出头，天津静海县人，按他自己的话说他是个“不安分的人”，1990年就投到王某手下，以其衷心与勇猛得到王的信赖，成为其左右手。在一次作案中他被警方抓获，入狱劳改。王曾向他表示，会照顾他的家眷。可等到1993年他刑满释放，发现王并没有践诺。他由此看清了王的嘴脸，同时也想痛改前非、好好过日子。但王某依然想让他为自己卖命，带人上门找他，他拒绝了，为了给他一些颜色看，王某把以前使在别人身上的手段用来对付他。一顿暴打，并抓起他7岁的孩子向窗外扔，致使孩子腿部骨折。李某忍了下来，可到了1998年7月，王又带人打上门来，索要2万元，没得逞，又大打出手，将李某左腿打断（落下了伤残），当场砸烂他家所有的家具并将房子拆毁，连房梁都扒了，命令他搬出村子。

无奈之下，他们一家人来到天

津投靠亲属，拖着一条残腿做小买卖维生，生活一度贫困。直到听到王某被抓的消息，他才搬回村里。他告诉记者，自己受到了同样的迫害后，才后悔自己以前的荒唐，觉得对不起自己所迫害的人。幸亏看清了王某的本质，倘若不然，这次锒铛入狱的，肯定还有自己。

警方行动

今年9月初，廊坊市公安局陆续接到群众来信来电，反映王某危害一方。案情引起了局领导的高度重视，成为局党委会上的议题。9月11日，廊坊市公安局专门派出暗访组到文安东部三乡镇进行调查，经过几天的秘查，发现群众反映的情况属实，王某一伙的恶行已到了令人震惊的地步。暗访组将调查结果写成专题报告上交局领导。陈庆恩局长立即批示：彻查。

9月18日，专案组成立，廊坊市公安局吴建忠副局长任组长，刑警支队张世忠支队长、大案队崔会民大队长任副组长，支队大案队、外协大队、基础大队的40余名干警参战。

侦查开始了，首先是掌握证据，落实群众反映的情况，获取新的线索。同时又不能打草惊蛇，犯罪团伙人员众多、关系复杂，最好选在合适时机一击中的、一网打尽，否则歹徒轰然作鸟兽散，既难抓捕，同时又容易遗留后患。专案组派出三个便衣组，十几天深入乡镇间调查取证、侦查监视。受害者终于消除顾虑，向公安人员哭诉了王某一伙的恶行；王某的老巢——某大酒店被严密监控，该团伙骨干的行踪也被锁定；通过化妆侦查，刑警发现了王某藏匿着猎枪及大量子弹……线索一条条反映上来，陈庆恩局长、吴国强副局长、吴建忠副局长多次听取汇报、作出指示。

9月29日，根据专案组指令，霸州市公安局在辖区内抓捕了该犯罪团伙骨干李某，王某团伙的丧钟敲响了。

撒出去的网渐渐收紧，王某也嗅到了不祥的气息，他开始做逃匿的准备：将大酒店转让给他人，转移、藏匿枪支弹药，更换电话号码，行踪更加不定。而警方也到了发起总攻的时候。

10月15日，专案组得到情报，17日，王某一伙将在文安某煤站聚会，清理账目。这时绝好的机会，警方立刻开始布置，全员待警、严格保密。16日，崔会民带人到现场反复观察地形，抓捕方案会议一直开到深夜。

17日一大早，50余名干警在不知情的情况下接到命令：有紧急任务、立即出发，干警们身着迷彩服，全副武装，分乘4辆汽车，在张世忠、张英华的带领下赶赴打黑一线。8时30分，参战人员到达目的地，隐藏在煤站附近的一个空工厂里，派出便衣侦查组在煤站前后观察，时间一点一点地过去，煤站里车来人往，总没有合适的战机。

下午4时，干警们已经等了将近7个小时了，但还是不能动手。现场指挥员分析：是不是走漏了风声？遂决定收队。干警们开始分批撤离。走到半路上，突然得到情报，王某就在煤站里，同时还有几个骨干，张世忠、张英华果断决定，杀他个回马枪！但先期撤回的干警已赶不回来了，战机稍纵即逝，现场指挥员带领30余名干警杀回煤站，火速完成了包围。随着一声令下，汽车一直疾驰到屋门口，车门开处，闪出一个个矫健的身影，干警们以迅雷不及掩耳之势扑进屋内，屋里的人还没弄清是怎么回事来，周围就都是黑洞洞的枪口了。仅两分钟就结束了战斗，没费一枪一弹，无一伤亡。有30余人被控制，其中包括王某、赵某两主犯在内的7名犯罪嫌疑人。

消息很快传开，附近的百姓们围了过来，有几百人之多，当大家看到垂头丧气的王某一伙时，就纷纷议论："动手了！这帮人终于完了！"

初战告捷，然而战斗还在继续。支队与文安县公安局联合出击，黄某、梁某、王某武三名团伙成员落网。加上以前文安县公安局以个案抓捕已入狱的6人，该团伙已有16人落入法网。其他成员正在追捕中。

调查取证工作也进一步加大力度。追赃、追枪的工作更为紧要：通过二十余天的努力，该团伙的5支猎枪及大量刀、棍凶器被追回，同时在静海县某厂，查缴了该团伙存放的15000发猎枪子弹。

罪行累累

11月22日，廊坊市看守所。沉重的镣铐声响过监舍走廊，王某出现在记者眼前，这个曾经不可一世、令许多人闻名胆寒的"黑帮老大"，是一个身材矮胖的人，此时他的眼神里没有了凶狠，变得有些颓废。

记者："你后悔你的所作所为吗？"

王某："后悔。应该好好做生意。"

记者："你迫害过那么多人，现在想想，对得起那些受害者吗？"

王某："对不起。"

记者："你以前风光、享乐的时候，想没想到过会有今天？"

王某："没有。我不懂法律。"

王某，42岁，天津市静海县人，1990年开始结派，势力最强大时有200余名手下，是当地犯罪团伙首领。1999年开始向河北省文安县渗透，开有酒店、煤厂、停车场，为了敛取钱财，他和他的手下对准企业、个人下手，胡作非为、横行街市。经初步查实，他们作案40多起，且手段残忍，三年内共致伤、致残22人，其中重伤3人，受害者多家财散尽。目前该团伙已涉嫌抢劫、故意伤害、私藏枪支弹药、敲诈勒索、斗殴滋事等十几条罪行。Ð

10 岁男孩惨死流浪儿手

因到游戏厅里玩游戏，廊坊市两个小学生结识了两个流浪儿，没想到竟被两个流浪儿挟持，在拒绝偷窃之后，他们先是被殴打，又被逼跳三四米高的楼梯，随后又被逼吞吃大便。最后两名小学生中一名10岁男童竟被两个流浪儿塞进机井里丧生，另一名男童侥幸逃脱。

10岁男童被溺机井

2004年9月1日19时，刺耳的警笛长鸣，廊坊市公安局刑警支队、安次分局及消防武警众多人员聚集到市区西南部的一片菜地里的一个破旧机井旁，一个男人焦急地说他10岁的儿子杨连被人推到了井里。

石灰井台有30厘米高，井口直径35厘米，救援人员将30米的长绳系下，够不到底，又接上一根，才到达水面。孩子是14时许落井的，时间已过去很久，紧急调来的生命探测仪显示，孩子已无生还希望。井窄且深，几个小时过去了，打捞工作没有进展，最后警方从几十里外的村庄找来专业人员，在次日凌晨2时将杨连的尸体打捞了上来。

行凶者是两个流浪儿

据说，杨连是8月31日上午离家的，同在某小学上学的12岁男孩吕端一直和他在一起。吕端讲述了杨连被害经过。

8月31日上午，吕端和杨连到某游戏厅玩耍时，结识了两个比他们大些的流浪儿，他们4个玩到傍晚一同到火车站一旅馆开了间房。后来，杨、吕要回家，两流浪儿不答应，并让他们去偷窃。在二人拒绝后两个流浪儿开始殴打他们。两个流浪儿用皮带抽、水缸砸，将二人打得头破血流，又将二人捆起。9月1日中午，杨、吕被挟持到市区西南郊的一栋破楼房里，先是继续挨打，后又被迫吃下大便，两个流浪儿还逼他们两次从三四米高的楼梯口跳下。之后二人被带到村外菜地机井旁，强行将“不太听话”的杨连塞进井口，然后将其踹入井中。

流浪儿出自“问题家庭”

打捞杨连的同时，安次公安分局刑警就依照线索开始搜捕两个犯罪嫌疑人。9月4日20时，警方在天津将犯罪嫌疑人张光、董海抓获。

犯罪嫌疑人张光，是东北人（自称15岁，真实年龄待查），出生前其父因罪伏法，4个月前他以买东西为名离开母亲，经北京、天津辗转来到廊坊，流浪街头，沉迷电子游戏，没钱就偷。另一犯罪嫌疑人董海，是廊坊人，刚满14周岁，其母病故，父亲最近刑满出狱，一个月前离家出走。二人结识后一起玩游戏、偷东西。

在警方提供的录像资料里，张光说，4人认识后，吕端无意中说出自己曾“拿”过1000元花了。张、董就想从他们身上再弄出1000元钱，当时“只是不想让他们回家，他们总是哭，就开始打。我不知道井有多深，把他推下去后才知道闯祸了。往回跑时看见路边的警察怕得要命，跑到天津就觉得安全了”。当刑警出现时，他们正在路边玩虫子。

（注：文中当事人为化名）

“10岁男孩惨死流浪儿手”延伸：

多少孩子“沉醉”游戏厅？

10岁的杨连惨遭虐待、最后亡命深井，令人扼腕。但作为与被害者同龄的行凶者由于迷恋游戏，为了弄点游戏“经费”，两个本该天真无邪的孩子竟变得阴险恶毒，手辣心狠，让人震惊。

9月7日下午，记者见到了侥幸逃生的吕端及其父母，他身上伤痕犹在，仍心有余悸。其父母说孩子脑子不够用，学习不行，两人工作都忙，没空管，也就基本放弃了。吕端经常出入游戏厅，他也曾私下拿过钱，狂热痴迷的他其实也有离家、犯罪的危险。杨连的父母仍深陷悲痛之中，孩子比较老实，很少出去玩，死得太惨太冤了，一定要为他讨个公道。

据吕、杨所在学校的负责人表示，孩子被害令人痛心，游戏厅、网吧腐蚀孩子身心是个老难题，学校三令五申不许学生进游戏厅，放暑假前也加以强调，但社会因素、家庭教育也会令孩子偏离。

记者来到4个孩子相识的游戏厅，发现里面有不少青少年流连忘返：一个男孩在吃东西，看来不准备出去吃午饭了；一个男孩可能玩累了，趴在游戏机上睡得很香。服务员告诉记者，有家长陪同或节假日是允许学生们进来的。中午放学时也允许玩一会儿，上课时间背着书包来的不许玩。记者同时暗访了市区几家网吧、游戏厅，发现均有不少未成年人玩得天昏地暗。

记者从廊坊市文化局了解到，该市市区有230家网吧、游戏厅。按照规定，除法定节假日或监护人陪同外，未成年人不许进入网吧、游戏厅等娱乐场所，而寒、暑假不在法定节假日之内，网吧、游戏厅寒、暑假和中午、傍晚放学后容留中小学生是违规的，同时只注意背书包的学生，而忽视已走上社会的未成年人也属违规。

据办案民警介绍，痴迷游戏又无固定经济来源，继而以身试法，在本辖区未成年人犯罪中占很大比例。D

35 岁的大城女子孙莲命运多舛，7 年前，丈夫因车祸去世，留下遗腹子——一对双胞胎儿子。因与公婆不和，孙莲带着小儿子回了娘家。为要回留在公婆身边的大儿子，她于 1999 年将公婆告上法庭。法院判孩子归孙莲抚养，无奈公婆死活不放。案件拖至 2002 年 7 月，大城县法院对此案中止执行。2004 年 12 月 30 日，孙莲将大儿子从学校接回。2005 年 1 月 18 日，公婆找来并与孙莲的哥哥们发生争执，公公掏出尖刀扎向孙莲的三个哥哥，造成一死两伤。

“夺子”纠纷引发家族血案

悲痛笼罩农家小院

2004 年 1 月 25 日，记者赶赴大城县某村。孙莲的大嫂将记者带到孙莲的四嫂家。在 1 月 18 日那场争执中，孙莲 39 岁的四哥不幸被她的公公刺死，大哥、三哥被刺伤，现在还躺在县医院里。沉浸在悲痛中的孙家静悄悄的。

“俺没想到事情会发展到这样，就那么一会儿，三个人都被扎了，一地的血呀！”大嫂提起当时情景，嘴角不住地抖，惊魂未定。

四嫂没有任何表情，一直静听着，不说话，她 12 岁的儿子在一边也是一声不响。孙莲告诉记者，四嫂今天才挣扎着起了床，以前四嫂不是一个话少的人，现在她经常糊涂，总认为丈夫出门了过几天就回来。记者要离开时，四嫂母子俩突然流泪了，好像才回到了现实。一屋抽泣。

苦女子六年啼血索儿

1993 年 12 月，孙莲与本县男青年杜飞结婚，二人还算恩爱。因为结婚几年没能生育，几经考虑，1998 年 5 月，孙莲在山东做了人工授精手术，她怀孕了，而且怀的是双胞胎！

但孙莲脸上的笑容没保持多久，一个更大的不幸将她重重击倒：1998 年 11 月，在她怀孕 7 个月的时候，丈夫遭遇车祸不幸丧生。1999 年 1 月，孙莲生下了两个儿子，她决定将孩子养大，无论吃什么样的苦、受什么样的累。但由于种种原因，她与公婆闹翻了，她带着小儿子回到娘家，大儿子强强被公婆留下了。

孙莲时刻挂念着大儿子。她认为，孩子只有跟着妈才会幸福。公婆拒绝了她要回强强的要求，理由很符合农村传统观念：儿子去世了，年轻的儿媳妇不会苦守的，留下一个孙子就为家里保住了根。无奈的孙莲将公婆告上了法庭。1999年7月，大城县法院作出判决，孩子归孙莲抚养。公婆不服，上诉至廊坊市中级人民法院，同年10月，廊坊中院作出终审判决：驳回上诉，维持原判。

官司赢了，可强强并没有回到孙莲的身边。公婆带着孙子东躲西藏，并和执行人员发生了激烈冲突。1999年11月，公公被司法拘留，但老两口依旧我行我素。2001年1月，法院再次强制执行时遭到暴力抗法，公公被判处拘役3个月。之后不久，公婆二人又被拘留。如此这般，孩子还是没能要回来。

考虑到种种因素，大城县法院经专门请示上级法院批准，于2002年7月下发民事案件裁定书，中止执行原判决（**本报曾整版报道**）。

在此案执行期间，孙莲四处奔走呼号，希望得到各级相关部门的关注，早日要回孩子。孙莲多次到本报反映情况，记者两次专程赶赴大城县，希望孙莲与其公婆和解，化解家庭矛盾以利于孩子成长。本报还曾于2002年12月21日报道此事，并专门请法律界人士进行探讨。但事与愿违，当事双方一直未能达成和解。

悲怆血案瞬间发生

血案的导火索是孙莲从学校接回了强强。孙莲此举并没有和娘家人商量。为了躲开公婆，孙莲把强强送到外地上学，并到当地派出所备案，她认为领回了判给自己的孩子是合法的。

1月18日，其公婆及孩子的叔叔找到孙莲，要求看望孩子，双方发生口角。之后婆家三人来到孙莲的娘家理论，情急之下与孙莲的三个哥哥发生争执，58岁的公公掏出随身携带的尖刀，将孙莲四哥当场刺死，大哥、三哥被刺伤。随后，老汉也被扭送公安机关，现已被刑事拘留。

记者未能见到在押的孙莲的公公，办案人员告诉记者，是根深蒂固的血脉观念使老汉拼了性命，平日里他对孙莲几个哥哥并无恶感，为了孩子，他做什么也不后悔。

记者没能见到双方誓死争夺的强强，只是由孙莲拨通了一个电话。强强在电话中告诉记者，现在他吃得很好，学习还行，但他不怎么想爷爷、奶奶。跟爷爷、奶奶时，他也不想妈妈。这个6周岁的孩子，还不明白亲与痛，还不知道，为了他，亲人们付出了怎样惨痛的代价。

暮色里，孙莲面容模糊，她不否认公婆对孩子的爱，但她认为谁的爱都不及妈妈的爱，孩子只有跟着妈妈才最幸福，35 岁的她已把以后的生命都交给了两个儿子，她说自己没什么后悔的。只是她怎么也想不到，自己会给娘家带来如此重创，这又是她一辈子都难以弥补的：“四嫂什么都不说，她什么都不说。”

（注：当事人均为化名）

与工友喝酒，霸州市甘肃籍打工者苏小宁酩酊大醉，回家后恶习难改寻衅，用拳脚、铁管殴打妻子王小兰长达一个多小时。可怜的王小兰被打得4处骨折、肝脏破裂，在家等待丈夫筹钱治疗，苦挨半日后悲惨离世。

打工汉酒后殴妻一小时 女子苦挨半日后悲惨离世

一起典型的家庭暴力案

2005年5月29日，王小兰家属向霸州警方报案：36岁的王小兰被丈夫酒后暴打致死。刑警立即展开调查，王小兰的丈夫苏小宁被控制起来。据苏小宁交代，夫妇二人2002年来霸州胜芳镇一家具厂打工，平日苏有酗酒恶习，喝了便撒酒疯与妻子打架。5月26日夜，苏与工友喝得大醉，回家后用拳脚、铁管对王小兰进行长达一个多小时的毒打，27日下午，苏发现王已奄奄一息，送到医院时王已死亡。据法医鉴定，王小兰全身大面积青肿，左小腿、右手臂、左肋骨、颅顶4处骨折，肝脏破裂，腹腔内淤血1500毫升，系失血性休克死亡。

于事无补的痛哭悔恨

6月3日，在霸州市看守所，记者见到身戴刑具的苏小宁。话没说两句，他就哭出声来："我没听她（王小兰）的话，没听我妈的话，总是喝酒，我想孩子，我没想到她会死，我对不起她，我不知道该怎么办。"

苏小宁是二婚，前妻病故，留有一儿一女。10年前，苏小宁与王小兰重组家庭，生有一男孩，现已9岁。在苏眼里，王小兰勤快、本分，是个好妻子，苏也自认为是一个顾家的人。但苏酗酒，这成了这个家庭的最大矛盾点，夫妇俩经常为此争吵、打架。苏没想到那晚会喝那么多，他平

痛悔不已的丈夫

常也就三瓶啤酒的量，几个工友以扑克赌酒，总是输的他不知自己到底喝了多少，动起手来也就失去了控制。他告诉记者，自己当晚怎么回家、怎么打人，他一概记不得了。

在贫困与冷漠中死去

直到27日凌晨，从昏睡中醒来的苏小宁才发现妻子的伤势严重，“手折了”。当时他就悔恨交加，平日夫妻感情还算不错，他没想到自己这次出手会这么重。他用木片、卫生纸为王小兰固定手臂，王小兰说“胃疼”，他没钱，就拿了王身上仅有的100元，出去到诊所买了胃药，打来热水让她服下。苏小宁决定到厂里支点儿工资，送王小兰去医院，王说“不那么难受了”，他就出了门。厂长没在，苏没能支出钱来，他在车间里干了一会儿活儿，头还晕，中午又眯了一会儿，下午2时才往家赶。一进屋门，他发现妻子已经一动不动了，他这才慌起来，等王小兰被送到医院，已经晚了。

记者来到苏小宁和王小兰在胜芳镇的租住处，简陋的两排平房，一间一户，共有11户，都是甘肃老乡。透过破碎的玻璃，可以看见屋里一片狼藉。

一位宋姓男子告诉记者，当晚11时许，他们开始打闹，“噼里啪啦”的，后来听见女人哀求“别打了”，女人还喊“老乡，过来劝劝”，大概在一个多小时后就没有打闹声了。大家都听得清楚，但没人过去劝：相互之间不是很熟，男人喝酒撒疯会殃及别人，再有夫妻打架很正常，外人不便插手。D

记者手记

被文明遗忘的角落

屋里只有两张床铺，屋旁一沟臭水。在这样的环境里，伤重的王小兰最终没有等来去支钱的丈夫，呻吟半日后死去。

这是一个远离文明的群体。背井离乡每日苦干，却仍捉襟见肘，只有“穷打、死闹”。记者走访了数个打工家庭，都说夫妻打架是再正常不过的事。企业老板说，这些人一般都没什么文化，在很多人眼里，打老婆与老婆挨打都是很正常的事。

我们所说的关注弱势群体、消除愚昧，要多久才能抵达、消融这巨大的坚冰！

女工在宿舍遭歹徒轮奸 男友门外徘徊不敢报案

男友自忖弱小，不是对手，竟任由歹徒对女友轮番施暴，在门外徘徊，甚至没有想过报案。受害者独吞苦果，竟也忍气吞声。而同宿舍的工友则事不关己，高高挂起。如此这般，施暴者得以实施暴行。这起发生在三河市某书刊装订厂的恶性轮奸案中，怯懦者的怯懦和冷漠者的冷漠让人久久不能释怀。

受害女工：能忍就忍了吧

2006年7月23日，受害女工20岁的内蒙古女孩小丹（化名）坐在了记者对面，她长相清秀，说话声音不大。案件发生在去年12月的一个深夜，小丹记不清具体是哪天了，由于集体有意识地回避、淡漠，其他当事人也记不清了。当晚，小丹在其河南籍男友小阳的宿舍，待得太晚，女工宿舍关门了，她就和小阳睡在同一张床上，宿舍里还住着小阳的老乡柴某、栗某。

大约凌晨1时，他们被敲门声惊醒，是本地人陈某、李某，二人也在装订厂干过，跟屋里的人认识。虽然不情愿，小阳还是打开了门，陈某、李某带着一股酒气进了屋，他们看见了床上的小丹，顿时生了邪念，就往外轰赶小阳和柴某，粗声大气还捡来一块砖抡着相威胁。柴某先出去了，小阳坚持了一会儿，最后也无奈地出去了，小丹想随着出去，被拦住了。门关上了，宿舍靠里的床上还睡着栗某，陈某、李某先后强奸了小丹。两个小时后，小丹走出宿舍，扑进在门外兜圈的小阳怀里，哭了……

受到如此的伤害，小丹为什么不报案？小丹两句话回答了记者的疑问，对方平时很凶的，一个打工的出门在外，忍着吧。自己吃亏了，别让小阳再吃亏。报案这个念头对于小丹来说很模糊，但她很明白这件事对自己的伤害程度，虽然事后与男友的感情未出现明显的裂痕，他们决定明年就订婚，但她还是感到压力很大，说到最后，她哭了起来。

男友：我打不过他们

小阳身材瘦小，面容稚嫩，在女友惨遭凌辱的时候，他徘徊在门外，没有冲冠一怒，没有叫其他屋里的同乡帮忙驱凶。当时他已想到屋里会发生什么了，但并没想到报案。对方是两个人，且李某人高马大，他认定自己无法与之抗衡。虽然左右宿舍有不少河南老乡，但平日彼此之间就很淡漠，出事了不会有人帮忙的，反倒丑事宣扬出去让人笑话。他的心情矛盾而复杂，小丹出来了，他能做到的只是安慰她。

作案后，陈某、李某没有走，而是在宿舍一直睡到近中午。出门遇见小阳，二人问了一句："你们报案了吗？"小阳没有答话。事发后，小丹告诉了在别厂打工的姐姐，姐姐打了小阳一个耳光，骂他窝囊；但她也没想到报案，还同妹妹约定，此事不要告诉父母。小阳告诉记者，他想找人收拾两个坏蛋的，但没有机会。以后小丹和小阳相处时再也没有提过这件事，所有当事人都有意识地回避着，事情仿佛真的过去了。

工友：此事与我无关

陈某、李某施暴时，屋里还有栗某，二人进屋时他就醒了，但他一直没说话。目前已在广东打工的栗某的证言称他惹不起陈某、李某，而且小丹与他无关，虽然生气，但也只有听之任之。

这件事是栗某透露出去的，在厂子里悄悄传播着。7月6日，三河市公安局皇庄派出所民警到工厂调查一起敲诈案，工人们无意间说出，引起民警的重视，半年前的这起女工遭轮奸案才浮出水面。陈某、李某目前已在押。D

（注：与张志新合作）

二十余年对父母非打即骂 六旬老翁举利斧杀死逆子

廊坊男子陈某从小好逸恶劳，对父母也态度恶劣，经常打骂。2007年1月30日晚，陈某再次对年迈的父母大打出手，其66岁的父亲忍无可忍，举起利斧将其杀死后，投案自首。

一天三次与父母打闹

1月30日晚11时，廊坊市广阳公安分局接到一个陈姓老翁的电话："我杀死了我的儿子，你们来吧。"民警迅速赶到陈家，老陈与老伴在家里，卧室床上赫然躺着一个人，已经死亡。死者是老陈的二儿子，经查，死者陈某今年40岁，自16岁起就经常打骂父母，老两口不能管束，只能忍气吞声。陈某曾被父亲安排到北京铁路局丰台工务段上班，但由于酗酒滋事被开除。陈某结婚后打骂妻子，致使家庭破裂，其妻带着孩子离他而去。陈某不思悔改，曾因治安问题被警方处理过，对父母也变本加厉，手头紧了伸手就要，稍不满意便对父母拳脚相加。

由于警方规定，记者没能见到在押的老陈。据办案民警介绍，前不久，陈某打骂父母，老两口躲出屋，他揪着母亲头发将其拖回，头发被揪下来好几绺。有一次老两口为躲避儿子，在外面溜达到夜里11时，实在没地方去，只好住在小旅店里。父母为陈某盖了房子，他有钱花的时候，过年都不来看望老人。陈某小名叫"小九"，一次喝完酒后，放肆地指着父亲说："以后你管我叫九爷！"

案发当日，陈某两次到父母处打闹，老两口找到居委会，甚至拨打了110，公安与治保人员进行了调解。晚上，为躲避儿子，老陈与老伴出去转到11时才回来，不料陈某正守在门口。陈某将父母推进屋子，没说几句就打父亲，父亲回手打了他一个耳光，陈某恶狠狠扑上前，母亲上前阻拦，陈一拳打在母亲右眼下部，母子俩滚到床上，陈某骑在母亲身上继续殴打。老陈见状实在无法忍受，跑到外屋抄起一把斧头，朝其儿子头部连砍三斧。

杀子老翁口碑很好

记者从办案民警处了解到，杀

死儿子后，老陈感到心里一下子轻松了，自己打电话投案自首，说听凭法律的处置。66岁的老陈从北京铁路局退休，曾做过教师，是一个通情达理的人。案发次日，老陈所在居委会的干部来到公安局，陈述陈某平日行为不端，频频滋事，令四邻不安，而老陈很老实，杀死儿子属于迫不得已，请求公安机关酌情给予从轻处理。

记者在居委会了解到，老陈在北京工作，入赘到廊坊，生有两儿一女，上班时经常不在家，没时间教育陈某。陈某长期虐待父母情况属实，居委会与派出所曾多次调解，并对陈某进行批评教育，但陈某并未收敛。陈家在村里没有亲戚，平日与村民来往不多，但老陈很忠厚、温和，总是很热心地帮助别人。

目前，老陈已被刑事拘留。D

男子驾车撞碾情敌
下车后斧砍致其死亡

2013年6月23日15时许，三河市燕郊开发区闹市发生惊人一幕：一名男子开车两次撞碾另一男子并斧砍，致该男子当场惨死。嫌疑人随即落网，被害者是其河南老乡，与其妻有染，并纠缠不休，导致其发狂。

6月23日15时许，燕郊开发区某小区大门北侧，上演惊人一幕：在马路中央，一名男子驾驶一辆京牌银灰色面包车，将一骑摩托车的男子撞倒并进行碾轧，面包车司机随后下车，持斧子对准被撞男子头部连续击打。行凶后男子开车逃离现场，但很快又开回，不顾围观人群，重又碾轧，又下车持斧乱砍，之后开车离开。因为该男子像疯了一样，又手持利器去而复回，围观的人们一时反应不过来，也不敢阻拦，只有打电话报警。

接到报案后，三河市警方迅速赶赴现场，现场群众反映，嫌疑人驾车沿燕顺路向北逃跑。民警立即按照车牌号码查找。经查，涉案面包车车主为常某，家住燕郊镇某村，民警立即进行抓捕。当日18时10分，常某从村外回来，打开车门准备上车时被埋伏民警一举擒获。

经查，常某今年41岁，在北京通州一工厂打工时，认识了40岁的被害人李某，二人是河南老乡。在交往中，常某发现，李某与自己妻子有染。为了减少矛盾，常某与妻子躲开李某，搬到燕郊某村来住。不想，李某竟跟了过来，仍然与常妻瓜葛不断。常某气不过，方有闹市撞碾、砍杀的疯狂行为。常某也知道，杀人后是逃不掉的，被抓时未作反抗。

目前常某已被依法刑事拘留，此案正在进一步审理中。D

“他们如何面对劫匪”系列

小纸条破了抢劫杀人大案

廊坊数名青少年结成犯罪团伙，连续抢劫、杀人、纵火，面对气势汹汹的犯罪浪潮，廊坊市公安局安次分局沉着应战、全力以赴，历时10余天，终于将该犯罪团伙打掉，一举破获刑事案件24起。

三起抢劫连成串

2005年11月6日，是安次刑警忙成一团的一天，5条警情一个赶一个：15时30分，有群众举报称，在一处河堤上发现一个带血的汽车坐套，还有一堆未烧尽的物品；10多分钟后又接报，某村村边发现一具男尸；21时37分，某村发生抢劫案，数名歹徒驾驶面包车抢走一辆捷达轿车及现金、手机等物，案值17万元；21时53分，某村村边一辆面包车被烧毁；22时10分，一辆捷达轿车与一辆拉木头的柴油三马车相撞，轿车上4人弃车而逃。

经缜密的现场勘查，确定死者为霸州市出租车司机李某，遭到抢劫后被杀害；而李的面包车被歹徒开着抢劫了捷达轿车车主，然后被烧毁；歹徒换开捷达后，意图抢劫三马车，不料捷达撞损严重，歹徒只有弃车而逃。7个小时内5条警情，其实是一伙歹徒所为，安次警方随即成立了“11·6”专案组，将3起抢劫案并案侦查。

纸条显示嫌疑人

在现场勘查与走访中，警方在焚烧现场提取一个纸条，上面写着4个人名及其生日。由此寻找到重要嫌疑人马某，马某供认，11月5日晚，马某在租住处遭一伙人抢劫，被抢后马某反倒要求加入该团伙，并在当晚参与了3起抢劫，但次日作案他没有参加。马某供出该团伙有一个“小亮”，这让扑朔迷离的案情猛然一“亮”。

“小亮”原来是真凶

“11·6”案的真凶就是抢劫马某的那伙人，警方的侦查方向明确了。经侦查，警方锁定了“小亮”，并查出他在廊坊开发区某村租房子，但当刑警赶到的时候，该团伙已在两天前退房逃走了。贼踪已露，刑警查出大城县女孩纪某为该团伙成员，但抓捕未果。刑警又发现纪某与保定容城县一电话联系频繁，警方打过去，竟是派出所！

案情非常具有戏剧性。14日，该团伙主犯孙某在租住地感到不安全，遂决定到保定避风头。他们退了房子后分批逃离，4名成员租了一辆出租车，随即将女司机控制，到容城后这伙人租房子，恰巧房主是位退休民警，女司机伺机求救，房主将4成员拖住，然后报警。刑警赶到保定，又将孙某、纪某抓获，至此“11•6”案6名案犯全部落网。

经查，永清县人孙甲、韩某、彭某、杨某、孙乙与大城县人纪某，先将北京通州一出租车司机杀害焚尸，之后又连续作案，最多时一天作案4起，11月6日，抢劫3起并将出租车司机李某杀害。安次警方奋战“11•6”案，在一系列侦破过程中，共破获24起刑事案件，涉案总值40余万元，抓获犯罪嫌疑人13名。

柔弱的姐18小时智斗劫匪

震惊廊坊的“11•6”抢劫杀人案尘埃落定，廊坊一位的姐被犯罪团伙劫持，辗转廊坊、天津、保定容城三地，与凶残的歹徒周旋18个小时，在数次与死亡擦肩后，抓住时机巧妙求救捡回一命。

运营首日突遭劫持

昨晚，记者见到了这位柔弱的张姓的姐。26岁的小张告诉记者，2005年11月14日17时许，她刚刚办完出租车过户手续，开车仅一个小时，两名男子在廊坊东方大学城内上了她的车，说是去大学城南门，她与两人聊得很好。两人又说到附近夜市吃饭。快到夜市时，又上来两名男子，没多久，一把尖刀就架到她的脖子上。

小张没有慌，而是依歹徒的话不喊不挣扎，并自己坐到后座，把车让给歹徒开。她说：“你们让我怎么样我怎么样，不用那么费事，谁让我赶上了，你们甭紧张。”

小张告诉记者，可能是一开始

聊得很好的缘故，她没有怎么怕。自此以后，她就没停止过与歹徒的“交流”。

与死亡擦肩而过

随后，出租车在廊坊转了一会儿，就向城南乡镇开去，歹徒们说要去杀一个仇人。车一直走小路，穿村过屯，歹徒非常熟悉地形。走了一会儿，车竟开到了天津市，歹徒在一小区里偷了一个车牌，然后又原路回到廊坊。歹徒将一些行李放在车上，还有木棒、汽油。歹徒告诉她，她不是第一个被劫司机，而被劫司机没有活命的。

“你想死还是想活？”

“当然想活。”

“那你得配合我们。”

“好。”

小张又一次与死亡擦肩，歹徒还给她买来烧鸡和香肠。

歹徒们在车上讨论到哪里躲避警方追捕，最后定在他们较熟悉的白沟。车上，小张一直与歹徒闲聊周旋，更多是拉家常。

拖延时间等待时机

凌晨3时，车开到容城县城，歹徒将偷来的车牌换上，然后5个人一起在车里打盹。小张睡得很轻，但她知道没机会逃走。

天亮后，为首的歹徒下了车，3名歹徒带小张开车兜转，找出租房。车开到一个村里，歹徒找到一位大娘，大娘没看出什么来，热心地为他们张罗。租不到独门独院，大娘要把自家厢房租给他们。在大娘家，小张与大娘聊，但她知道，此时求救弄不好会把大娘也连累了。后来，小张拉着几个歹徒打扑克，连赢数把，期间她上厕所时曾想到跑，可又怕跑不远会被抓回来。

谨慎求助安然获救

大娘的儿子王某回来了，身材魁梧，盘问他们有没有身份证，小张看到了希望。这时两个歹徒出去给主犯打电话，屋里只剩下一个歹徒，小张冲王某连连使眼色，但没引起注意。她蹭到王身后，抻了王某衣襟一下，小声说了两个字：“救命！”这些屋内歹徒没看到，而王某立刻明白了，出去打了一个电话。这时两个歹徒回来，王某和他们闲聊拖住他们。

10分钟后，一辆民用汽车开来了，两个便衣男子进院，对3名歹徒说：“过来一块儿说。”3名歹徒刚一凑过去就被制服了。后来，小张得知，王某原来是名退役武警，曾在公安部门工作过。随后，小张又带着警察到容城县城将主犯与其姘妇抓获。

从被劫持到获救，小张与歹徒周旋了18个小时之久，直到后来她才知道几个歹徒真的是杀人不眨眼的恶魔，但她仍没觉得有多害怕。她说，回家睡一觉后，想想刚干出租就遇上这样的事，才觉得有些后怕。

机智的哥一波三折斗劫匪

2005年11月25日，本报报道了廊坊的姐张某被一群杀人不眨眼的劫匪挟持，机智周旋18个小时安然脱身并将劫匪一网打尽的新闻。无独有偶，11月26日，北京的哥刘某同样遭挟持，他与歹徒的成功周旋也是一波三折。

“江湖用语”救了的哥命

北京的哥刘某今年32岁，身高1.78米，体重90公斤，连他自己都没想到五大三粗的他也会遭劫持。

11月26日下午，刘某在北京市通州区拉上3个十八九岁的小伙子，说要去三河市燕郊开发区。天很快黑了下来，当车开到一条无人的土路时，车上3个青年以“撒尿”为名下车，刘也没在意，突然车门被猛地拉开，一把锋利的匕首架在了他的脖子上。刘某反应还算迅速，立即将双手举起来说：“兄弟，我不反抗，你要什么我都给，别伤我，我家里还有70多岁的老父、10岁的儿子……”

刘某被迫下了车，3个歹徒手持匕首把他围住，刘不敢轻易反抗，只好继续说：“你们也不容易，混到这份儿上，肯定有难言之隐。”同时将一天赚得100元车费、加油剩下的零钱和小灵通拿出来，“我就这么多，车你们开走能卖万把块钱，我帮你们卖都行。”刘某这番“江湖用语”还真起了作用，3名歹徒有所放松，但逼迫刘开车带他们再去抢。

一对情侣被抢后报警

车又开到大厂回族自治县某村路口，遇上一对情侣。一个歹徒说：

“下去抢，砍倒抢了就走。”刘某闻言连忙劝道：“兄弟，你要的不就是钱吗？别伤人，你要钱他就给你，不信你试试。”两个歹徒下车，用刀威逼，那对情侣不敢反抗，被抢走手机一部、现金 2000 元。

开出不远，他们又碰上一辆“奥拓”轿车，歹徒又喊：“劫了他，这车值钱。”哪知“奥拓”拐弯进村里了。刘某暗暗思忖：“奥拓”里坐着两个小伙子，如果双方打起来，自己就有机会制服歹徒。

正琢磨着，前方出现一座加油站，刘某想起车的油表坏了，便将计就计：“车没多少油了，你看看油表。”歹徒发现油表果然见底儿了，便将车驶进了加油站。

大舅哥支援警察妹夫

刘某没想到，他们车后已经跟上了两辆警察驾驶的车辆，后来得知是那对被抢的情侣向他们当警察的同学——大厂公安局大厂派出所民警杨义报警，并通报了涉案车辆特征和车牌号。

民警杨义接到报警时，刚刚下班回到家中，他急忙打电话通知正带队巡逻的所指导员金瑞旺和 110 指挥中心，同时发动一辆民用车准备围追歹徒。而他妻子一听此事十分不放心，因为杨义没有携带任何警用器械，于是就给自己的哥哥打电话找人帮忙，同时拿了家里一把水果刀就上了丈夫的车。

杨义与妻子驾车迎着歹徒逃跑的方向寻找，金瑞旺率 3 名民警与杨义电话联系确定了歹徒的方位，也进行堵截。当被劫车开进加油站时，杨义的车堵住了劫匪后路，金瑞旺迎面堵住去路。看见警察的刘某一把打开车门跳到车外，5 名民警将被劫车围住。这时，杨义妻子刚刚退伍的哥哥也开车带 3 位朋友赶到，协助民警将 3 名嫌疑人制服。

经查，3 名犯罪嫌疑人都是三河市人，同在一汽修厂打工，11 月 18 日，因与一名客户发生口角，3 人合力将客户打成重伤后出逃，此次挟持出租车并抢劫，就是为了继续潜逃“筹路费”。D

大城县8岁男孩桐桐正读小学二年级，正是天真烂漫、无忧无虑的年纪，不料其邻居赵某突然精神病复发，手持铁棍将孩子打成重度颅脑损伤。一个月来，桐桐一直在医院不省人事，家人变卖家产仍难以维系医疗费用。经鉴定，赵某不负刑事责任，而为了逃避巨额经济赔偿，赵的家人已变卖家产不知去向。

8岁男童遭精神病邻居重创

处于半植物人状态，涕泪父母苦唤不醒

病床上小小的呜呜

2005年6月9日上午，记者一行赶赴天津儿童医院，伤势沉重的桐桐已在该院脑外科接受治疗一个月。病床上的桐桐脑部缝合、左小腿打着牵引，眼睛是睁着的，但呆滞没有一点儿生气，妈妈在床边呼唤他，他只能扭动头部、两手及右腿，发出细细的呜呜。孩子尚处于轻度脑昏迷状态，发声与动弹都是无知觉的，他经历着成人都难以承受的创痛，却哭不出来、叫不出来，记者的双眼几次湿润。

“一开始谁也想不到孩子是被打的。”桐桐妈妈向记者讲述了那骇人的一幕：5月8日上午9时许，夫妇俩在院外鸡舍忙碌，桐桐自己回家了。一个送料的人看见赵某拎着一截铁棍走出桐桐家，待卸完料后，妈妈进屋拿钱，发现孩子躺在里屋炕下，地上两大片血迹，已不省人事。当时妈妈认为孩子是从炕上摔下来的，将孩子送到村、乡卫生所，都不能治，在县医院，医生发现孩子后脑两处重击、左太阳穴一个洞、左小腿骨折，“从三楼摔下来都不会这样”。行凶者就是邻居赵某！两家平素关系很好，30多岁的赵某十来年前曾精神不正常，但近年来娶妻生女没有什么异常。

当日中午，桐桐被送到天津儿童医院，进入重症监护室。脑外科张庆江主任告诉记者，孩子送来时失血性休克，一直处于重度脑昏迷状态，经过20余天的抢救治疗，情况有所好转，但仍是半植物人状态。医院将其转入普通病房，让父母为其揉搓身体、跟他说话、反复呼唤，以唤醒孩子。脑部损伤的恢复受很多因素影响，所以说不好孩子什么时候会醒来。

巨额医疗费无着落

当日下午，记者驱车来到大城县后烟村，桐桐的爷爷奶奶及其他亲属万分焦灼。“我这孙子可仁义啦，谁也没惹！”两个老人痛哭失声。一个月来已花了十余万元的医疗费，一个普通农家根本难以承受，都是亲朋凑的，粮食卖掉了，家里养的900只鸡低价卖掉了，现在想把住宅也卖掉，但平房旧院不值多少钱。鸡棚里余下十来只鸡，是两个老人特意为孙子留下的，“孩子回来需要补身子”。

赵某住在桐桐家前院，事发后不久，为了逃避巨额的经济赔偿，赵家人竟卖掉粮食、家具，偷偷搬走了，不知去向。没得到一分赔偿，桐桐的伯伯难忍气愤，将赵家门窗砸烂，除此之外，老实巴交的一家人就无计可施了。

记者从负责此案的大城县公安局留各庄刑警中队了解到，警方已为赵某作出司法鉴定，系精神病患者，没有刑事行为能力，桐桐可起诉赵家，提出民事经济赔偿。按规定警方应释放赵某，由于赵家全家出逃，没有监护人，6月10日，赵某被送到保定市精神病院。D

记者手记

精神病患者监管引人忧思

带给桐桐无尽苦难的，是一个素无仇怨的邻居，行凶者是精神病患者，不负刑事责任，仅此一条，就堵住了受害者家人的悲愤，尽管谁都不能被这个理由说服。

这样的案例记者了解太多了：文安县一精神病患者将妻子与两个孩子砍伤，本报及时给予报道，公安机关认定为精神病患者后将其释放，由其家人监护，不到一个月，该男子将其妻砍死后自缢而亡，记者再次写稿时不禁感叹：苦命女人终于死在丈夫手里了！固安县一男子将父亲杀死，鉴定后回家，将其妻女砍成重伤后自杀……

同地震、洪灾一样，令人沉重的精神病患者案件也是社会灾难。十几万元乃至更多的医疗费桐桐家难以承受，赵家同样，所以赵家十分不仗义地全家出逃。精神病患者游离于司法之外，他们的家人更无计可施，大厂回族自治县一精神病患者行凶后自残，其亲属不予施救，听任他死去，因为他康复后会再次发疯，谁也没办法。

在监护精神病患者、受害者赔偿等方面，整个社会应建立相关制度，多承担些。记者了解到，留各庄乡已发动公职人员为桐桐捐款，虽然离总数差得还远。桐桐还在病床上呻吟，我们应保护作为弱者的精神病人的权益，但受到侵害的正常人更应受到保护！

廊坊无辜村民被精神病街坊打成脑死亡

几年前曾被打骨折，不了了之

打人、砸车、砸玻璃，几年来整条街道陷入恐慌

2015年12月14日中午，廊坊市安次区惠家堡村村民刘少山骑着电动自行车回家。离家不到100米时，他听见患有精神病的街坊王某正在自家门口咆哮，他想不到王某会突然对他出手。23日，刘少山躺在廊坊市人民医院的重症监护室里，被医生宣告脑死亡。

患精神病街坊突下重手

12月23日中午，记者来到安次区惠家堡村。这是一个近3000口人的大村子，刘家所在的街显得有些空空荡荡，王家在东边不远，关着门。刘家是低矮的平房，四小间，“八几年盖的”，两个儿子大学刚刚毕业，要结婚了，地上才铺上了瓷砖。家里有八亩地，农余就放羊。有几天没见到每天放自己的男主人了，羊们有些不知所措。女主人走过来喂料，脸上罩着一层灰灰的悲痛。

“14号那天下雪，我哥就没去放羊，想出去玩玩牌，人多轮不上，只是在一旁看了会儿。晌午12点了就回家，没想到在家门口被打了。”刘少山的弟弟刘少君告诉记者。当时是与王家对门的村民来叫刘少君的，说他哥哥被王某打了。王某的母亲将刘少山拖到对门儿，关上大门，不让王某闯进来再打。刘少君赶过去时，他哥哥被王母抱着半躺在地上，他把哥哥扶起来，哥哥戴着帽子，看不见什么外伤。刘少君问哥哥怎样，哥哥说想要上厕所，他扶着走过去，哥哥自己扶着墙大便。他扶着摇摇晃晃的哥哥回家，让他躺在床上。

记者了解到，王某不是第一次打人了，由于他患有精神病，家里也没什么钱，刘家没想到去要医疗费。刘家也不富裕，觉得没什么大碍就躺着睡睡吧，没想到去医院做检查。刘少君回到自己家，他得做饭、送孩子上学。两点多的时候，刘少君接到嫂子电话，说他哥哥吐了，他赶了过去，哥哥已经开始抽搐，四肢僵硬。他们连忙找车，往几十里地外的廊坊赶。随后来的村干部见情况严重，让刘家人报了警。

送到医院后，刘少山被诊断为颅

脑严重损伤，取出来三块颅骨，随即送进重症监护室急救。主治大夫告诉记者，刘少山已经脑死亡，没有自主呼吸，且已引发多个脏器衰竭，只是靠急救设备维持着。

整条街多年的恐慌

刘少山今年52岁，身材瘦小，体重才40公斤。他老实巴交，每日种地、放羊，供两个儿子上学，向亲戚借了不少钱，这两年儿子毕业了，债也还清了，没想到遭此厄运。刘少山的母亲过来了，老人今年79岁，刚刚做了心脏支架手术，她耳聋，只知道儿子被打了，挺严重的，她不知道自己的儿子正命悬一线。

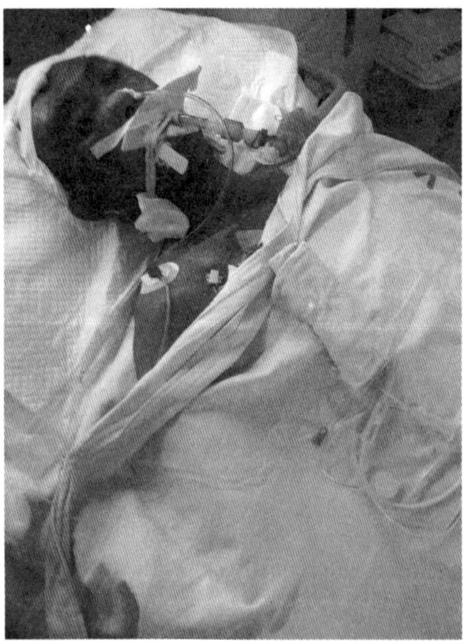

被打至脑死亡的刘少山

打人的王某29岁，五大三粗。王某从小脑子就不太灵光，爱打架，至今未结婚。他在几年前开始犯病，打过好几个人，还经常砸街坊家的玻璃、砸汽车玻璃。几年前，王某闯到刘家把喂羊的草料点燃，并把刘少山的胳膊打成骨折，“打完人他就跑了，在野地里待一会儿，然后回家，该吃吃、该喝喝”。王某的父亲来到刘家，跪在地上哭着说没钱赔，刘少山心软了：“算了，自己看伤吧。”刘少君告诉记者，哥哥这次被打得要死，已花了十三四万元的医疗费，王家人却还没有露面儿。

据了解，王某曾把街上一个女孩打成粉碎性骨折，公安机关将他抓走，但他是精神病患者不承担刑事责任，只有放回来。家里一直说没钱，也是没怎么赔偿。王某曾几次住院检查、治疗，但住不长时间就回来了。对于这样的街坊，村民们满心恐慌，你不能去跟他打，他家又没什么钱可赔，“他打了你白打啊”。这几年来，王某经常砸玻璃，大家也只是忍了，不少户安上防盗护栏，车尽量不停在外面。一听到王某大喊大叫，就知道他又犯病了，大家都跑进家，关紧门窗，砸什么东西就砸吧，人别挨打就行了。

精神病患者伤人的赔偿困局

对于刘少山的遭遇，惠家堡村的村干部表示很同情，称尽量协调赔偿，但也没把握调解出什么好结果。记者了解到，此案已由安次区公安分局刑警大队受理，鉴于王某的状态，将其送进霸州市精神病医院，实行监视居住，正准备做精神病司法鉴定，根据鉴定结果判定案发时王某的精神状态。据介绍，间歇性的精神病患者在精神正常的时候犯罪，应当负刑事责任；尚未完全丧失辨认或者控制自己行为能力的精神病患者犯罪，应当负刑事责任，但可以从轻或者减轻处罚。办案警官告诉记者，不久前安次区发生过一起精神病患者杀人案件，行凶者被判处无期徒刑，但无法正常服刑，也是送到医院控制。

据了解，精神病患者在不能辨认或者不能控制自己行为时造成危害后果，经法定程序鉴定确认的，不负刑事责任，公安机关也无法执行强制措施，但应当责令他的家属或者监护人严加看管和治疗。王某多次发病施暴，其家人既没有经济能力进行赔偿，也未对其进行有效管理。

记者从安次区残联了解到，精神病患者属于残疾的一种，如果因贫困享受低保，可以给予生活补贴。记者电话采访了刚刚代理过精神病患者伤人官司的廊坊律师李少清：对于被精神病患者伤害的民事赔偿，主要是患者的监护人承担，监护人无力赔偿的，受害者就处于非常无奈的处境。而其他层面的赔偿、补助，国家尚没有正式法律规定。相关人士一直呼吁，应着力于在全社会建立一套精神病患者犯罪防范和救济的长效机制，只有这样，才能减少精神病患者恶性犯罪给自己和受害人带来的双重伤害。D

一家四口三人罹患尿毒症

“就像一辆车，被猛烈撞击几近废铁，再猛撞一次，再猛撞一次”，如此形容大厂回族自治县潘各庄村51岁村民陈桂民似乎一点儿也不为过。尿毒症这个词，就是不太懂医学的人，也会闻之森然。一是危及生命极难治愈，二是巨额的医疗费用。一个家庭，若有一人患上此类重症，那乌云就会遮蔽所有亲人的心。陈桂东今年51岁，是大厂回族自治县潘各庄村村民，作为一个四口之家的户主，他正面对着两个儿子与妻子先后患上尿毒症的残酷现实。

陈磊：“爸，我还想多活几天。”

陈桂东的大儿子陈磊，若活到今天的话已经26岁，在陈家记者没有看到他的照片，照片与衣物都被烧了，陈桂东在刻意回避着。据说小伙子一米八七的个头，非常魁梧，由于家庭贫困，上到初一就辍学了，到企业上班、干农活，用汗水为父母分忧。2004年8月，陈磊出现身子发麻、血压高等症状，力气像泄漏一样所剩无几。陈桂东带着儿子到北京大学附属第一医院检查，结果骇人：双肾萎缩，肌酐指数高达700（正常值为44～105，该指标是尿毒症检验的主要依据），已是尿毒症晚期！

医生告诉陈桂东，陈磊的病非常严重，至少需要60万元治疗费用，否则没有活命的希望，透析能维持生命，但最多能延迟一年。60万元，陈桂东上天入地都难以筹到，他绝望了。陈磊很快住院，靠透析维持，透析一次需要500元，由一开始的一周一次，很快加密到每周三次，陈家本无家底，很快亲朋借遍，花费近4万元。透析一停，陈磊就被折磨得死去活来，入院三个月后的一天深夜，陈磊央求父亲：“我这儿还有几块钱，爸，你再借点儿钱，再透析一次，我还想多活几天。”面对儿子这样的乞求，陈桂东只是安慰他，他真不知道再去谁家借钱。凌晨5时，怀着对生的无限渴望，陈磊永远地闭上了双眼……

陈桂东：“我不配当爹呀！”

讲到这里，陈桂东再也忍不住，趴在床头放声大哭，花白的头一耸一耸的：“我把儿子生生撇下了，我不配当爹呀！”记者刚进门时，陈桂东脸上带着劳烦人的歉意的笑，盘子里放着切成片的两个圆萝卜，给记者当水果吃，这是一个老实人。

但命运对这个老实人丝毫不留情：陈磊病发一个月时，有亲朋提醒他，陈磊好端端地得了这个病，应该也给老二陈楠检查一下。陈桂东听从了，带着二儿子陈楠到北大医院检查，结果肌酐指数为180，陈楠已经出现肾衰竭，也是尿毒症！没人能揣摩陈桂东当时的心情，但他只能瞒着二儿子，先得给大儿子治疗，他没想到大儿子只挨了三个月，这一场噩梦凌厉而短促。二儿子最终也知道了，而且也出现了症状，父子俩有过对话："爸，得这个病怎么办？""看呗。""咱家拿什么看？"陈楠非常理解家庭现状与父母的苦衷，他不去理会刚刚夺去哥哥生命的尿毒症，照常上班，为这个家挣钱。陈桂东也拼命干活，一周前他被查出肾结石，疼得在地上打滚。但再怎么干活也不能消解陈桂东心中的愧疚，他经常独自一人到大儿子坟前痛哭。

李秀英："只摊上一个也要好得多啊！"

陈家是三间低矮的砖房，1976年盖的，屋内冰箱、彩电都是亲戚存放的，其余家具破旧不堪。陈桂东承包着20亩地，农闲时开破拖拉机拉砖。陈家女主人李秀英，47岁，已有20多年糖尿病史，干不了重体力活，一直靠吃药、注射胰岛素维持，半边天摇摇欲坠，陈家的状况一直低迷。

李秀英撩起裤腿，手在腿上一按，就是一个深坑，她浑身浮肿。2005年10月，李秀英查出糖尿病并发症——尿毒症，肌酐指数为280，她是这个家庭第三个尿毒症患者。陈桂东的背上又压上了一座大山，他顾不得思念大儿子了，妻子和小儿子岌岌可危，医院对于他来说已轻车熟路，他也变成半个医生了，但却于事无补。陈桂东讲述时，李秀英一直流泪，夫妻二人一并哀哭，"这样的病，只摊上一个也要好得多啊！"李秀英这样低的心愿，不清楚陈家现状的人，会觉得荒唐得很。

陈楠："我能撑，救我妈吧。"

陈楠是个好孩子。他只是简单地以药物维持着自己的病情，他告诉爸爸，先让妈妈治，他还能撑两年，妈妈保住了，爸爸老了就有个伴。记者本来想去陈楠做工的工厂找他，看身患重症年仅21岁的年轻人怎样劳作，陈楠却回家来见记者，他说，老板还不知道他得病，如果知道了，他就可能被解雇，每月三四百元的收入就没有了，经过哥哥的治疗，他的劳作已经量化，多一点儿钱，就可以减轻一点儿痛苦、多活几天。

陈楠个子很高，表情平静、谦和。他说他的视力已经模糊，记者离他不到两米远，他看不清记者的眼睛。他原先拉砖，干重体力活儿，可很快浑身酸软，才换到现在的厂子，干些轻活。在哥哥得病当初，他不知道尿毒症有这么严重，没想到哥哥很快就去世了。他知道哥哥非常痛苦，他没怎么去看哥哥，只是在外面加紧挣钱，多一些钱就可以透析一次。他很“漠视”自己身上的重病，他关心妈妈，体谅爸爸，从而忘我。

记者看到2006年4月3日陈楠的化验单，肌酐指数为424！

（注：与朱志国合作）

记者手记

呼唤社会保障

不幸的家庭各有各的不幸，而不幸叠加的效果想必比乘方还要扩大。

陈磊病重时，陈家的亲朋都伸出了援手，陈楠与其母亲又患病的消息传出，县委宣传部等机关为不幸的陈家呼吁，村民们和附近企业开始捐款，多多少少都代表着一份关切。

陈家正遭受着不能再大的磨难，但亲情使他们互相搀扶着苦苦跋涉，亲情使陈楠无畏死神，漫天乌云中，他虚弱的身影是那么地动人心魄！

写悲情记者也沉重。上个月，本报连续报道了廊坊美丽女教师刘海欣身患白血病决定捐献眼角膜，4月3日，本报报道了文安县婆媳二人接力捐肾挽救患尿毒症的亲人。作为记录人，记者深知类似报道过于集中会麻木读者的神经，但每个事例都是那么真实、沉重，令我们内心难以安宁。经医院检查，陈氏兄弟有遗传的可能，这就好像给悲剧找到了一个缘由。大病致贫已成社会问题，生活中的灾难总是不期而至，我们又很少有人能轻易抗过。刘海欣在天津住院时，当地启动了社会救助基金，现在不乏愿意奉献爱心的社会人士，但往往缺乏引导和平台。当然，更需要政府健全社会保障机制。

"美丽女教师遗爱在人间"系列

美丽女教师患白血病病危欲捐眼角膜

2006年3月2日晚8时，天津市第一中心医院血液科病房，身患白血病的廊坊女孩刘海欣生命垂危，躺在病床上连睁眼都困难，她的姐姐含着泪代她在捐献眼角膜志愿书上签下名字，因为海欣决定身后将眼角膜捐给邢台眼科医院（河北省红十字会眼库），此情此景令人动容。

三个月前，24岁的海欣还是一个能歌善舞、充满青春活力的幼儿园老师。海欣从承德某中专毕业后，先在廊坊市第六小学任代课老师，2005年8月，到廊坊市华夏幼儿园任教。海欣的父亲四年前因车祸去世，母亲靠低保生活，弟弟当兵，姐姐打工，日子过得很紧。她一直省吃俭用，出现头晕、身体酸软无力等症状时，她都

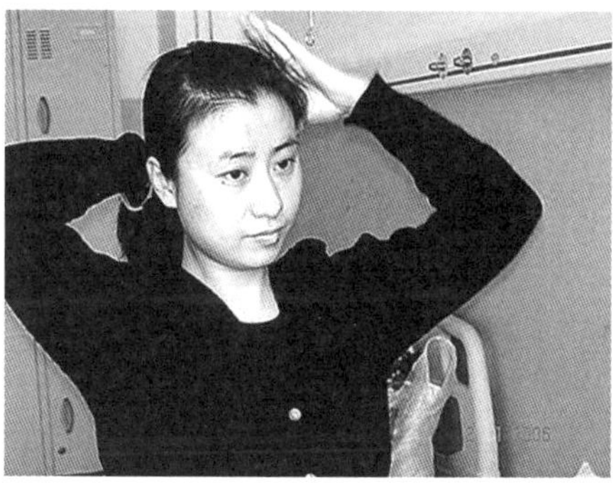

舍不得看病吃药，一直到晕倒在教室里才就医。去年11月29日，海欣被确诊为急性单核细胞白血病，随即住进廊坊市中医院。

海欣患病后，幼儿园为海欣捐款8000元，孩子们拿的都是压岁钱。廊坊市所有媒体都接到了求助请求，一位孩子家长致电本报：虽然刘海欣任教时间不长，但家长和孩子们非常喜欢她，家长们都想帮助她。病床上的海欣引起了关注，众媒体进行了翔实报道，廊坊中心血站等企事业单位为她捐款两万余元，一些热心人在网络上为她呼吁，募捐3000余元，大家都把关切的目光投向这个面对死神的美丽生命。

在各界关注下，海欣的病情有了缓解，2006年春节在家里度过。考虑到以后的造血干细胞移植，她的姐姐、弟弟，还有五个热心人，都做好了为她配型的准备。北京"点击查看北京"及"更多城市天气预报"的一个音乐人准备在海欣病情稳定后，为她做一张音乐专辑，以筹集巨额手术费。这些关爱，在海欣的心里，化成

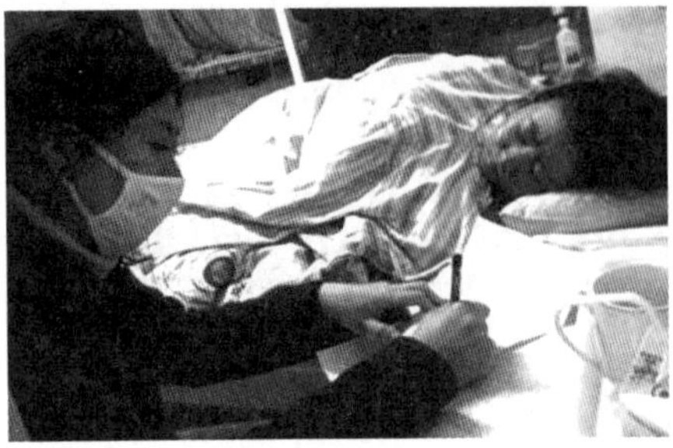

了不尽的春雨。海欣也曾冷静地想到了死亡，如果有一天生命终结，她将如何回报这浓得化不开的关爱？她想到了捐献眼角膜，并得到了全家人的同意。

正月初七，海欣的病情突然出现反复，很快进入危急状态。2月28日，她被转到天津，当天医院就下达了病危通知书。目前，刘海欣的医疗费用已近10万元，其中主要是借款和部分社会捐赠。垂危之际，海欣要姐姐代她在捐献眼角膜志愿书上签下名字，这位美丽的女孩要把光明留给她热爱的世界。D

刘海欣：美丽女教师遗爱在人间

她是廊坊市的一位幼教老师，却面临突患白血病的厄运。在垂危之际，她决定身后捐献眼角膜，并最终成为我省最年轻的角膜捐献者。在美丽的生命猝然结束时，她没有抱怨、没有颓丧，而是选择了坚强面对，并以另一种方式延续了自己的善良。

事迹回放

2005年11月29日，在廊坊市华夏经典幼儿园任教的刘海欣被确诊为急性单核细胞白血病，随即住进廊坊市中医院。海欣的父亲因车祸去世，母亲靠低保生活，弟弟当兵，姐姐打工，日子过得很紧，她一直省吃俭用，一开始身体出现不适时也扛着不去医院。

海欣患病后，幼儿园为海欣捐款8000元，孩子们拿的都是压岁钱。一位孩子家长致电本报记者：虽然刘海欣任教时间不长，但家长和孩子们非常喜欢她，大家都想帮助她。病床上的海欣引起了关注，多家媒体进行了翔实报道，廊坊中心血站等企事业单位为她捐款2万余元，一些热心人在网络上为她呼吁、募捐，大家都把关切的目光投向这个面对死神的美丽生命。

住院期间，海欣冷静地想到了死

亡，如果有一天生命终结，她将如何回报这浓得化不开的关爱？她想到了捐献眼角膜，并得到了全家人的同意。

在廊坊住院时，她曾经多次开导一个意志消沉的病友，当得知一个病友把钱花尽后，她把身上的200元钱拿了出来。

海欣的病情突然出现反复，进入危急状态，2006年2月28日，她被转到天津，当天医院就下达了病危通知书。3月2日，在垂危之际，海欣让姐姐代她在捐献眼角膜志愿书上签下了名字。

3月21日，在天津市120救护中心的医护人员的陪同下，刘海欣返回廊坊，进行保守治疗。4月14日5时5分，因咽部感染导致呼吸循环系统衰竭，海欣永远离开了她热爱的人世。

21日12时43分，邢台眼科医院河北省红十字会眼库的医生为她进行了手术，在病房里，眼科医生进行了简单的术前仪式，并致辞：“谢谢你的奉献，我们会让你继续看着这美丽的世界。”海欣成为我省第五例完成眼角膜捐献的志愿者。

11月30日，记者来到海欣生前任教的幼儿园进行了回访，她的姐姐刘海英已在此任教3个多月。去年的这个时候，海欣发病住院，如今她已离开我们7个多月。因为照顾海欣，海英丢掉了以前的工作，幼儿园破格聘她为老师，她也觉得，能替海欣照顾她所牵挂的孩子们，海欣会很欣慰。以前跟海欣搭班的邹仪老师讲起海欣的过往还两眼含泪，她告诉记者，海英、海欣姐妹长得很像，海英工作很努力，性格上、还有与孩子们相处的方式上也像海欣，有时大家觉得，海欣并没有走。海欣所带的孩子们已升到中班，孩子们还记得那个教他们唱歌跳舞的刘老师，但并不明白死亡是什么。他们给记者唱起海欣教的儿歌：“蝴蝶蝴蝶身穿花花衣，飞来飞去在一起，你喜欢我来我也喜欢你，跳舞唱歌做游戏……”

报道影响

3月4日，本报对刘海欣事迹进行报道后，全国读者被刘海欣所感动，网络上祝福如云。搜狐网还专门开辟了海欣专区，网友们用上万条祝福挽留这个美丽的生命。河北、天津多家媒体连续关注海欣病况。保定一血液病药品生产商向海欣免费提供药品；石家庄某织布厂组织员工到医院体检，为海欣日后的造血干细胞移植做准备；廊坊一家具厂也组织员工为海欣捐款。

沈阳的张铁鹰先生是下岗人员，看到本报报道后，他乘火车从沈阳连夜赶到天津，为海欣送来价值2000余元的营养品，当时海欣正在治疗，张先生没能看海欣一眼就坐车返回了。北京的一位博士后从广东请来专家携带最新药品赶赴天津救助海欣。黑龙江一位下岗女工把2000多元钱的营养品送来。天津市一位10岁的孩子赶到医院，送来1000元压岁钱。海欣在天津住院期间，许多企业、学校为她组织义卖、捐款，许多热心人表示愿意为她捐献骨髓。许多天津市民赶到医院，只为在门口看海欣一眼……

关于刘海欣

2006.03.04《美丽女教师欲捐眼角膜》
2006.03.04《刘海欣事迹引发热评》
2006.03.13《美丽的“感动”仍在持续中》
2006.03.26《挽留那双美丽的眼睛》
2006.04.15《伊人虽远逝，光明留人间》

■感动热线

看到过刘海欣的照片，人与她的心灵一样美丽，她的举动更让人感动。

——网友紫色的猫

海欣，你把爱撒播在这个世界，老天会眷顾你的，我们虽然没有见过面，但我们的心却连了一起，相信爱会托起你那美丽的生命……

——网友爱的蕴藏

（注：刘海欣入围2005年度“感动河北”人物）

"关注外地棉农案"系列

棉花被偷反被偷棉者纠缠　异地种棉频遭恶势力侵犯
为保收成，河南棉农跪求小偷

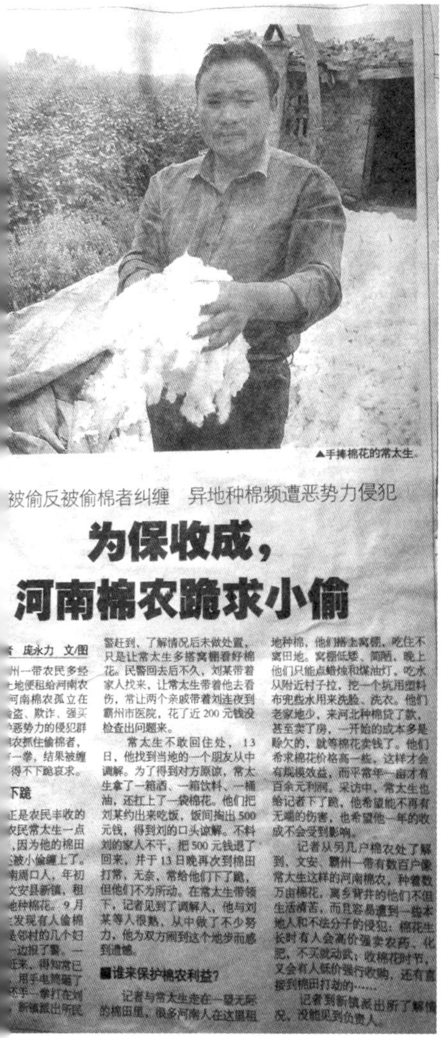

▲手捧棉花的常太生

被偷反被偷棉者纠缠　异地种棉频遭恶势力侵犯

为保收成，河南棉农跪求小偷

庞永力 文/图

下跪

警赶到，了解情况后未做处置，只是让常太生多搭窝棚看好棉花。民警回去后不久，刘某带着家人找来，让常太生带着他去看伤，常让两个亲戚带着刘连夜到霸州市医院，花了近200元钱没检查出问题来。

常太生不敢回住处，13日，他找到当地的一个朋友从中调解。为了得到对方原谅，常太生拿了一箱酒、一箱饮料、一桶油，还扛上了一袋棉花。他们把刘某约出来吃饭，饭间掏出500元钱，得到刘的口头谅解。不料刘的家人不干，把500元钱退了回来，并于13日晚再次到棉田打常，无奈，常给他们下了跪，但他们不为所动。在常太生带领下，记者见到了调解人，他与刘某等人很熟，从中做了不少努力，他为双方闹到这个地步而感到遗憾。

■谁来保护棉农利益？

记者与常太生走在一望无际的棉田里，很多河南人在这里租地种棉，他们搭上窝棚，吃住不离田地。窝棚低矮、简陋，晚上他们只能点蜡烛和煤油灯，吃水从附近村子拉，挖一个坑用塑料布兜些水用来洗脸、洗衣。他们老家地少，来河北种棉贷了款，甚至卖了房，一开始的成本多是赊欠的，就等棉花卖钱了。他们希求棉花价格高一些，这样才会有规模效益，而平常年一亩才有百余元利润。采访中，常太生也给记者下了跪，他希望能不再有无端的伤害，也希望他一年的收成不会受到影响。

记者从另几户棉农处了解到，文安、霸州一带有数百户像常太生这样的河南棉农，种着数万亩棉花，离乡背井的他们不但生活清苦，而且容易遭到一些本地人和不法分子的侵犯：棉花生长时有人会高价强卖农药、化肥，不买就动武；收棉花时节，又会有人低价强行收购，还有直接到棉田打劫的……

记者到新镇派出所了解情况，没能见到负责人。

本文报样

文安、霸州一带农民多经商，闲下来的土地便租给河南农民种棉花，因河南棉农孤立在外，频繁遭遇偷盗、欺诈、强买强卖，成为各种恶势力的侵犯群体。近日，一棉农抓住偷棉者，争执中打了对方一拳，结果被缠住不放，最后不得不下跪哀求。

棉农向小偷下跪

金秋来临，正是农民丰收的季节，而河南籍农民常太生一点儿也高兴不起来，因为他的棉田来了小偷，而且还被小偷缠上了。

常太生是河南周口人，年初与妻子二人来到文安县新镇，租了某村的100亩地种棉花。2006年9月12日晚，常太生发现有人偷棉花，上前后得知是邻村的几个妇女，常一边质问一边报了警。一妇女的家人刘某赶来，得知常已报警后非常生气，用手电筒砸了常的头一下，常还手一拳打在刘的腹部。这时候，新镇派出所民警赶到，了解情况后未做处置，只是让常太生多搭窝棚看好棉花。民警回去后不久，刘某带着家人找来，让常太生带着他去看伤，常让两个亲戚带着刘连夜到霸州市医院，花了近

200元钱没检查出问题来。

常太生不敢回住处，13日，他找到当地的一个朋友从中调解。为了得到对方原谅，常太生拿了一箱酒、一箱饮料、一桶油，还扛上了一袋棉花。他们把刘某约出来吃饭，饭间掏出500元钱，得到刘的口头谅解。不料刘的家人不干，把500元钱退了回来，并于13日晚再次到棉田打常，无奈，常给他们下了跪，但他们不为所动。在常太生带领下，记者见到了调解人，他与刘某等人很熟，从中做了不少努力，他为双方闹到这个地步而感到遗憾。

谁来保护棉农利益?

记者与常太生走在一望无际的棉田里，很多河南人在这里租地种棉，他们搭上窝棚，吃住不离田地。窝棚低矮、简陋，晚上他们只能点蜡烛和煤油灯，吃水从附近村子拉，挖一个坑用塑料布兜些水用来洗脸、洗衣。他们老家地少，为来河北种棉贷了款，甚至卖了房，一开始的成本多是赊欠的，就等棉花卖钱了。他们希求棉花价格高一些，这样才会有规模效益，而平常年一亩才有百余元利润。采访中，常太生也给记者下了跪，他希望能不再有无端的伤害，也希望他一年的收成不会受到影响。

记者从另几户棉农处了解到，文安、霸州一带有数百户像常太生这样的河南棉农，种着数万亩棉花，离乡背井的他们不但生活清苦，而且容易遭到一些本地人和不法分子的侵犯：棉花生长时有人会高价强卖农药、化肥，不买就动武；收棉花时节，又会有人低价强行收购，还有直接到棉田打劫的……

记者到新镇派出所了解情况，没能见到负责人。D

“河南棉农跪求小偷”追踪：

文安警方力保棉农利益

本报9月15日对河南棉农遭不法侵害进行报道后，引起文安县警方高度重视，立即派员了解案情，依法作出处理，并推出4条措施，加强对棉农权益的保护。

警方经调查取证，依法对盗窃棉

花的村妇郑某给予行政拘留7天的处罚。郑某的丈夫刘某因殴打棉农被处以500元罚款，其子殴打棉农被行政拘留10天并处500元罚款。棉农常太生因为发现郑某盗窃后对其殴打，被处以500元罚款。警方同时推出4条举措：一、在县电视台播发讲话，呼吁棉农在遇到不法侵害时及时报案，勇于检举违法行为，同时对觊觎棉农利益的不法分子提出警告。二、为便于工作，以前警方曾绘制棉田平面图，在此基础上，再对棉农进行一次拉网式走访，熟悉棉农的情况，加强与棉农的联系，同时加强棉田治安巡逻。三、刑侦部门介入调查，对强行推销农药、化肥及低价强购棉花的不法分子给予严厉打击。四、与驻文安县河南棉农协会联系，全方位维护棉农利益。D

三万五千斤新棉被付之一炬

廊坊又发侵害外地棉农恶性案件
面对10万余元损失棉农泪水长流

2006年9月15日，本报报道了在文安县的河南棉农为保收成跪求当地小偷放自己一马的事件，此事引起广泛关注，文安县相关部门随即采取了整治措施。10月6日，大城县又发生侵害外地棉农案件，强买不成后当地不法分子竟放火将3.5万余斤棉花恶意焚毁，给棉农造成近10万元损失。

昨日下午，记者赶到大城县西马村，见到了在该村包地种棉花的河间市农民郝书国、任同林等人。他们共7户30多口人，今年来到大城县种棉花，承包了西马村的800余亩地。棉花进入收获期后，当地人付某开始到棉花地里敲诈勒索。付某要求，棉花须通过他卖出。棉农自己交棉花一斤应高于两元八角，而付某给价两元五六，一斤就榨取两角钱，按每亩产300斤计算，付若得逞非法利润惊人。如不通过付某卖棉，付就要求从中抽钱。付某一直威胁棉农，称自己关系众多，如不听他的，就放火烧棉，让棉农尝尝厉害。

郝、任两家分别承包了162亩、70亩地。10月6日，棉花已摘了一半多，大概3.5万余斤。下午3时许，付某带着两个人过来，郝、任二人不在，只有几名妇女在。付某要装两袋棉花带走，妇女们没答应。付称不给就点（火烧）了，说着便真的打着了打火机，点着一团棉花并扬开。当时风力不小，火迅速蔓延开来，浓烟滚滚。人们努力扑救，但两大垛棉花还是烧了起来。接到报案后，110 与 119 先后赶到，在消防车的喷射下，火才熄灭。但棉花大部分已烧成灰，剩下的也熏黑、熏味，根本卖不出去了。

郝书国的妻子是个哑巴，她扑在黑乎乎的棉花堆上咿呀着，泪水长流。老郝满面悲愁，50 多岁的他贷款借债带着全家人来种棉花，如今收成损失大半，他不知道以后日子怎么过，银行的钱怎么还？

燕赵都市报
三万五千斤新棉被付之一
廊坊又发侵害外地棉农恶性案件　面对10万余元损失棉农泪水长流

本文报样

事后，大城县公安局立即立案，由大广安乡派出所负责侦办。记者来到大广安乡派出所，负责人不在，值班人员称付某放火后已潜逃，局里知道这个案件。记者与大城县公安局联系，但截至记者晚间发稿时，该局未作答复。

“三万五千斤新棉付之一炬”追踪：

大城“烧棉案”嫌疑人全部归案

迅速获赔外地棉农破涕为笑

2006 年 10 月 15 日，天空虽然浓雾弥漫，大城“烧棉案”受害棉农郝书国、任同林两家人心中却晴空一片，露出了笑脸。记者从大城县公安局获悉，“烧棉案”三名嫌疑人已全部归案，此前，受害人已一次性拿到了全部赔偿款 83000 元。

10 月 6 日，犯罪嫌疑人付某与许某、路某三人到棉田压价强买棉花未果，付将棉垛点燃，烧毁棉花 35000 斤，直接经济损失 83000 元。10 月 10 日，大城县委、县政府迅速召开紧急会议，听取案情侦破进展汇报，贯彻廊坊市市委、市政府对案件的指示精神，要求公安机关限期破案，并重申对外地棉农的保护措施，杜绝类似事件发生，绝不让外地棉农受损失。

大城县公安局副局长刘庆光向记者介绍了案情侦破情况：按照上级部署，大城警方成立了专案组，对三名在逃犯罪嫌疑人可能藏匿的地方进行拉网式搜捕，并进行了网上追逃。警方在县电视台播发案件通告，乡、村干部配合警方做犯罪嫌疑人家属工作，敦促犯罪嫌疑人投案自首，并积极动员犯罪嫌疑人家属先行赔偿受害棉农损失。10 月 12 日下午，两户棉农一次性拿到了全部赔偿款 83000 元。10 月 13 日、14 日，迫于警方与社会压力，涉案人员许某、路某与付某先后归案，三人因涉嫌损坏财物罪被刑事拘留。

记者再次来到郝书国、任同林两家的棉田，与上一次的悲愤、绝望相比，他们的心情已非常轻松、平和了。县里对此案非常重视，县委书记与县长来到田头，给他们送来 2000 元慰问金。赔偿款很快到位，嫌疑人全部落了网，是他们所想不到的。他们还得知，警方进一步加强治安联防力量，为外地棉农每户落实一名治安联络员，全天保持联系，防范与监护并重，让他们很是放心。

记者了解到，棉农出外包地种棉花，虽然辛苦，但收入还是比在老家多。当地农民因出租地受益，不少妇女帮着拾棉花也能增加收入。由于外地棉农的加盟，棉花生产成为当地农业的支柱。这也是一个多方受益的模式。

记者在棉田里采访任同林的妻子，她告诉记者，今年没有冰雹，棉花收成不错；案件侦破后，经济上没有受到损失。她说：“事情这么快就解决了，我们吃了定心丸，明年我们还留在这里种棉花。”她舒心地笑了。D

回顾：

外地棉农维权引来总理关注

写下这个回顾题目，虽然时间已过去了将近 10 年，记者还是一下子就回到那成洼连片的棉田。记者出身农家，父母也曾多年在责任田种几亩棉花，供我们上学、贴补家用。棉花是经济作物，种起来既琐碎又劳累：间苗（一尺一棵）、拿（不长棉桃的）疯杈、（压株高憋桃）打尖儿、喷农药灭棉铃虫、一朵一朵摘棉花……

烧棉案并非孤例，棉农跪求小偷

2006年10月10日，记者采访报道了来大城县包地的外地棉农《三万五千斤新棉被付之一炬》。其实关于外地棉农被当地无赖（也多是农民）欺负并不是孤例。廊坊南部大城、文安、霸州一带，本地人多做生意、打工，很多田地被空闲了下来，河南、沧州等地的农民过来包地种棉，挣个辛苦钱儿。

同年9月14日，记者接到在文安县包地的河南棉农投诉：因孤立在外，频遭当地恶势力欺诈、偷盗。12日晚，棉农常某抓到附近村子来偷棉花的几个妇女，妇女的家人赶来，动手打常某，常某回了一拳，对方就此不依不饶，常某托人、送钱都不行，最后万不得已向小偷的家人下跪央求。

记者随即驱车赶到文安县采访。在常某所承包的棉地田头，记者的车不慎与当地村民的一辆面包车剐蹭，对方不分谁的责任，狮子大张口要赔偿；记者据理力争，他就到附近家户打电话叫人。想到可能被围攻、勒索，记者遂开车先行离开，虽有些狼狈，但躲开了随后赶到的几个彪悍村民。记者随后找到当地公安反映情况，于次日以《为保收成，河南棉农跪求小偷》为题报道此事，侵害外地棉农者很快被依法处理。

面对大火，棉农泪水长流

连记者都有败走麦城的尴尬遭遇，当时在廊坊南部包地的外地棉农处境可见一斑。当年10月，在大城县西马村，包地种棉花的河间市农民郝书国、任同林等人，遭到当地人付某敲诈勒索。付某要求棉花须通过他卖出，棉农自己交棉一斤应高于两元八角，而付某给价两元五六角，一斤就榨取两角钱。郝书国、任同林等共7户30多口人，来到大城县种棉花，承包了西马村的800余亩地，按每亩产300斤计算，付某若得逞就得五六万元不义之财。如不通过付某卖棉，付就要求从中抽钱。付某一直威胁棉农，称自己关系众多，如不听他的，就放火烧棉，让棉农尝尝厉害。

10月6日下午，地里的棉花已摘了一多半，大概35000余斤，就堆在田头。付某带着两个人过来，只有几名妇女在。付某要装两袋棉花带走，妇女们没答应。付称不给就点（火烧）了，说着真的打着了打火机，点着一团棉花并扬开。当时风不小，火迅速蔓延开来。人们努力扑救，但两大垛棉花还是烧了起来。接到报案后，110与119先后赶到，火才熄灭。但棉花大部分已烧成灰，剩下的也熏黑、熏味，根本卖不出去了。

10月9日，记者赶赴烧棉现场，贷款借债的男人低头不语，女人坐在黑乎乎的棉堆上泪水长流。次日，《燕赵都市报》在头版重点报道了此事，引起了广泛关注。每日关心农业的国务院总理温家宝就此作出批示，农业部、纪检委等部门迅速做出反应，要求当地迅速查办，并举一反三、查找监管漏洞。廊坊市市委市政府高度重视，多次召开专题会议，就抓捕逃犯、做好善后工作进行安排部署，要求大城县委县政府组织公安干警全力以赴抓捕犯罪分子，慰问受害棉农，本着先赔偿、后处理的原则，尽快赔偿棉农的经济损失。

12日，3名犯罪嫌疑人落网归案，由其家属筹措赔偿金8.3万元，一次性赔偿给了受害棉农。大城县领导来到田头慰问棉农，送去慰问金；并部署由各乡镇派出所对外来租种棉田的人数、位置、涉及村街、联系电话等情况详细登记造册，同时充实了治安巡防队，为所有外地棉农、菜农每户落实一名治安联络员，24小时保持联系，维护好外地棉农、菜农的切身利益。

保护农民利益是国之根本

大城县烧棉案，连同之前的文安县“棉农跪求小偷保收成”案，在媒体的关注下，在各级政府的督办下，等到了圆满的解决。记者了解到：截至2015年，中央每年发布的“一号文件”都是关注农业与农民的主题，已连续12年了，其中2004年是农民增收、2005年是提高农业综合生产能力、2006年是建设社会主义新农村……这也是当年发生在廊坊田间地头上的事儿，之所以能引起日理万机的总理关注的原因。

2015年11月11日，国务院总理李克强主持召开国务院常务会议，确定了稳定粮食生产、增加种粮收入的措施，严查“打白条”、压级压价、防止“卖粮难”“三箭齐发”，以保障粮食安全和农民利益。毋庸置言，现代中国是从农业发展而来的，我们常说“向上数几代，大家都是农民”。农民身处底层，但他们是我们的父母，不应被漠视、歧视甚至欺凌；农村哺育了城市，它不应该衰败，面对着不断拉大的城乡差距，面对着我们整个社会的基石，我们应该用心去维护，不要丧失了最初的家园。

——2015年12月8日《燕赵都市报创刊20年特刊》

“贵州小伙病卧廊坊想娘亲”系列

老乡朋友危难之时伸援手 贵州小伙病卧廊坊想娘亲

24岁的贵州小伙易庆虎突患结核性脑膜炎，在廊坊医院生命垂危，家庭困难而又无助的他，得到老乡、朋友及很多热心人的救助，病危之际，易庆虎非常想见到十年前离家出走的母亲。

而为实现易庆虎的心愿，两个好心人专程赶赴江苏，凭着极少的线索，为他寻找妈妈。

好心人危难之时伸援手

2007年5月20日，在廊坊市人民医院感染病房，记者见到了住院接受治疗的易庆虎。易庆虎是贵州晴隆县人，曾在东方大学城某院校学习，因患病辍学。两年前，易庆虎出现结核感染，由于家庭贫困，治疗不彻底，近日，易庆虎浑身乏力、头疼、眩晕，为了省钱，他硬扛了七天，后来被老乡发现送到医院，被诊断为结核性脑膜炎，医生当天晚上就下了病危通知书。医生告诉记者，易庆虎刚住院时，出现颅高压症状，头痛、呕吐、神志不清，随时有生命危险。经过治疗后有所缓解，但仍未脱离危险期。

易庆虎在廊坊边打工边自学，经济窘迫，病倒后全靠老乡与朋友帮助。住院时，几个手头也不宽裕的老乡为他凑了1000多元钱。易庆虎有个老乡名叫罗健，通过罗健，他结识了做教师的许宏、杨柳，开日用品商店的徐兴习。知道易庆虎病重后，这些热心人也为他跑前跑后、呼吁捐款。易庆虎的情况被贴到网络上，一些热心网友赶到医院，为其捐款近万元。目前，几个老乡轮流到医院照顾易庆虎，感动着医护人员及其他患者。

想见离家十年的妈妈

据了解，易庆虎家中还有两个年幼的弟弟，爷爷奶奶已年迈，由于家庭贫困及父亲酗酒粗暴，在他14岁的时候，妈妈匡其琴离家出走，十年没有音信。易庆虎的父亲则更加颓废，现已精神失常，年幼的易庆虎一边照顾家庭，一边发愤读书。这次易庆虎病倒后，家里没人能过来看他，他更加思念离别多年的妈妈，多次失声哭泣。易庆虎告诉记者，他的妈妈非常漂亮、能干，离开家庭也有苦衷，他不怨恨妈妈，只想自己长了本事挣了钱，让妈妈过上好日子。他现在非常想见妈妈一面，如果妈妈另组家庭，他不会打搅纠缠妈妈的。

老乡与朋友的无私帮助，已使易庆虎感激万分。为了圆易庆虎见见妈妈的梦，徐兴习与许宏决定再次帮助他。他们经过打听得知，匡其琴目前在江苏省宿迁市的一个乡镇，徐兴习与许宏恰好是宿迁人，他们决定回家一趟发动亲朋寻找匡其琴，告诉她易庆虎的思念之情，希望她能来廊坊看望儿子。

据了解，虽然徐兴习与许宏仅有匡其琴以前用过的一个电话号码，但他们为了病床上的易庆虎，不怕周折，已于昨日下午踏上了赶往宿迁的列车。而易庆虎则正处在母子相见的期待中。

“贵州小伙病卧廊坊想娘亲”追踪：

易庆虎见到离散十年娘亲

2007 年 5 月 24 日 9 时，经好心人徐兴习千里寻访，贵州小伙易庆虎离散十年、病中万分思念的妈妈来了，在病床前妈妈用手轻抚着易庆虎的头，母子俩相对泪流。一同来廊探望的还有易庆虎的继父侯志权及其同母异父的妹妹，特殊的一家人相聚在病床前，易庆虎感动地说：“美好的东西最终还是属于我了。”

妈妈心怀愧疚

昨日 8 时，妈妈匡其琴一家三口从打工地——江苏镇江乘坐火车来到廊坊。来到廊坊市人民医院后，易庆虎正在进食，为了避免给他带来过大的刺激，匡其琴一直等到他输上液以后才走进病房。匡其琴眼里一直闪着泪光，她告诉记者，得到消息后她一夜都没睡，“哪有父母不惦记孩子的？”由于前夫的酗酒、粗暴，她离家出走，那年易庆虎正考初中，一下子没有了母爱，小小年纪担起了家庭的重担，她从心里一直深深愧疚，觉得对不起孩子。她恨不得一下子飞到廊坊，但又不知怎样出现在儿子面前。儿子从小就很懂事，在廊坊举目无亲，全靠好心人帮助，做妈妈的想起来心就疼。

继父要为易庆虎挣钱治病

匡其琴离家后四处打工，认识了丧妻的侯志权，二人重组了家庭。侯志权是理解、体贴她的，虽然她不回贵州，但家里三个儿子的消息她也经常打听的。三年前，二儿子出了车祸，侯志权背着她寄去1400元钱治病，她给娘家打电话后才知道。侯志权不善言谈，在匡其琴心目中他十分老实、宽厚。接到徐兴习电话后，匡其琴还在上班，他先找到工地老板，说“家里孩子病了”，要求提前结算工资；匡其琴回家后，他等她吃完饭才告诉她，怕她听到消息后急得吃不下饭。他们是很恩爱的。朴实的侯志权把易庆虎当成半个儿子，称自己也有责任，他们虽然积蓄不多，但会全力进行救治。两人决定，匡其琴带着4岁的女儿留在廊坊照顾易庆虎，侯志权回去继续做工，尽可能多挣钱。

病床前亲情相融

分别十年的母子相见了，由于医生事先叮嘱，两个人都克制着情感。见妈妈流泪，易庆虎反过来安慰她，说自己的病不重，很快就会好起来的。初次见到同母异父的妹妹，易庆虎就觉得很亲切，表示身体好起来后要辅导妹妹学习，小姑娘也脆生生地叫着哥哥。侯志权的眼圈也红了，他与易庆虎没说几句话，但他们之间有种默契。病房里的4个人，手牵手、

6／燕赵/社会

易庆虎病危 其母欲捐儿子角

最后报道

易庆虎昨日在廊去世

眼科医院来不及赶到廊坊，易庆虎没有完成眼角膜捐献

相关稿件

面对面，亲情融合在一起。

另据了解，廊坊市人民医院全体医护人员首批捐款12000元已用于易庆虎治疗，捐款还在进行中。

综述：

2007“感动河北”年度候选人物

徐兴习：千里走单骑为垂危者寻母

24岁的贵州小伙易庆虎病卧廊坊，与易庆虎有见面之缘的徐兴习不仅积极捐款帮助，而且当得知生命悬于一线的易庆虎想见离散多年的妈妈一面时，毅然决定帮助易庆虎圆梦。为此，徐兴习往返于廊坊与江苏宿迁间，行程2000公里，终于让易庆虎临终前见到了娘亲，享受到了亲情。徐兴习的义举感动了易庆虎一家人，也感动了众人。

好心人徐兴习

人物回访

2007年12月2日晚，记者几经周折才联系到徐兴习。他两年前来到廊坊做化妆品连锁经营生意，经常往返于廊坊与江苏间。老徐告诉记者，他与易庆虎并无深交，易与老徐的孩子年龄相仿，很懂事，给他留有一个好印象。易庆虎病倒了，老徐觉得好像是自己的孩子病倒了一样，不帮助心里过意不去，“大家都不是亲人，但这是一个大的社会家庭，世界上需要更多的好心人”。老徐“以前也做过一些小事”，但这次他很用心，特别是帮助一个垂危者，是雪中送炭，他觉得有价值。

老徐并不富有，他出钱出力倒不希望别人感激、媒体关注，他只想为自己的孩子、自己企业的员工做个榜样，有一个正面的影响。得知他做这个事后，孩子曾向别人称他是“伟大的爸爸”，对孩子的成长有益，他就知足了。

事迹回放

24岁的贵州小伙易庆虎曾在廊坊求学，今年5月初，在廊坊做工的他突患结核性脑膜炎，因为身上没什么钱，同时家人在贵州不是老就是病，所以他只能自己咬牙硬撑，六七天的时间在租住处苦熬。当同学、老乡发现易庆虎时，他已被病痛折磨得奄奄一息。

易庆虎住进了廊坊市人民医院，到7月初去世，度过了近两个月的生命时光。作为一个孤苦无助的异乡病人，易庆虎在弥留之际竟远离了悲惨，甚至得到了常人都不能得到的温暖。

住院之初，几个手头也不宽裕的老乡为他凑了1000多元。易庆虎曾通过老乡结识了徐兴习等人，得知易病重入院，这些热心人也为他跑前跑后、呼吁捐款。生命悬于一线时，易庆虎心里还有一个深重的情结：想念妈妈。由于家庭贫困及父亲酗酒粗暴，在易14岁的时候，他的妈妈匡其琴离家出走，十年没有音信。

易庆虎的这个愿望令徐兴习心有触动，徐兴习在为他几次捐款后，决定帮他圆梦。经过向易庆虎的亲戚打听，徐兴习得知，匡其琴在江苏省宿迁市的一个乡镇，仅掌握匡以前用过的一个电话号码。徐兴习恰好是宿迁人，他决定回家一趟，发动亲朋寻找匡其琴，告诉她易庆虎的思念之情，希望她能来廊坊看望儿子。

5月20日15时，老徐登上廊坊至徐州的火车，买到的是站票，46岁的他硬是站了11个小时，于21日凌晨到达徐州。老徐从徐州转乘汽车，赶到宿迁市时，已是早晨6时。老徐顾不上吃东西，开始沿街打听，终于找到了匡其琴所住的组。匡其琴与其现在的丈夫侯志权出外打工了，离家几百里。侯的哥哥对老徐充满戒备，老徐谎称是记者，进行了入情入理的劝说，希望得到配合，但没有奏效。老徐又迂回着向附近居民打听，终于得到了一些线索。老徐找到派出所，通过民警找到村街干部，得知侯志权与其前妻的孩子在读初一，遂来到学校，从孩子嘴里问出了侯的电话。

老徐拨通电话，详细说了易庆虎病卧廊坊、好心人进行救助、病危之际思念母亲的情况，侯表示理解，告诉老徐匡其琴在做工，晚上才能回来。侯志权的豁达使老徐一块石头落了地，老徐的家离寻找地仅几十里，想到易庆虎的病情与期待，他决定“过家门而不入”，直接返回廊坊。于是，老徐又乘汽车返回徐州，买到火车票后已是17时，此时他已近30个小时没吃东西了。21时，老徐登上返廊火车，一路站到了济南，从窗口买了一个小凳后，才凑合到廊坊，这时候已是5月22日早8时。为了帮易庆虎圆梦，老徐一口气奔波了40多个小时，廊坊至宿迁跑了一个往返，行程2000公里。

报道影响

本报对“贵州小伙病卧廊坊想娘亲”进行了连续报道，易庆虎的遭遇牵动人心，以徐兴习为代表的（徐此后曾当选“河北十大热心肠人”）热心救助群体也令许多人慨然，更多的好心人加入到救助行列，捐款总数达到三四万元，医疗费用基本解决。廊坊市人民医院也数次发动医护人员捐款，并调集专家会诊，尽可能地减免费用。很多人到医院看望易庆虎，一位李女士干脆每天来医院，同易的几个老乡、同学一起照料。每天喂水、擦身体，在耳边鼓励，一直坚持了近两个月，陌路真情甚至超越了血缘。

更令人激动的是，经过徐兴习千里寻人报信，易庆虎的妈妈与其现任丈夫来到了廊坊，还带来了易4岁的同母异父的妹妹，特殊的一家人在病床前泣泪相聚，无尽的思念得到实现，母子间的隔阂一举冰释，直到去世，易庆虎一直沉浸在暖暖的亲情中，他一点儿也不孤独。

报道回顾

2007年5月21日《贵州小伙病卧廊坊想娘亲》

2007年5月23日《老徐帮易庆虎找到娘亲》

2007年5月25日《易庆虎见到离散十年的娘亲》

2007年6月24日《易庆虎病危其母欲捐儿子角膜》

2007年7月8日《易庆虎昨日在廊去世》

“我爸是李刚”案件

闻听伤重同学去世 受伤女孩痛哭失声

“2010年10月16日晚，一辆黑色轿车在河北大学新区宿舍区撞飞两名女生，司机肇事后若无其事，继续开车接其女友，被众多学生及学校保安截获，司机声称是保定某公安局领导的儿子，很是狂妄”，17日，反映河大轿车肇事的帖子在网络传开，引起广泛关注。记者于17日晚赶到河北大学采访得知：女生陈某因伤势严重抢救无效已于17日下午去世。听到这个消息，伤势较轻的女生张某痛哭失声。

17日晚6时，记者来到河北大学新区，见到了工商学院负责宣传工作的王老师。由于事发突然，校方对很多问题采取了沉默、回避的态度。新区现有工商学院等几个院系的两万名多学生，记者在校园内随机采访了一些同学，受访学生全都知道轿车肇事，均表示震惊与愤慨，大家纷纷在网络上跟帖，表示自己的关注。根据学生陈述，帖子上的情节基本属实。据学生反映，轿车撞人后没有停车，司机径直去接女友，返回经过车祸处时，对倒在地上的两名女生不闻不顾。当时伤重的女生已昏迷，伤势较轻的女生呻吟不止，正在锻炼的校武术协会的同学对肇事车辆进行了拦截，轿车最终在生活区南门被拦截住。记者试图进入生活区，被门卫拦住，称“记者与学生无关应请示领导”。记者了解到，进入生活区的车辆必须登记，还需与所找学生取得联系。因为当时值班保安不在，肇事车辆如何进入校园记者不得而知。

记者没有从河北大学了解到两名伤者具体状况，只得与交警联系，由于已下班，事故处理情况尚待了解。几经周折，记者探听到事发当晚两名学生被送到保定市急救中心救治。记者随即赶到急救中心，在骨科了解到，学生张某左腿膝盖骨折，已经转院。在急症观察室记者了解到，学生陈某当晚送到医院时已没有呼吸，经过心肺复苏，有了心跳，但肺部损伤严重，最终于17日下午抢救无效死亡。在急救室医生办，记者看见为陈某拍的X光片还贴在观察板上，而那位如花的女孩已经不在人世。

几经联系，记者拨通受伤女生张某母亲的电话，又来到保定252医院。躺在病床上的张某很虚弱，她与陈某同班，刚读大一，刚开始大学生活，两人关系很好，她很关心陈某怎样了，记者只得如实相告，女孩伤心地哭起来。张某的母亲告诉记者，她接到同学电话后，就从承德家里赶过来了，看到女儿没有大事，心才放下来。她还没见到交警，不知道事故处理的情况，也不知道孩子的治疗费用是谁垫付的。看着张某情绪不稳定，记者没有让她过多回忆车祸的景况，18日她将接受全面检查，心理稳定很重要。D

“手机奇缘”系列

廊坊女孩因小儿麻痹自小瘫痪，生活不能自理，邯郸小伙阳光帅气，两个人通过手机成为聊天好友，这并不奇怪。他们之间产生了爱意，小伙辞掉工作，做通父母工作，来到女孩身边，在周围人们惊讶、敬佩的眼光里，牵着女孩走进婚姻殿堂。目前，小伙悉心照料怀孕的妻子，共同面对生活中的艰难，用真爱擦亮了凡俗的生活——

邯郸小伙牵手廊坊瘫痪女孩

手机聊天聊出大仁大爱情缘

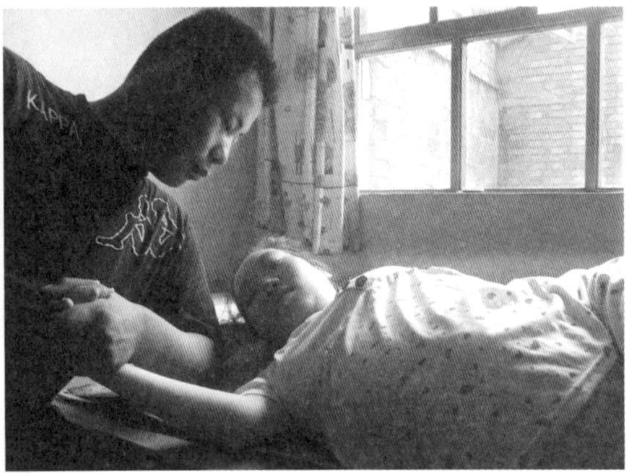

手机聊天连起男孩女孩

2011年8月30日上午，记者来到永清县商武庄村，在一个平常的农家院落，沉浸在瘫痪女孩刘素亚与其丈夫张卫锋的奇异情缘中。

刘素亚今年26岁，出生后不久，她就显出与正常孩子的不同来：小儿麻痹。父母带她到各地求医问药，得到的答复是不能治愈，只能顺其自然，病情可能还会越来越糟。果然，她不能走路，整日瘫在床上，渐渐地，脊柱侧弯，双腿不能伸直了，自己连身都翻不了；两臂也无力，双手只有大拇指、食指还算灵活。

这个农家不但有瘫痪在床的女儿，男主人还患有风湿性关节炎，女主人有哮喘病。在记者眼里，刘素亚并没有多年瘫痪的闭塞、颓废，她顺着床沿侧躺，枕头前摆着电话机、手机、电脑。她从小就很听话，且从心里不想让自己被病体拖住。上不了学，她就借别人的课本看，有不认识的字就查字典，她就这样躺着看完了初中的语文，还一度看中医书籍，研究病理。五年前，哥哥给了她一部手机，她很快就能熟练操作了，不用看键盘就能接打电话、收发短信，等配置了上网工具后，她又能语音聊天了。

2010 年 2 月，在一个手机聊天平台，刘素亚与邯郸小伙张卫锋相遇了。她的网名叫“小流浪猫”，他则叫“特步”。在众多聊友中，两个人逐渐热了起来，相同的爱好、相通的性情、同样不服输的性格，使他们越聊越近，不但相邀进入个人空间，几乎还全天 24 小时上线，那时，张卫锋换了两块手机电池，刘素亚手机一直充着电。张卫锋告诉记者：“就是工余上厕所的空暇，也要跟她说两句。”

婚约饱受双方亲朋质疑

常言道：日久生情。他们因手机聊天，渐渐有了情意。刘素亚告诉记者：“那时我开始纠结了，如果把自己的实际情况相告，对方会不会很快消失呢？毕竟，自己是一个不能自理的瘫痪者，双方的条件有着天壤之别。”她很理智，如果不说明白，对两个人都会是伤害，哪怕终止这一段情缘呢！

记者先了解张卫锋这个人。25 岁的他生长在永年县谭庄村，父母是农民，有个弟弟，家里条件不是很好。他小学没上完就辍学了，他想自己有一把力气了，应该挣钱减轻爹娘负担。他先在本县打工，后到北京干建筑，又回邯郸市，在一家星级酒店干服务员，遇见刘素亚时，他是酒店的保安队队长，工作干得很不错。当得知“小流浪猫”竟是一个卧床多年的瘫痪患者，张卫锋第一个念头是，自己一定竭尽所能把她的病治好。很快，他知道了，那病不可能治愈。

令刘素亚担心的事没有发生，“特步”仍然留在线上，热度有增无减，除了理解之外，还有无尽的牵挂。“我想身残不代表智残、情残，小亚不是一个残人，她要强、坚定、乐观。我要帮助她，给她正常人能得到的爱。知道她不能康复后，我的心更加坚定了。她的身体这个状态，家庭状况也肯定很糟糕，如果我过去，成为这个家庭的成员，那一切就会有所改观。小亚需要我，她应该得到正常人所能得到的一切。”记者探问张卫锋当时的真实想法，他如是说。

2010 年 4 月，张卫锋来到永清县刘家，他可不是来看看，而是来“实习”，看看这个家能不能接纳他。张卫锋一待就是 7 天，刘家的亲朋全来了，对他们两个的事一致持反对意见。素亚瘫在床上连身都翻不了，张卫锋是一个活蹦乱跳的正常人，怎么可能会娶素亚？一开始大家认为，这

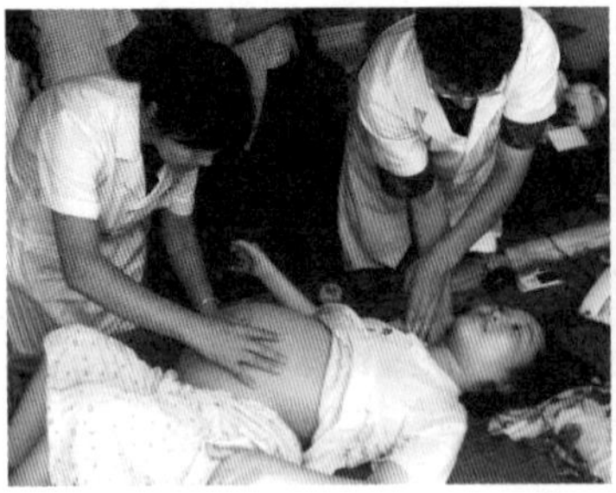
专家上门孕检

产子后回到病房

病床前深情凝望

小伙别有所图，转念一想，素亚有什么让人家可欺骗？大家又担心，两个人一时头脑发热，如果时间一长，肯定会分手。张卫锋对这个家毫不见外，早晨帮妈妈做饭，之后跟爸爸下地，回来还做饭，喂素亚饭，帮她翻身，给她按摩腿。素亚的父母呆住了，这小伙是怎么了，他这样对素亚，是素亚、也是这个家几世修来的福分！

张卫锋返回邯郸时，刘家已经接受了他。回到家里，他把这事告诉了父母。可以想象，他遭到了全家人一致的反对。娶一个一生不能自理的媳妇，怎么养家，怎么过日子？感觉与感情能吃还是能喝？张卫锋告诉父母，他决定订婚了。他说，他长大了，能为自己负责，也能为家人负责，照顾素亚，照顾双方父母，这个担子他能担起来。

张卫锋没有过多谈家庭内部的争吵，他的父亲曾经当兵，是一个包容、开明的人，最终做了让步，他得到了基本的认同。张卫锋又去单位辞职，大家搞不明白，干得好好的，结个婚为啥要辞职。张卫锋又回到刘家，干活，照顾素亚。2010 年 11 月 28 日，二人举行了婚礼。张的父母来到永清，见到了令儿子义无反顾的儿媳，心地善良的素亚得到了公婆的认可，两家人坐在了一起。

爱侣面对病体生育的难关

时间缓缓流逝，张卫锋一直忙完地里忙家里，2011 年年初，刘素亚怀孕了，更加需要照顾，他更离不开了，对于邯郸家里只能是电话问候。6 月，因为心脏病突发，张卫锋的爸爸猝然离世，办完丧事回来，他忙碌间隙想起家里，眼里就满是泪水。

肚子里的孩子一天比一天大，难题也摆在一家人面前。刘素亚身体虚弱，不能自然分娩；如果剖腹产，她脊柱侧弯不能全身麻醉，而局部麻醉存在一定风险。这样特殊的孕妇应去设备先进的大医院，可医疗费又成为难题。村里亲朋知道了，大家捐款3500余元，但加上积蓄，也才有11000元，恐怕不能完成这样有风险的生育。

记者了解到，由于二人户口不在一地，手续验证存在难度，孩子的准生证还没办下来。没有准生证，刘素亚生育就不能享受新农合医保，治疗费用不能按规定比例报销。记者立刻联系刘户口所在地——永清县三圣口乡政府，了解到两人感人的爱情故事及刘家的困境，乡领导非常重视，决定特事特办，尽快为他们办理准生证，以解刘家燃眉之急。

记者同时了解到，张卫锋、刘素亚的爱情故事已经牵动了许多人的心，已有热心人在为他们联系技术先进的医院，再过几天，刘素亚将住院生育，本报将给予关注。D

记者手记

真爱拭亮平俗的岁月

听着张卫锋、刘素亚的讲述，记者的两眼禁不住一热。是什么样的爱情魔力，让小伙子义无反顾开始了这段情缘？

素亚的母亲在一旁，欣慰地笑着。她曾经万分焦虑，女儿这样，以后会有谁照顾她？爹娘到死都闭不上眼呀。连平常村人都认为，对于素亚，张卫锋就是从天上掉下来的“大馅饼”，而对于张卫锋，岂止是“裸婚”，简直就是跳进一个“大火坑”的结合。

这些都是我们惯常的看法。确实，生活如此这般，谁又能七八不论？我们也曾热恋，也曾信誓旦旦，但在现实中无一不喑哑下去，无一不改弦更张地活下去。君不见，有人宁愿在宝马车中哭泣，也不愿与爱人共历风雨。张卫锋遵从了他自己的内心，他与素亚两人，获得了纯金般的真爱，这爱擦拭着我们早已麻木的生活，使它现出了本来的光泽。唯有如此的真爱，才令我们惊异、欷歔，同时又敬佩不已！

相关：

邢台盲女聊天牵手永清小伙
廊坊再上演手机情缘
与“永清瘫痪女牵手邯郸小伙”同一平台

通过某手机聊天平台，河北省廊坊市永清县瘫痪女刘素亚与邯郸阳光小伙张卫锋结下手机奇缘，感动了全国读者、网友（本报曾连续报道），并入选2011年“感动河北”人物。记者了解到，该平台再度在永清县联结美好姻缘，邢台盲女张某与永清县小伙王某已牵手结婚。

“燕阵廊坊”网友街头发现爱

一个月前，“燕阵廊坊”网友北山老井在廊坊街头发现一对情侣：一个小伙子与一位盲女，他们带着一个小女孩，虽显得不怎么般配，却很恩爱的样子。北山老井赶上前去了解，希望为他们摄影，进行网络报道，二人谢绝了，但留下了电话。

根据北山老井提供的电话，记者联系上了他们：邢台市某县的盲女张某与永清县小伙王某。当时北山老井没来得及表明身份，导致他们对于街头搭讪充满戒备。通过几次沟通，记者了解到，他们的牵手是通过某手机聊天平台，而且与去年引发全国关注的“永清县瘫痪女牵手邯郸阳光小伙”系同一平台，他们以前就知道刘素亚、张卫锋的网名，他们是在2011年结婚组成家庭的。

带着女儿来廊坊重组家庭

2012年5月17日，记者驱车来到永清县。在之前的电话沟通中，张某、王某表示，不太愿意被打搅，所以记者跟他们约在公路边。一辆电动自行车骑过来，王某载着张某，还有一个小女孩。记者了解到，张某今年29岁，因为患有白内障，读小学三年级时逐渐失明，目前双眼仅有微弱光感。失明后她基本在家，家里人对她照顾有加，她通过手机的音频聊天，于2010年与王某成为聊友。当时张某有一段失败的婚姻，两岁的女儿跟着她生活，聊天过程中，王某很大度，“他知道我与前夫还有纠结，就说有机会带着我去见他。”

今年33岁的王某也曾有一段婚姻，家境贫寒的他非常努力，但女方却不太会过日子。经过一段时日的聊天，两个人的心贴在了一起，张某的父亲与弟弟来到永清，经考察，认可了王某，2011年4月，二人重组家庭。

目前，为了养家，王某每天起早贪黑地打工，张某则在家里看孩子，做一些力所能及的家务。对于张某的女儿，王某很是喜爱，小女孩告诉记者，“爸爸经常给我买好吃的”。张某表示，虽然日子贫寒，但她觉得两人相爱很重要，为了这个三口之家，她愿意吃苦，找一些手工活来做，把平淡的日子过好。D

综述：

“手机奇缘”张卫锋、刘素亚：

用真爱拭亮平俗岁月

推荐理由：一个阳光帅气的小伙，一个瘫痪多年生活不能自理的女孩，手机奇缘令他们牵手走进婚姻，并分担艰难，诞下爱的结晶。在泛物质化的今天，他们令世人重温大仁大爱，找到真爱的方向。

事迹回放：手机奇缘惊世骇俗

2010年2月，通过一个手机聊天平台，廊坊女孩刘素亚与邯郸小伙张卫锋相遇了。她的网名叫小流浪猫，他则叫特步。相同的爱好、相通的性情、同样不服输的性格，使他们越聊越近，感情也迅速升温。刘素亚因小儿麻痹自小瘫痪在床，犹豫再三，她把自己生活不能自理的境况告诉了张卫锋，希望不要耽误他。

张卫锋却不这样想，他认为：身残不代表智残、情残，小亚不是一个“残人”，她要强、坚定、乐观，还自学了初中文化与网络技能。我要帮助她，给她正常人所能得到的爱。2010年4月，张卫锋来到永清县刘家，一是看望刘素亚，二是表达自己爱的决心。在刘家，张卫锋既细致地照料素亚，同时也帮素亚多病的父母干农活。

这一对极不对等的恋人引发了

众人的质疑，刘素亚的亲朋都想不通：张卫锋为什么主动往“火坑”里跳？现在的人们都很务实，他图素亚什么？他对素亚是不是只有三分钟热情？张卫锋的表白都在行动上，他回到邯郸，把干得好好的酒店工作辞掉，并告诉家中父母，他决定娶瘫痪的素亚为妻。这个想法同样遭到父母的反对：娶一个不能自理的媳妇，今后的日子非但不会得到一点儿帮助与照顾，而且还得花费大量时间与精力照顾她。张卫锋告诉父母，自己不是一时头脑发热，他爱素亚，也能给她幸福，自己成人了，能承担起上有老、下有小的家庭责任。

别人结婚多是憧憬，张卫锋与刘素亚却面对质疑与压力。他们顶住了，他们确定了相互的爱，为了爱，他们愿意面对一切风雨。2010 年 11 月 28 日，这对引人注目的恋人举行了婚礼，牵手走进了婚姻殿堂。

夫妻携手艰难生育

婚后，张卫锋留在了永清县，践行着自己的诺言。2011 年年初，刘素亚发现自己怀孕了，在即将当母亲的喜悦之外，她更多是担心。多年瘫痪使素亚的脊柱侧弯，双腿不能伸直，自己连身都翻不了；两臂也无力，双手只有大拇指、食指还算灵活。这样的身体状况肯定不能自然分娩；如果剖腹产，她脊柱侧弯不能全身麻醉，而局部麻醉存在一定风险。这样特殊的孕妇应去设备先进的大医院，可医疗费又成为难题。村里亲朋知道了，大家捐款 3500 余元，但加上家里积蓄，才有 11000 元，恐怕不能完成这样有风险的生育。

二人没有放弃，不断互相鼓劲。刘素亚将自己的境况发到网络上，引起了各方关注，8 月 31 日，本报重点报道张卫锋、刘素亚的“手机奇缘”，引起各方关注。当地政府特事特办，为他们办理了准生手续；廊坊市中医医院经过上门孕检，制订出素亚的手术方案，决定帮助这对大仁大爱的夫妻。9 月 6 日上午，在廊坊市中医医院，经过妇产、麻醉、儿科专家的通力合作，刘素亚顺利产下一个 6.4 斤重健康男婴，“手机奇缘”结下了爱的果实。

产后，张卫锋将刘素亚母子接到邯郸生活。12 月 7 日，通过电话，记者将候选“感动河北”人物的消息告诉素亚，她很高兴，她告诉记者：目前一家人融融而乐，孩子很健康，已经有 16 斤重了！

历尽坎坷的一家三口

报道反响

自本报率先报道“手机奇缘”后，廊坊市中医医院调集专家，免费为刘素亚接生。全国大量报刊、网站转载，中央电视台《道德与观察》栏目推出专题报道，张卫锋、刘素亚的故事传遍全国，感动了很多在爱情面前迟疑、迷茫的人，大家再次感到了爱情的魅力与人性的大美。

（注：张卫锋、刘素亚入围2011年度“感动河北”人物）

“永清十岁男童独力撑起病危之家”系列

在永清县三圣口乡小朱庄村，有一个特殊的三口之家，母亲离异后瘫痪在床，外公脑梗后老年痴呆，读小学三年级的十岁男童刘浩成了这个家的顶梁柱，每日做着他这个年纪无法想象的事情：择菜、做饭；替母亲、外公换洗衣服；每晚被叫醒几次，为母亲翻身、热敷；每天上学利用大课间飞奔回家，为不能自理的母亲擦屎端尿……

永清十岁男童独力撑起病危之家

不幸的女人：患病，离异，瘫痪在床

2015年5月13日中午，记者来到小朱庄村。陈梅已回到娘家居住，破旧的三间正房。听到记者在院子里叫人，陈梅在西屋喊她的父亲，老人从东屋迎了出来，知道来意后，颤抖着双手连声道谢。

陈梅坐在床上，很快支撑不住，改成双手拄床的爬姿，她的两脚总是不由自主地横过来，疼痛不已。陈梅患的是神经性纤维瘤压迫中枢神经。她今年38岁，下面有一个妹妹，嫁到了廊坊；母亲很早就去世了，她跟着奶奶长大；她读到了初中，2004年嫁到邻村，做工、摆摊做小买卖；2012年查出患病，因为家境困窘无钱治疗，本就冷淡的夫妻关系雪上加霜；2014年5月，夫妻俩通过法院判决离婚。

陈梅告诉记者，“孩子跟了我，法院判决他爸爸每年3000元抚养费，他只给了一千多。由于我要治病，法院判他给我6万元，他只给了15000元，到现在没有了下文。他在外面有不少账，现在电话也打不通了。”

办完离婚手续后，陈梅带着孩子回到娘家。在二人打闹期间，孩子很受影响，一度不爱说话、不爱听课，有抑郁的倾向。她拖着病体赶集摆摊，亲戚不多，只有表妹能帮她；每逢周末，她就带着儿子出摊，她坐着几乎不能动，只是动嘴支应儿子。想不到病情越来越重，一个月前，她彻底不能下床了。

娘家只剩下64岁的老父亲，老人曾经参军入伍，还受过嘉奖；原先给厂子看门，几年前摔倒患脑梗行动不便，同时小脑萎缩，有时犯起糊涂来，不停地咒骂，甚至动手打陈梅娘儿俩。

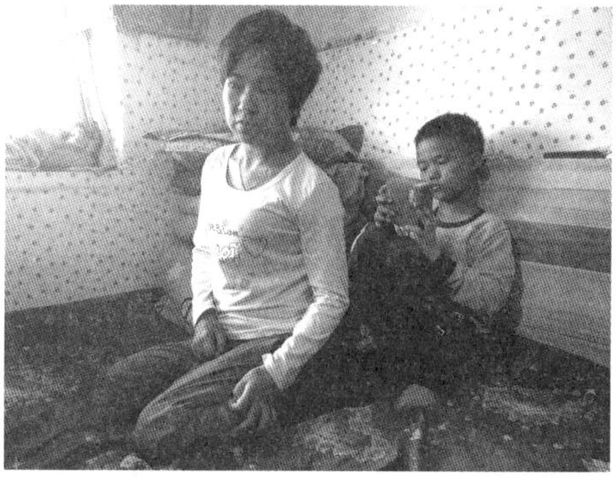

母子相依为命

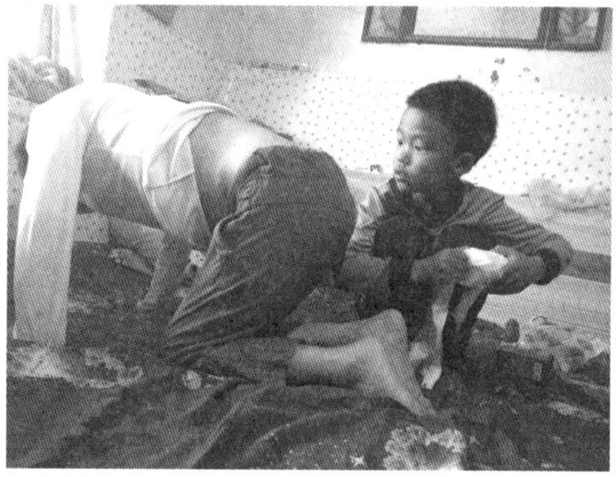

悉心照料病母

洗菜

小厨师的手艺

十岁男童令人心酸的日程表

正说着，刘浩放学回来了。记者还没来得及说话，屋里的陈梅突然大便失禁，急声呼叫。小小的刘浩一闪而过，在母亲的指挥下，褪裤子、擦大便、找出干净裤子，费着劲儿给母亲换上。记者不便进入，听着声音就知道孩子已经做得非常熟练。老人也过去帮忙，拿着脏掉的裤子到水管处洗，女儿的不幸在他心里留下了很大的阴影，他又含糊不清地咒骂起来。

好一阵忙碌，陈梅很是难为情，让儿子在屋里喷一些香水。中午了，刘浩跑出去买回一袋包子来。家里还有青椒，他拿到水管处洗净、掰成片，然后把电饭锅插上电，打鸡蛋，放油，用铲子拨拉着炒熟。时间紧的话，他就煮方便面、挂面，在里面卧鸡蛋。他还会蒸米饭，母亲告诉他放多少米、多少水。

陈梅告诉记者，由于压迫中枢神经，她只能仰面躺着，不能侧身，晚上经常酸痛难当。她只有叫醒儿子帮她翻身，孩子一叫就醒，有时实在太困就闭着眼睛做；不但帮着翻身，孩子还用热毛巾给她敷，减轻她的痛苦。她一种姿势大概能坚持两个小时，所以一晚上要叫醒孩子好几次。不但晚上睡不好，白天孩子也紧绷着，学校在本村，孩子骑自行车，上午、下午第二节课课间，他就会回来，帮忙翻身，看看大小便情况，然后再回去上课。

为了照顾家庭孩子成绩下降

记者来到村小学。每个班级只有一个包班老师，三年级的老师生病不能上班，课由校长李艳明代着。李校长眼中的刘浩“不是很活泼，不旷课，有时迟到，作业完成一般，这与他照顾家里有直接关系”。几位同学也说刘浩不太合群，经常在课堂上发愣，他只有一两个朋友，偶尔也开些玩笑。同学们知道他每上完两节课就跑回家，“大课间20分钟，他一般能赶回来，有时也就晚几分钟”，但不知他去干什么。

一切搞定后，刘浩跟母亲也撒娇，他一下子在床上打起转来。旁边是母亲结婚时买的旧电脑，他也玩一些游戏，毕竟他是十岁的孩子，再压抑他也有着自己的快乐；他大口吃着包子，毕竟他在一天天成长。

记者拉他到院子里聊天，不得不问及一些成人的不愉快的话题：想不想爸爸，想不想回奶奶家，每天这样辛苦累不累，替妈妈清理嫌不嫌脏，现在有什么愿望……

孩子大多含糊着回以“不知道”。父母离婚后，奶奶曾把他接过去，他只待了一天就回来了。每天伺候妈妈他不觉得累，就是“有点味儿”；他要照顾妈妈、外公，他觉得自己已经是一个男子汉了。他希望妈妈能尽快手术，尽快好起来，好跟他一块儿照顾外公。

也就那么一霎，两滴泪挣出了眼眶，但他很快就擦掉了。

“永清十岁男童独力撑起病危之家”追踪：

首次手术成功病母身体大有起色

本报报道后各界人士伸出援手，捐款十万余元

8月24日，永清十岁男童的妈妈陈梅结束在北京医院的手术治疗回到家里，首次进行的颈椎肿瘤切除手术很成功，陈梅能坐了、扭曲的左腿能伸直了、被搀扶着能站立练习走路了。经本报报道，母子俩得到各界爱心人士救助，捐款达十万余元，男童独立撑起的病危之家看见了曙光。

手术进行了7个小时

8月25日上午，《燕赵都市报》记者再次赶赴永清县三圣口乡小朱庄村，一进屋，正好碰上陈梅被其姨妈、儿子小刘浩搀扶着下床，她努力地掌握着身体的平衡，已彻底瘫痪4个多月的双腿颤抖着，但她能站立了，并试着迈步。虽然僵直、疼痛，但陈梅还是满脸欣喜。手术前，由于肿瘤压迫着中枢神经，她不能久坐，经常跪爬着，大半时间只能仰面躺着，不能侧身，左腿弯曲不能伸直，左脚都歪过去了，晚上经常酸痛难当，而且大小便不能自理。每天靠十岁的儿子翻身、按摩僵直的肌肉、擦屎端尿。

陈梅告诉记者，经过几番联系，7月28日，她住进北京空军总医院，经过一周左右的检测，进行了首次手术。她患的是神经性纤维瘤压迫中枢神经，压迫着颈椎与腰椎，首次手术切除颈椎处纤维瘤。经查，她的椎管已有三分之二被挤压，手术风险很大，进行了7个小时，纤维瘤被切除。手术后效果立竿见影，她能坐起来了，医生说经过休养、锻炼，很快可以下床行走、生活自理了。医生告诉她，腰椎处的纤维瘤压迫着左肾，经过一段时间调整，可以进行第二次手术，腰椎手术风险较小，如不出意外，她可以基本康复。

多个爱心团体上门救助

5月13日，《燕赵都市报》对“男童刘浩照顾病母”进行报道，十岁孩子的坚忍、担当、仁孝引来赞声一片，陈梅离异后瘫痪在床的遭遇也

妈妈能下地了！

得到各界关注，爱心人士纷纷通过本报为他们捐款，大多数人连名字都不留，一些爱心团队赶到陈梅家中，捐款同时还照顾他们生活、帮助联系医院。陈梅把每笔善款都记在一个笔记本上，将给予第二次生命的恩情铭记于心。据不完全统计，廊坊吴秀丽爱心团队捐款11900元、廊坊杨彩霞爱心团队捐款14500元、嘉禾健行企业家俱乐部捐款96000元、北京悍马协会捐款6000元、渤海保险爱心基金捐款3000元、小朱庄村两委捐款1600元……

记者了解到，看到本报报道后，陈梅的小学、初中同学赶过来看望她，同学王芳是老师，班里同学的几位家长得知后，托她带来捐款1800元；为了给小刘浩加油，承德市南营子小学的十几位同学六一儿童节义卖自己的玩具、图书，捐款750元；霸州培萌爱心社两次捐款8000余元，并多次来到陈梅家，帮忙收拾屋子、给他们包饺子，他们还联系廊坊、北京的医院，找车辆送陈梅就医；沧州赵先生通过本报捐款10000元，记者将治疗情况通报给他，他很高兴，但仍不肯透露自己的姓名。

陈梅告诉记者，爱心人士捐款总计10万余元，首次手术花费6万余元，第二次手术估计五六万元，十分感谢爱心人士，她基本渡过了难关。小刘浩看着妈妈，仍然那么腼腆不爱说话，妈妈住院期间他正放暑假，到亲戚家去住了。他相信妈妈很快就会好起来，为他洗衣服、做可口的饭菜。马上就开学了，但他上学期的成绩并不理想，家里会回到原先的轨道，他告诉记者，他会努力把书读好的。

一张张幼稚而迷茫的脸

——燕都记者暗访廊坊城郊传销窝点

2015年6月20日，邯郸男孩张某来到廊坊后与家里失联（《燕赵都市报》曾报道）；7月5日，他找机会逃出传销窝点，告诉家人，半个月的时间，他一直被迫待在安次区小王庄村的一个传销窝点里，经历了一番斗智斗勇才逃脱。根据张某提供的线索，记者对该区域的传销窝点进行了暗访。

传销窝点多藏匿在城郊村庄

7月14日，是入伏的第二天，闷热的午后，记者出现在安次区小王庄村。这个城郊村已经拆迁改造得不剩几户人家，到处在施工盖楼。一位施工人员告诉记者：这附近确实租住着不少传销者，刚刚一拨拨地过去，三五成群，不知道去了哪里。

小王庄紧挨着祖各庄村，还未被拆迁，一个个胡同，一排排平房。记者想起曾几次接到前来寻找孩子的家长电话，索性伪装成家长，因为岁数相当，不太会被怀疑。在一家超市，老板对记者满是同情：经常有外地家长过来找孩子，派出所也老来轰，这帮人走了还来。

有两个男孩站在街边，记者上前询问，回答是河南人，在某大型工厂打工，在村里租房子。那个工厂在廊坊市区东南部，这儿是西南部，记者问他们：“见过一个叫王强的男孩没有，传销找不见了，家里很着急。”他们说没有。记者干脆问：“你们是在搞传销吧？”他们说：“才不是，你看我们穿得很体面。”

“焦灼的家长”得到传销者同情

记者没想到，因为寻找孩子的家长太多，这层伪装不但不被怀疑，反倒得到各方同情。一位大妈偷偷指引记者：那边的一家就住着传销的，是帮不懂事儿的孩子。

记者走到胡同深处，敲门。里面有女孩答话：“我们是住家。”记者干脆挑明：“我是家长，来找一个叫王静的女孩，北京通州的，说在附近搞传销，联系不上了。”女孩答：“院里只住四个人，没有叫王静的。”记者说：“家里很着急啊，我能不能进去？”女孩再次否认没有王静，并说

"叔叔，你别急。"可能是为了证实确实没有王静，让家长放心，问了记者是一个人后，她竟然开了门。

门一打开，记者心里一紧，对传销组织的严密、警惕早有耳闻，进去后不会被识破、被控制吧？女孩却很坦荡，记者便走了进去，院子里有十来个人，几个人正在堂屋坐着，面前有扑克牌。一个男孩迎过来，说真的没有王静，不相信的话可以看看里屋和厢房。记者心里涌过一股暖流，这些孩子都有一张稚嫩的脸，虽然迷茫，但完全知道爸妈找不见孩子的焦急，才对记者这般不设防。记者观察并没有人控制他们，就轻声对男孩、女孩说："没人看着，你们还不快回家？"俩人一脸轻松："没人限制我们的自由，我们想回家就回家了。"

"身份证在发小手里，回不了家"

从传销窝点出来，心情复杂的记者来到辖区派出所，得知所领导与区工商局人员正在另一个村子查处传销，便立刻赶了过去。现场是大同小异的平房，一堆衣服被清到院子里，这个窝点有 14 个人，已被当场遣散。工作人员顺线索到附近的窝点清查，没有查到。

一个男孩过来找自己的衣服，他姓陈，17 岁，甘肃人。自述原先当厨师，一个月前被老家的发小叫过来，

传销窝点四周垃圾遍布

前几天有人看着，5 天后可以给家里打电话。但他没有给家里要钱，而是把积攒的 2900 元工资交了，他们弄一种化妆品，他至今没见过实物。在这里，男的住一屋，女的住一屋，自己做饭，“没什么菜，总吃面条”。

记者问他遣散后怎么办，回家，还是换地儿接着来？他说身份证在发小手里，身上也没什么钱，回不了家。警察当即说可以送他去救助站，替他买票回家。他不接话茬儿，只说没有身份证回不了家。大家就知道他仍然执迷，现场的警察、居民都与他父母同龄，禁不住劝他：“每天打地铺、吃面条苦熬，喊喊口号就能暴富？世上哪有这样便宜的事儿，醒醒吧孩子！”

谁在租房子给传销者?

正说着，一位大姐过来了，她是房主。记者正好想要了解传销者怎样租用窝点。房主称，她刊登了空房出租的信息，有一个女孩打电话，称在某大型工厂打工（跟祖各庄街头男孩说法如出一辙），几位员工合租。房主没要女孩身份证，只有一个电话，房租一个季度一交，2300 元。房子租出去后，她也没过来看过，不知道他们在里面搞传销。工作人员问她：“知不知道出租房屋需要到派出所、居委会备案，需要查验对方身份信息。”她摇头。又问：“知不知道按照相关规定，为传销活动提供住所、活动、经营、仓储等场所的，除没收违法所得，还将处 5 万元以上 50 万元以下罚款。”她喊道：“我这房子才值几个钱？”

记者了解到：当地曾就“出租房屋给传销者”开出罚单，但最终无法执行。打击传销虽然由工商、公安多部门负责，但相关法律制度落实有难度；传销头目非常隐秘、狡猾，抓捕困难；普通参与者不承担法律责任，只能就地遣散，一夜暴富、不劳而获的思想迷惑着大批处世不深的年轻人，打击传销由此陷入反复难绝的困局。D

燕都记者再次探访廊坊传销聚集地——

邯郸男孩“入伙”传销12天机智脱险

2016年4月25日，廊坊市广阳区碾子营村，城中村的街道狭窄坑洼、满布垃圾，不时三五成群地走过一脸幼稚的年轻男女，他们都是传销组织成员，多是被亲戚朋友骗来，有的经过“上课”洗脑已坚信在组织里很快就会成功暴富，有的始终保持着清醒，与看管、监视自己的主管斗智斗勇，伺机逃离……

自己抬水吃的传销人员

家长幸运：在城中村遇见自己孩子

上午9时30分，记者在村口见到从邢台市南和县赶过来的王某及其亲属。4月22日，王某接到在外务工的儿子发过来的短信，称被骗到廊坊的传销组织，每天被监视。几条短信都是一句话，且不让家里联系他，以免被发觉。儿子还发过来一个定位图，在廊坊市广阳道与裕华路交口北行500米东侧。家里人一听就急了，王某患有股骨头坏死行动不便，其哥哥、姐夫、妹夫陪他来到廊坊。他们已经进过村了，由于人生地不熟，他们不敢贸然联系孩子，一时不知如何寻找。

去年7月，记者曾经暗访廊坊市安次区小王庄村的传销组织，了解大致情况：传销人员一般租住在便宜的旧房里，十几个人一个院子，男女吃住在一起；每天集中到附近另外房屋去上课。王某有孩子发的方位图就大大缩小了范围，不像有些没有确切地址的家长找孩子如大海捞针。记者建议他们四人分成两组，进村里去转，特别是早上、中午、傍晚，传销人员从租住处往返上课点的时间，有可能遇见孩子。或打听村里哪些房屋租给了传销人员，逐一敲门。若发现孩子先不要声张，可以报警请求援助。

11时，记者接到王某电话：他们

在街上遇见孩子了！记者返回现场，小王已在长辈的保护下。王某等人在街上转，不期遇上了孩子：他与两个男孩出来抬水，见他被家人叫走，一个男孩想拦没敢拦，另一个掏出电话给人报告。他们把孩子带到村口，心里仍有余悸，小王的手机和行李还在出租屋里，他甚至想不要了。记者告诉小王光天化日有家人在不用怕，记者陪他们进村讨要。这时，有人用小王的手机拨打王某电话，称他们是正常经营，小王可以拿回自己的东西。记者一行来到出租屋所在胡同，小王的行李已被放在路边，旁边没有人；王某等人也不愿进去讨说法，只想带着孩子安全离开。

记者发现，村子被楼群包围着，道路坑洼、满是垃圾，不时见到与小王年龄相仿的男女。两个小伙子用木棍抬着两桶水，记者过去跟他们聊，听他们支吾，便直接问他们为什么不回家，他们不再搭话，径自走了。

男孩机智：应对监视、试探与威胁

一切安稳了。记者与小王聊起陷身传销组织的经历。小王今年19岁，初中毕业后干些杂活儿，去年年底到北京做后厨工作。他在网上认识一个男子，称能给他找到待遇更好的后厨工作。4月13日，他来到廊坊，那个朋友去火车站接他，把他带到碾子营村。“一个院子住十几个人，一个女的住一间屋，男的住一间，没有床，地上铺着泡沫拼图，大家挤着睡。”

小王告诉记者，一开始就是聊天、打牌，再也不提什么后厨了，要他帮忙考察一个项目：在网上卖某种化妆品，交2900元加盟，再拉下线提成。小王心想：坏了，掉进传销里了。小王明白，这些人不会让自己走的，会逐步给自己洗脑。“早上天一亮就起，大家先聊天，还喊口号。上午集中到别的院去上课，有人讲，怎样挣到顶级的23.8万元，下面人要大声应和。有时几十人听讲，最多时三四百人……饭是米饭与馒头，菜是白菜、胡萝卜，剩菜加些水就是汤。大家轮流抬水、做饭，倒是没人要饭钱与住宿费。”

小王说，每个院子都有主管，上课之余跟他聊天，灌输暴富的思想。他没有单独外出的机会，睡觉时手机要没收，上厕所大便也不许带手机，他就趁一点间隙给家里发短信，发完后很快删除，以防被发现换来更严密的监视。他对其他上课者也防备，有一个河南男孩问他想不想跑，他说不想，对方说想跑被抓住的话就不好了。一次主管在院子跟他谈话，之后

离开传销窝点

主管进屋去打电话，留他自己在院子里；他注意到屋里两个人不在了，莫不是到胡同口去把守？他没有跑，一会儿那两个人就进院了。

“打传”长效机制即将出台

儿子脱险了，王某长出一口气，但他仍不无忧虑：这么多孩子被骗进传销组织，租住地环境如此恶劣，天热了不得细菌横生？这个城中村隐藏着大量传销人员，谁在为这些组织提供住处、上课地点？

同样的担忧记者也有。因为紧邻北京，“创业机会多”，房租便宜，廊坊市的传销屡禁不绝，以安次区、广阳区、霸州市、三河市为重，多聚集在城中村、城郊农村。传销组织头目遥控指挥非常隐蔽，不好抓捕；参与者本身也是受害者，一旦被起获，只有将他们教育后遣散。很多参与者已被洗脑，这边查就到那边，查后很快还回来，导致传销难以清除。

记者随后来到廊坊市工商局。廊坊市成立了由工商、公安等多部门组成的“打击传销领导小组办公室”，国务院发布有《禁止传销条例》，其中第二十六条规定：为传销行为提供经营场所、培训场所、货源、保管、仓储等条件的，由工商部门责令停止违法行为，没收违法所得，处5万元以上50万元以下的罚款。记者了解到，传销者多租用廉价的破旧房屋，房屋所有者法制意识淡漠，不执行公安部门流动人口、出租房屋报备手续，不签租赁合同，甚至连租赁者的身份证都不看。待涉及查处，出租者又以不懂法规、没挣几个钱儿为由抵制。

记者了解到，廊坊市近年来持续加大“打传”力度，系统举报量呈下降态势，针对于“打传”的管理空白区、基层防范弱等问题，旨在“各级担责、齐抓共管”的长效机制条款正在制订中。

好心人申敏收养弃婴之惑

申敏是固安县宫村镇的一位普通农民，1998年，仅仅出于一片好心，他收养了第一个弃婴。不料此后，更多的弃婴来到他的家中，而且这些弃婴中有的还是公安、民政部门送来的。在固安，申家已成为事实上的“固安儿童福利院”，县民政局为其中的两个弃婴提供救济，乡民政所每年也救济180元。然而申家这样不计劳累、倾心付出，在法律上可能不符合相关程序。

弃婴一个个来到他家

1998年深秋一个浓雾的早晨，申家发现了第一个弃婴，那时孩子已经奄奄一息，并且唇裂。他们把孩子抱回家，用热水瓶暖，守了4天才保住了孩子的性命。他们给这个男孩取名申博学。博学3个月大时，申家开始为给他治病奔波，前后花了四五千元。

这之后，1999年11月，宫村镇派出所发现一个被遗弃的唇裂男婴，因为固安县没有儿童福利院，派出所听说申家收养着一个弃婴，就去征询申敏的意见，申家没有拒绝，第二个孩子后来取名申博文。

凭空加了两个孩子，对于一个收入一般的农村家庭来说，真是一个不小的负担。申家刚翻盖了房子，借了债，两年下来，房子没装修，欠账也没还。为给两个孩子治病，申敏四处奔波，终于与旨在造福唇裂儿童的“微笑列车”活动组织者联系上，为博学、博文争取到免费治疗的机会。

2002年6月初，宫村镇派出所打来电话，他们又发现一个唇裂男婴，申家又接纳了，取名申博才（后改叫申骏杰）。同年7月27日，派出所又送来“老四”申骏涛，因患先天性腹肌缺损，申敏带着孩子到京城求医，困厄下求助于首都新闻单位，结果北京电视台给予呼吁，当日募得捐款7万余元，孩子有救了！（2002年7月30日、8月7日本报曾陆续报道）

事实上的儿童福利院

由于采访的关系，记者与申敏成了朋友，朴实无华的他给记者留下了深刻的印象。2006年8月20日，记者又一次来到申家，申敏正在马路边的“申敏诊所”里忙。

申敏告诉记者，在“老四”之后，2002年9月3日，派出所送来一个女婴，这个叫申骏英的孩子因病3个月后夭折，11月24日，县民政局送来一唇裂女婴，叫申骏为，加上亲生的一女二子，他们现在有8个孩子！

夫妇俩比以前更加忙碌了。申敏的妻子李凤月为照顾孩子，有时忙得一天只能吃上一顿饭，晚上也不能睡个囫囵觉。原先女儿申大为为照顾弟弟妹妹耽误了上学，现在在石家庄白求恩医学院就读，大儿子申美涛读初三，小儿子申大山读小学三年级，3个亲生孩子每年上学的费用就需要万余元。夫妇俩又要照顾孩子，又要挣钱维持家计，实在忙不过来，就请了一位大夫共同打理“申敏诊所”。

现在得到捐助的老四正在养病中，捐款已转入北京慈善协会，该协会每年为老四拨付5000元生活费（用完捐款为止）。考虑到申家事实上已成为“固安儿童福利院”，县民政局为两个弃婴提供救济，每月306元，乡民政所每年也救济180元。

有人赞叹有人嘲讽

在当地，申敏已是一个新闻人物。收养一个孩子、两个孩子还不够，收养6个！舍家行善，乡村医生申敏的人品令很多人叹服，可也有人不以为然，有朋友就直接骂夫妇俩傻。

申家现已负债4万余元，随着孩子们逐渐长大，负担将越来越重。记者问申敏再有孩子送来怎么办？他说夫妻俩得商量商量，现在经济困难不说，单人力也是问题，疲惫不堪的他们已没有更多的力气照顾好更多的孩子了。

听说记者要拍照，申家乱了起来：这个要洗脸，那个要换衣服，夫妇俩也因为一个要孩子漂亮，一个怕孩子着凉，而争执起来。看得出来，几年的忙累受下来，他们的爱心丝毫不减，这是拥有何等心胸的夫妇啊！

收养不符法律程序?

一心行善的申敏夫妇还遇到了另外一个难题。当地有一种说法是：“如此收养可能违背法规，在某种程度上也纵容了遗弃犯罪。”

首先，遗弃婴儿是一种犯罪，孩子尤其是残疾儿童的父母不履行抚养义务，将负担甩给社会，应予严惩。公民一旦发现遗弃婴儿，应立刻报案，作为刑事案件由警方立案侦查。遗弃婴儿者，最高可处以5年以下有期徒刑。警方查找不到亲生父母的弃婴，由公安机关转交民政部门，由民政部门所属社会福利机构抚养或指定收养人。符合条件的收养者在民政部门登记后实施收养。

固安县民政局救济科负责人赵崇福告诉记者，现在遗弃婴儿案太多，通常没有什么线索。固安县没有相关福利机构，一些收养政策不好执行，只有作些变通，谁愿收养谁收养，民政部门适当给些补助。

对于如此收养可能不符合法律程序一事，申敏说，相关政策他都知道，但他收养的弃婴查找不到亲生父母，所以不受《中华人民共和国收养法》中“收养人无子女和收养一名”条款的限制，虽然他不太具备“抚养教育被收养人的能力”，但公安、民政部门都称，“先养着，等有了合适收养者再补给你相关费用”。实际情况是，不施救孩子就可能会死，所以他们本着先救命、再养活的原则收下了6个孩子。他们有儿有女，并不指望这几个孩子日后报答什么，他说：“关键是一养就有了感情，跟亲生的一样，不能割舍了！”

李凤月在电话里也表达了同样的心情：“你不知道我们在一起有多好，我们都成一体了，谁要弄走一个，我非疯了不可！”

相关：

联合国专员盛赞申敏夫妇扶残救孤胸怀

2007年4月26日，全国政协文史专员、联合国人口基金会一级专员潘君密先生专程赶赴固安县，看望10年来收养6个残疾儿童的申敏夫妇，盛赞这对普通农民夫妇扶残救孤的宽广胸怀。

1998年10月31日，申敏夫妇捡到了一个残疾弃婴，以后又陆续收养了5个残疾弃婴。不顾劳累与经济上的窘迫，申敏夫妇把无私的爱给了这些弃婴，对待他们与对待自己3个亲生孩子一样（本报2003年曾连续报道此事）。申敏夫妇的事迹感动了无数人，不久前，他们当选为“感动廊坊”十大人物。在北京爱心人士的引荐下，潘君密与中残联等有关部门的人员，专程来到固安县西宫村申敏家，看望申敏夫妇和他们收养的孩子。“一对农村夫妇有这样的善举很了不起！”潘君密不住称赞申敏夫妇，并详细了解每个孩子的身体情况和日常生活起居。随行人士为申家一家人捐款并赠送了少儿书籍，孩子们对这些书非常喜爱。

今年 73 岁的潘君密祖籍浙江黄岩，从事外交工作，1979 年进入联合国任职，1993 年至 2003 年，任全国政协委员。多年来，他竭尽全力为祖国和平统一大业奔走，关注社会公益事业的发展。

在处处交通拥堵的当下，大大小小的车祸已不是什么新鲜事了，随之引发的各种争执，令人头疼甚至对簿公堂。在河北省三河市，一场车祸摆在两个普通农家的面前，肇事方责无旁贷地去担当，受害方为对方着想处处宽恕，没经过交警与法院，两个家庭忠厚、朴实的家风使车祸得到圆满解决，并让两家人相处得如亲戚一样……

一场车祸撞出两家“亲戚”来

姚强与父亲看望赵奶奶

深夜车祸：小伙背起被撞老奶奶

2015年7月1日上午，记者来到三河市梁庄子村，见到了肇事者姚强。姚强今年19岁，从三河市一中毕业后到家附近的工厂打工，4月27日晚9时，他像往常一样下了班，骑电动自行车回家。工厂离梁庄子村不远，要走一条没有路灯的乡间公路，经过同属于泃阳镇的郑辛庄户村。小姚告诉记者，当时一辆轿车迎面开过来，开着远光灯，晃他的眼了，他冲路边一扭车把，就撞倒了一个人。

小姚也摔倒在地，脸和胳膊蹭破。他忍着疼痛爬起来，发现自己撞倒的是一个老奶奶，他急忙去扶，老奶奶呻吟着。小姚问老奶奶，得知她就是旁边郑辛庄户村的，又问家住那边，老人朝北一指。小姚慢慢扶老奶奶起来，走了几步她就说头晕，小姚俯身把她背起来。向北走了一百多米，老奶奶缓过神儿来，说方向反了，小姚折回来，又背着走了百十米，老人吐了。得知老奶奶家不远，小姚把她放在路边坐好，急走几步找到老奶奶的四儿子家，进门说：“我碰了你家老人一下，她在路边，咱一块儿去医院吧。”

重症病房：两家人守护一晚

被撞老人名叫赵淑英，82岁高龄了。她的四儿子叫刘东洋，听说此事也没责怪小姚，急忙赶到现场看老人。这时小姚给爸爸姚国良打了电话。姚国良前两年当选了村主任，正和村支书在一起，闻讯一块儿开车赶过来，大家一起把老人送到三河市人民医院。

经CT拍照，医院确诊老人后脑着地，造成扩散性脑出血。本计划立刻送到北京大医院救治，考虑到伤者高龄且车辆颠簸，先送进重症监护室救治。得到消息后，老人的二儿子、三儿子也赶到医院。监护治疗开始后，姚国良与老人的两个儿子留下来照顾。由于事发突然，姚国良只带了3000元，全部交了治疗押金，他告诉老人的儿子："事儿已出了，是我们的责任，该怎么看就怎么看，甭耽误病人，你们别担心。"对方表示："把老人的伤看好就行，我们没有那么多事儿。"双方如此，他们也就没有报警，而是一起守护了老人一晚。

治疗成功：老人主动要求出院

次日，老人的伤势被控制住了。老人后脑有一个伤口，脑内没有太多淤血，两家人悬着的心放了下来。接下来的日子，老人的三个儿子（大儿子在外上班）及家人轮流到医院照顾老人。姚国良有一儿一女，女儿已结婚；姚国良夫妇与儿子、女儿及女婿轮替，每天都到医院看望老人。治疗两天后，老人主动要求从重症监护室转到普通病房，并且不让姚家人每天买东西看望。十来天后，老人觉得已无大碍，没必要在医院花钱了，主动要求出院回家休养。

小姚撞人后没有逃离，反倒背起老太太找家人，让老人与家人非常赞许，老人说："这孩子仁义，我又多了一个孙子！"治疗期间，姚国良又分几次交了一万元治疗费。老人出院时，其家人没有提误工费、营养费及补偿费等，姚国良拿出2000元来，说："我们做到做不到的，这钱给老人补补身子。"老人告诉儿子："不能要人家的钱啊，好了就行了，谁家也不容易。"姚国良不容他们推拒，放下钱就走了。

面对车祸：宽厚家风成亲戚

在姚家采访时，记者能感受到这个家庭的坦荡、和睦。梁庄子村是个仅有400人的小村，当选村主任后家里依然以种地、拉砖为主，姚国良告

因车祸结缘的两家人

诉记者："谁都不愿意出车祸，但该担什么责任就担什么责任，双方别较劲，尤其不能耽误病人。把问题解决了，心里也就痛快了。"记者了解到，2007年，姚国良曾开车撞过一个人，在治疗之余对方提出一些过分要求，姚都承接了下来，共计赔偿11万余元，家里刚攒的积蓄一下子空了。面对这场车祸，姚国良没有过多地责备儿子，只是该做什么做什么。对于被撞者一家的宽容，姚国良非常感动，他告诉记者："他们太通情达理了，一定要夸夸人家！"

记者随姚氏父子一同去郑辛庄户村被撞老人家。在车祸事发地，遇见老人的四儿子刘东洋，双方热情地打着招呼，互相点烟，真跟走亲戚一样。记者了解到，赵淑英老人有4个儿子，老大单身、在外打工，老二、老三、老四就承担起平日照顾老娘的责任，老人在老大的房子里住，轮流到三个儿子家吃饭，老人刚刚崴了脚，儿子们就推自行车每日接送，一片祥和。老人的几个儿子都是普通农民，种地、打工，家境一般，但从来是母慈儿孝、对外谦恭，他们告诉记者："遇上事儿该怎么解决怎么解决，不能讹人，拿了不该拿的钱，让人不踏实。"无独有偶，去年，老三刘东江的女儿骑电动自行车被一辆三轮车撞伤，看完伤后也是不提误工与补偿；老人被撞前，老四刘东洋蹬三轮拉客，被一辆轿车撞翻致伤，他也准备以同样的处事原则处理事故。

刘家母子同样向记者提出，姚家有家教，孩子与大人都仁义，应该表扬。记者一时恍惚，这完全不像以前采访过的大多事故双方，没有紧张对峙、推卸责任、相互指责甚至恶语相向，两家人说着、笑着，真的像亲情暖人的亲朋相聚。

每月农历十五，给全村400多位老人包顿热气腾腾的饺子；号召村民，每月至少给父母洗一次脚。爱心企业家周军阳当选文安县周庄子村党支书后，领引一个村庄转向孝心治村的道路——

吃饺子、洗脚，一个村庄的“孝心标配”

2017年1月12日，农历腊月十五，廊坊的天空令人兴奋的爽晴。与之相配的，是文安县新镇镇周庄子村村委会“爱心家园”里扑鼻的饺子香味，春节将至，全村400余位60岁以上的老人，又吃上了晚辈们包的热气腾腾的饺子。

一个人的善举成为治村方向

上午11时，记者走进几间屋相连的“爱心家园”，被眼前的盛景惊呆：大厅里摆放着三四十张圆桌，老人们陆续从家里赶来，围桌而坐。东侧的十几张圆桌是临时厨房，一袋袋的饺子粉，香油拌好的羊肉馅装了几大盆，三十位妇女揉面、擀皮、包饺子，旁边的圆凳上，是已经包好的二十多盖帘的饺子。东屋一溜大锅，灶塘里劈柴火苗正旺。

“每月农历十五，是传统文化中拜佛敬神的日子，请全村的老人免费吃一顿饺子，在我们心中，父母就是最大的神佛。不管多忙，这一天也要好好孝敬他们。”村支书周军阳告诉记者。2014 年 12 月，周军阳当上了村党支部书记，他出生在村里一个普通的农家，1988 年辍学经商，1996 年成立一家礼仪公司，多年辛劳渐渐有了些积蓄，便开始考虑为乡亲们做点什么了。2011 年，周军阳开始以个人名义为村里 80 岁以上的老人每月发 60 元钱，为五保户和困难户每月发放 100 元；2013 年春节，他给 60 岁以上的老人发放饺子粉和香油；2013 年夏，他组织全村 70 岁以上的老人到白洋淀旅游；2014 年春，他租了三辆豪华大巴，带全村 70 岁以上的老人到北京植物园和颐和园旅游……几年下来，周军阳用于敬老的费用达 160 万元。

2015 年年底，身为村支书的周军阳带领村“两委”，走上了“以孝治村”的发展道路。全村共有 1800 多人，在家务农的 40%，外出上班的 20%，其中 60 岁以上的老人达 400 余人。平日里子女为生活忙碌奔波，老人虽然衣食不愁，但他们精神世界很少被人关注。村“两委”每月选定农历十五这一天（七月十五、正月十五除外），以吃饺子的形式，将老人召集起来，聊聊家常，增进情谊，顺便听听老人的意见。这件事从商量到实施，不到半个月就落实了，班子成员觉得这是个好事，从 2015 年 11 月开始，他们就正式实行了。

在“爱心家园”门口，贴着用红纸写的捐款名单。每月一次的“饺子宴”是靠村里的爱心人士捐赠的，这个村庄 90% 的村民姓周，捐款从 5 万元至 200 元不等，开企业的捐，务农打工的也捐，不在数目多少，主要是对全村老人的一份孝心。2015 年捐款 11 万余元，2016 年 12 万余元，2017 年元旦过去 12 天，捐款已达 14 万余元。孝心的道路，成了全村人的选择。

洗脚：由不好意思到养成习惯

孝心治村还有一条：为家里老人洗脚。对于记者来说，这项有些形式化，周庄子村妇女主任赖秀齐却不这么认为，刚一开始的时候，别说儿子、儿媳了，连上了岁数的爹妈都觉得不好意思。很多老人身体还行，洗脸、洗脚自己都成，干吗还麻烦小辈儿，是不是有些做作。可是，洗脚与包饺子一样，首先是一个形式，最终要养成一个习惯。老人能自理现在用不着，以后动弹不了了就用得着，现在养不成习惯，等真正需要了就没那个习惯与耐心了。

很多村民接受了这个理念。赖秀齐负责洗脚的督导工作，村里人也都有了手机，大家就把给老人洗脚的照片、视频发给赖秀齐，妇女主任知道了，其他村民也看到了，起到了互相督促的作用。村子也以此评出“模范好儿媳”，像捐款一样，评选也有了“赶比超”：有一户人家的儿媳妇被评上“模范好儿媳”，她的妯娌不高兴了：“为啥她评上了，我评不上？”有人反问她：“你和公公因为一次小摩擦，6 年不说话，大家怎么能选你？”那位儿媳有所触动，当天炖了一条鱼，请公公来家里吃饭。一家人和好如初了。

赖秀齐给记者播放了一个洗脚视频：一个四世同堂之家，老太太搂着重孙女，两个儿媳妇在给她洗脚，后面站着孙媳妇；老人笑得脸上满是幸福，孝心感染了三代人，就一直传递下去了。妇女主任告诉记者，婆媳关系是最难相处的，有了洗脚这一“标配”，双方都有了体谅、谦让，家里的气氛融洽了，男人们也可以放下心来出外创业了，这就是家和万事兴的道理。

记者了解到，在榜样、标杆的作用下，爱心、敬老的精神正在文安县的各个村街萌发。该县滩里镇各村也成立了村民道德评议会，通过好人评选活动定期举办道德模范表彰大会：身患残疾的70岁儿子每天开着“孝母专车”带90多岁的老母亲散心；素昧平生的爱心人士常年坚持照顾孤寡老人的饮食起居；工作繁忙的老板为尽孝道每天把86岁的老父亲带到公司陪伴……大家惊喜地发现：曾经打架斗殴成风的村庄再不见警笛响起，曾经不睦的家庭如今其乐融融，道德的正能量悄悄改变了我们的日常生活。D

风物

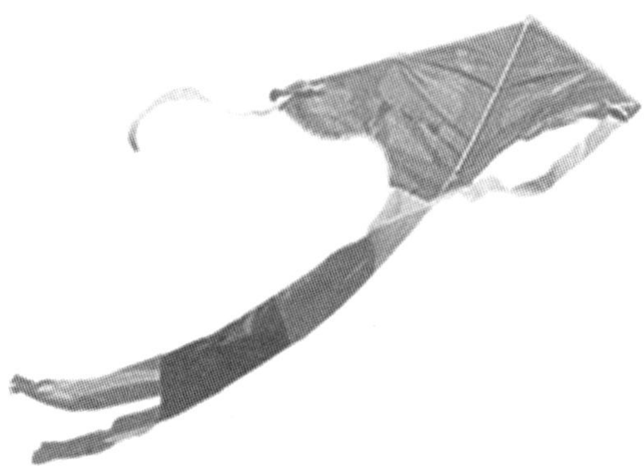

大城县：打开拆散证身红木家具

2010年，作为中国传统文化结晶的红木家具，业界风波不断。及至年底，相关媒体对国内部分红木家具存在的“做旧”“白皮”欺诈现象进行报道，更是引起轩然大波。我省大城县南赵扶镇以传统红木家具闻名，2011年1月12日，记者来到该镇，了解作为中国北方最大的红木家具制造地，该红木家具市场如何应对如此的业界风波？

“做旧”没错，“卖旧”违法

大城县南赵扶镇以冯庄村为中心，沿津保南路两侧，有作坊，有品牌，林林总总散布着几百家红木家具店铺。记者连续走进几家店铺，里面陈列着各色家具，均是以名贵红木做成的仿明清风格传统家具，其中不乏十几万、几十万元的高档产品。

在宝德风店，记者采访了店主宋玉顺，他同时兼任大城县红木家具产业协会会长。记者看到，很多红木家具都是新近生产出来的，都清晰地标着材质、材质产地与价格。宋玉顺介绍说，红木家具之所以昂贵，是因为优质木材越来越稀少。在材质之外，红木家具简洁朴实的明清风格，通体不用一根钉子的精密巧妙的榫卯结构，还有精细耗时的手工制作，均是高价的原因。

记者了解到，在红木家具制作中，“做旧”只是一道工序。宋玉顺介绍说，目前明清时期的家具已很难淘到，一些收藏者有将高仿产品“做旧”的需求，要求厂家做出古旧感、沧桑感，供日常把玩欣赏。特别是一些影视城、古玩城、星级宾馆，为装饰需要也要求做旧，追求厚重的文化底蕴，增加古朴之风。“做旧”作为

一道工序本身没有错，但在外界有些不法商家店铺，出于趋利心理，将“做旧”的家具作为真正旧家具出售给消费者，进行流转升值——“卖旧”就是坑蒙消费者的欺诈行为。

“白皮”的统标较宽松

经行家介绍，记者也恶补了一次红木知识：何为“白皮”？从木材的横断面看，中间深色部分叫作“心材”，围绕着“心材”的发白部分叫作“白皮”。木材生成结构依次为树皮、“白皮”“心材”，《国家红木标准》将红木定义为“紫檀属、黄檀属、柿属、崖豆属及铁刀木属树种的心材”，包裹在“心材”外面的“白皮”不是红木。“白皮”的功能是给树木输送养分，密度相对较低，如果做成家具，比较容易受到虫蛀，会影响家具寿命。全红木家具严格说应该全部采用“心材”，而目前市场上某些标称“全红木”的家具，可能会在隐蔽处或多或少使用“白皮”。

宋玉顺介绍说，“白皮”的使用与成本、价格、利润密切相关，对于白皮使用量国家没有太明确的标准，目前大多数地方都将“白皮”限量为5%～10%，也就是一件100斤重的家具，允许使用5～10斤“白皮”。作为红木家具的业内专家，宋玉顺认为这个标准过于宽松，“传统名贵家具必须经久耐用，5%～10%的标准很难保证质量。大城县仿古家具市场一般都控制在0.5%以下，这个标准远低于其他地方，但已获得大家公认”。

风波对市场冲击不大

记者了解到，此次业界风波，对大城县红木家具市场的冲击并不大。“做旧”只是厂商根据顾客需要生产的一个品类，大部分产品还是明清家具的现代高仿。红木家具的客户是一个比较固定的专业群体，对产品有着较为清醒的认识。红木家具产销以件套为主，产量并不大，且多为买家根据实际需要进行定做，以宝德风店为例，一年才产200件套，一件是一件，容不得一丝马虎。

作为协会带头人，宋玉顺告诉记者，大城红木家具之所以兴起，是从收购老家具研究做工，甚至分拆开来吃透榫卯结构做起的，这种作风对大城县的红木家具市场影响非常深远，大家都严格按照老式家具榫卯结构生产，绝不采用一颗钉子，这已成为大城仿古家具的一大特色。宋玉顺近期有一个计划：出版一本书，以彩色图片的方式，把红木家具产品“打开拆散”，从里到外解剖，介绍材质、工艺流程及独特的榫卯结构，让大家了解红木家具蕴含的中国传统美学、力学，了解它的收藏价值、观赏价值之所在。D

京畿明珠　书法廊坊

——电视短片脚本

中国书法家协会副主席旭宇（左）向时任廊坊市市长聂瑞平授牌“中国书法城”

一

在环渤海地区版图上，北京、天津两大都市被河北省环绕着，而有一个城市，却被京津两大都市环绕，它就是京畿明珠——廊坊市。幅员 6429 平方公里、总人口 435 万，作为地级市的廊坊或许不大，但经过多年发展，镶嵌在京津走廊上的它，散发出明珠般的熠熠光辉。

《四库全书》中记载：“黄帝制天下以立万国，始经安墟，合符釜山”，安墟在汉朝改为安次，就是如今的廊坊。历史深处的廊坊，有着黄帝大战蚩尤、一统民族图腾的惊天动地；也有着黄帝长子玄嚣与安次女子凤娘的爱情缠绵；在西晋，有济世能臣张华；在北宋，有被毛泽东赞誉“大事不糊涂”的吕端；在外侮不断的清朝，义和团创下痛击八国联军、震惊世界的“廊坊大捷”……

古韵文脉，源远流长，廊坊现存着永清宋代古战道，以其气势恢宏被称为“地下长城”；作为“直隶六大名镇”、水路通衢的霸州胜芳仍保留着古宅的美轮美奂、大气幽深；廊坊还有从元明之际叮咚流转至今的屈家营古乐，与西安仿唐乐舞、湖北编钟乐、北京智化寺音乐一起被誉为中国四大古乐、中国音乐的活化石；燕野千里上，还有着积淀历史文明的辽代灵山古塔、千年古刹白塔寺、隆福寺……

如今的廊坊，正凭借着与京津四通八达的接壤交通、千丝万缕的经济联系，平稳发展、日新月异，“半小时进京下卫，一小时上天入海”的区位优势，“京津冀电子信息走廊，环渤海休闲商务中心”的发展定位，使廊坊在环渤海经济带的城市群中异军突起，连续斩获全国科技进步先进市、中国优秀旅游城市、中国二十佳投资区、中国人居环境奖等殊荣，人均收入、消费水平一度稳居河北省第一。

二

廊坊的历史由一支大笔书写，廊坊的现在由一支大笔书写，廊坊还有一支书写城市文明、墨香四溢的大笔，那就是廊坊的书法！作为城市的文化名片，廊坊拥有着一个令城市引以为豪的优秀书法创作团队。2007年，很多廊坊人可能尚不知觉，国内权威的《书法导报》就以通版的形式报道：《廊坊，一艘年轻的书法‘航母’》，报道称，一群廊坊书法人，在“国展”“中青展”“正书展”“楹联展”“行草书展”“兰亭奖”等全国权威赛事上频频获奖，他们以不懈的努力，为自己的城市打造了一块文化高地。在“书法航母”上站着的廊坊书法人，有刘以忠、王厚祥、王增军、张纬东、刘京闻、李玉江、刘朝晖、袁爱民……就好像巨大的冰山一样，廊坊书法经过了多年的挥洒汗水、互相扶助，经过了漫长的孕育、砥砺，终于浮出水面。一时间，书法界内争说廊坊，众多媒体进行报道，这个群体的崛起，被中国书法界称为“廊坊书法现象”。

廊坊书法的辉煌，首先来自一群书法人的勤奋与天分。在中国文联主办的全国书法最高奖——全国首届兰亭奖展览中，廊坊有7名书法家入展，在全国地级市中排名第一，甚至超过了有的省份入展总人数。近十年来，廊坊书法人累计有300件作品在中国书协举办的各类赛事中入展、获奖，产生了多位全国书法界瞩目的名家。2012年，王增军、王厚祥荣获中国书协年度优秀作品奖，王厚祥、刘京闻分别跻身中国书协行书、草书专业委员会，廊坊人已拥有了全国的眼界。

三

廊坊书法的勃勃生机源自多年来的持续发展，在刘以忠、张纬东两任书协主席的带领下，一群书法人沉醉墨香、互通有无、你追我赶、山呼峰应。早在10余年前，廊坊就产生了一个“书法沙龙”，每月一次，由书法家轮流召集，参加人员年龄老、中、青都有，书法经历上名家新手一堂，自古便有的“文人相轻”在沙龙里不存在，大家长幼有序、尊爱有加，同时又谈文染墨、各抒胸臆。在积极开展学术研究的同时，廊坊书法人主动参与、组织了多项全国性书法活动，“走出去”“请进来”两手抓，在廊坊成功组织了全国行书十家展、北兰亭、慕鸿书社，还有新近开幕的“国书会第二届书法作品展”，“国书会”由中国国家画院沈鹏书法课题班的22名成员组成，廊坊书法家王厚祥、刘京闻在其中十分活跃。个人创作、集体交流、观摩砥砺、活动促进，为廊坊书法奠定了集体崛起、傲立潮头的基础。

廊坊书法方阵之所以群体崛起，也在于开展得有声有色、山生水起的组织工作。2007年，廊坊市文联编辑出版了《廊坊书法大系》，名家并列，全面展示了廊坊书法的创作成果。2009年，由中共廊坊市委、廊坊市人民政府主办的“廊坊书法晋京展”在中国革命军事博物馆隆重开幕，共展出书法、篆刻作品150件，这是一个城市以书法的名义亮相首都。2010年，廊坊市书法家协会启动首金50万元的“书法发展基金”，在全国书法界首开书法艺术专项基金，直接助力廊坊书法腾飞。2011年5月，廊坊市首届书法大展启帏，为培养新人设置万元大奖，发展眼光颇为长远。

四

在发展经济的同时，廊坊市委、市政府一直关心关注文化事业发展，高度重视基础文化建设，相继建设了一批标志性的文化设施。位于市区黄金地段的廊坊市文化艺术中心专门辟有“书法大道”，历代名帖点缀其间，纵览中国书法发展史，墨生石上、勾画入神，令游人流连忘返。在占地千余亩的自然公园，专门辟有“书法碑林”，展示了当代书法名家的风采。近年来，廊坊市文联陆续开辟了廊坊博物馆、廊坊书画家创作基地、廊坊文联美术馆等书法专业展示场馆。除此之外，还有霸州市的益津书院、华夏收藏馆，固安县的刘凌沧美术馆，三河市与中国书协联合建设的燕京中国当代书法博物馆。2011年，文化部与河北省政府斥巨资打造的“梦廊坊”文化产业园启动，将成为中国文化产业的“梦工场”“演艺廊”和“体验坊”。2012年，廊坊市文联谋划的“龙河书院”列入市政府十项民生工程之一，“龙河书院”规划设计3000平方米，集展示、交流、培训、研讨于一体，建成后将成为廊坊书法家的重要活动场所。

在全市书法潮流的引领下，廊坊各区、县的书法活动也如火如荼。目前，廊坊所辖各区、县都成立了书法协会，胜芳等十几个乡镇也有了自己的书法团体，市、县、乡镇协会都设置了专职人员、固定场所与展示场地。廊坊教育部门积极响应国家教改，将书法、古诗文等国学引进课堂，培养苗子从小学就开始抓起了。

目前，廊坊拥有中国书法家协会会员50余人，在全国地级市领先，张纬东、王厚祥、王增军、刘京闻、刘朝晖等人每年都有作品集问世，书法家们在辛苦修炼之余，还积极投身书法普及、社会公益活动，每年坚持送春联下乡，参与城市公益标牌书写……除一批杰出书法家外，廊坊还拥有省级书协会员近200人、市级书协会员近千人，分布在全市各阶层的书法爱好者达几千人之众。

作为城市的一张炫目的文化名片，廊坊市的书法已筑成了土壤肥沃、风调雨顺、植被茂密的立体花园，其中有成排的大树，参天而立、蔚然成景，还有引人驻步的各色花卉、润人心肺的翠绿草坪，令人流连其中、乐而忘返。

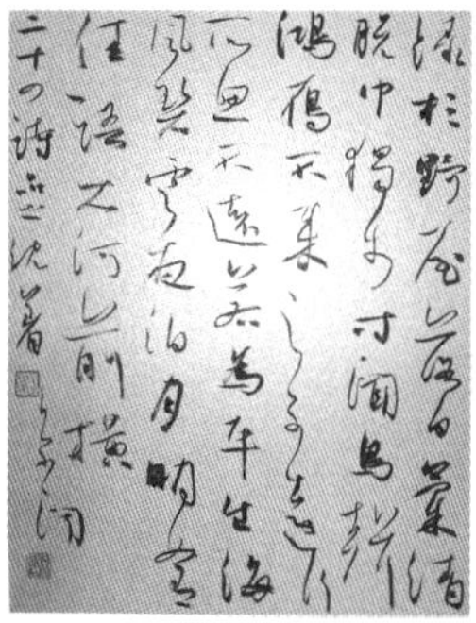

刘京闻行书作品

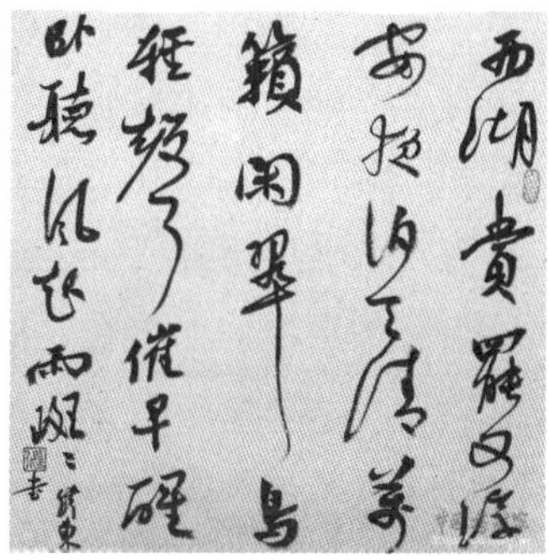

张纬东行书作品

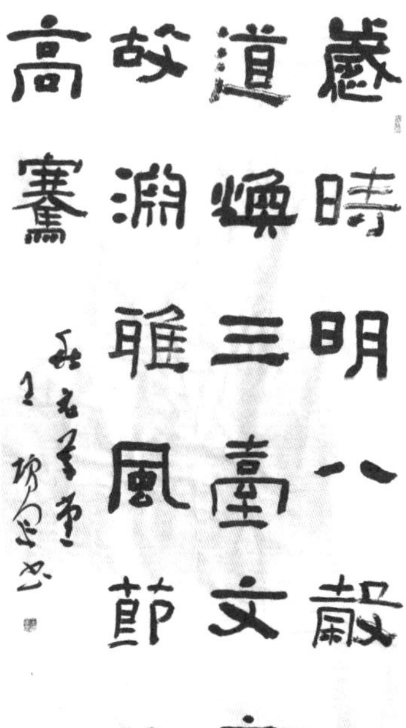

王增军隶书作品

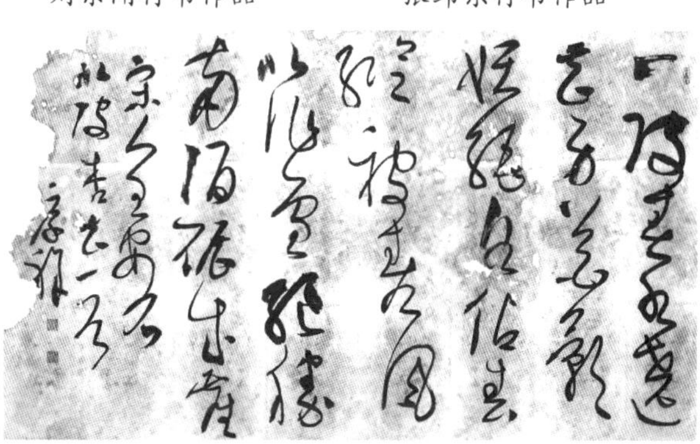

王厚祥草书作品

第什里风筝飞呀飞满天

宫廷风筝主要流派代表，已有500余年历史

2015年11月14日，为期两天的首届廊坊·第什里风筝文化旅游节开幕，各地风筝专业人士和旅游、摄影爱好者约10万余人次参与了活动。中国风筝协会以及京津、潍坊等地风筝协会齐来助阵，来自全国各地的16支风筝表演队进行风筝展演，中国四大流派代表风筝悉数亮相风筝节。

第什里风筝文化旅游节由廊坊市旅游局、廊坊市体育局、廊坊市文广新局、安次区人民政府主办，活动期间有“牵手京津冀”文艺演出、参观风筝一条街和风筝展馆、放飞“廊坊龙”和“中国梦”超大主题风筝、全国十佳风筝代表队现场竞技表演、万人做风筝现场赛、风筝DIY制作体验等精彩内容。记者走进第什里村，住户窗明几净、街道整洁典雅，走几步就遇见一个风筝，有从树上跃下的老虎，有代表吉祥的福寿，还有现代的动漫形象……主会场在村边，主题广场、小型游园，到处人头攒动，热闹非凡。天上飘着200米长的风筝串、120米长的龙腾蜈蚣、36米长的巨型脸谱风筝……许多鲜艳夺目、形状各异的风筝在空中翻飞斗艺，场面十分壮观，为广大游客奉献了一道道精神文化盛宴。

第什里村位于廊坊主城区西南30公里处，所属调河头乡被评为河北省风筝之乡，也是华北地区最大的腊杆生产基地。第什里风筝起源于明朝永乐年间，兴起于清康熙时期，距今已有500余年历史。第什里风筝是宫廷风筝的主要流派代表，是河北省非物质文化遗产，至今已有5代传承人。第什里风筝由于独特的地理位置和悠久的历史传承，形成了集北京、天津流派于一身，独具特色的“宫廷风筝，廊坊风格”，按形状可以分为六大类，即串式、桶式、板子、硬翅、软翅和

自由类。古时，第什里风筝的制作主要是自娱自乐，后来随着手工艺人和产品数量不断增加，制作的风筝也转向市场贩卖，渐渐出现了手工作坊。

近年来，安次区立足京津冀协同发展的社会背景，全力发展风筝特色产业，打造本土文化品牌，推动风筝产业规模不断扩大，形成了以第什里村为中心，辐射附近20余个村街，并扩展到周边城镇的产业布局，带动加工户3000余户，从业人员10万余人，年产风筝500万只，年产值5000万元，产品畅销北京、天津、潍坊、青岛等多个城市以及欧美、东南亚等30余个国家和地区。今年3月，第什里风筝应邀参加在美国南加州举办的首届帝国郡文博会，凭借精美的图案造型和精湛的制作技艺，受到当地友人的广泛好评。

如今，第什里村成为京津地区最大的风筝生产加工基地，并成立了第什里风筝协会。当地借力第什里风筝文化产业，大力开发民俗文化旅游资源，全力打造风筝小镇。第什里村打造了风筝文化一条街，建设了风筝广场、风筝展室和风筝博物馆，建设“前店后厂”式风筝加工厂，在集生产、加工、销售于一体的基础上，还可供游客体验、参观。D

霸州、鹿港共叙“大刀刘綎”渊源

“晚明第一猛将”子孙避难改为王姓 旧部属台湾建庙供奉 400 年

河北省霸州市辛店村有一批王姓居民，他们却是刘姓的后代。最近他们才知道：他们的祖先——“晚明第一猛将”刘綎一直被台湾彰化县鹿港镇的黄氏家族供奉，被视为庇护神。7月30日，两个家族的代表聚首霸州，共叙“大刀刘綎”带给他们的渊源。

避灾祸子孙改母姓

刘綎是何许人也？如果不翻看明朝的史料，很多人是无从知晓的。王志广是刘綎在辛店村的后代，他一直在挖掘、整理着先祖的材料。刘綎（1560—1619），本名龚綎，字子绶，号省吾，江西南昌人，嘉靖年间大将军都督刘显之子，万历年间武状元。作为一名猛将，刘綎善使一把120斤镔铁大刀，马上轮转如飞，人称“刘大刀”，被誉为“晚明第一猛将”。作为将门之子，刘綎骁勇善战，率军四处征战，1582年，缅甸进犯永昌、腾越，被刘击溃；1585年，平罗雄土豪叛乱；1592年、1597年，两度入朝鲜抗倭，连败日军；1618年，辽东后金势力逐大，刘綎北调对战努尔哈赤，萨尔浒之战被围，力战而死。

王志广告诉记者，刘綎北调，至霸州大清河岸边，安置随军家属，即现刘村、摆渡口村和纸房头村，称为“宝店儿刘”。由于刘綎生性粗犷，得罪了朝中权贵，战死沙场后，又被诬为谋反，险遭灭门之灾；其长儿媳带着两个儿子躲到辛店村娘家，将孩子改为娘家王姓，被村里称为“外王”，与原有王姓（称“里王”）为表亲，其兵丁、家仆后裔称为“家人王”。刘綎很快被朝廷平反，但遗体未能找到，其子孙在大清河岸边建立了一座衣冠冢，当地百姓称为“刘家坟”，后渐成村落，成为“刘村”。刘綎所使大刀被

霸州刘綎后裔讲述黑府规模

黑府已成寻常院落

台湾威灵庙400年祭奉刘綎

明军将士抢回，一直在河北霸州辛店村“外王”家族保存。清朝之后，刘綎被追封“黑虎将军”，并赐龙头拐杖、将军印，其辛店村后裔定居的府邸被称为“黑虎将军府”，人们简称为“黑府”。

鹿港黄氏家族世代供奉

前不久，在网络上查找相关资料时，王志广无意中发现台湾有座威灵庙，供奉着自己的先祖刘綎。他了解到，威灵庙建于清康熙年间，刘綎抗倭平缅、力战清军，被视为民族英雄，被奉为主祀神祇。威灵庙系黄氏家族所建，世代奉刘綎为庇护神。王志广与庙宇管理者取得联系，希望在研究资料上互通有无。

很快，台湾人黄进发给王志广打来电话。黄进发的祖先是刘綎的部将，后随施琅收复台湾，所在家族即是威灵庙的建造、维护者，年近五旬的黄进发已迁居高雄，但对刘綎世代传承下来的敬仰丝毫不减，他们称刘为“大将爷”。近日，黄进发回到鹿港，为翻建的威灵庙捐赠，从管理庙宇的亲族处了解到王志广。他十分激动，世代供奉的神祇竟然还有后裔，早就在内地投资兴业的他决定：来河北霸州看看，与“大将爷”的后裔进行沟通、交流。

村民心中的刘綎已模糊

在王志广与廊坊市台办人员陪同下，黄进发来到了霸州市辛店村。平常的村落已难寻黑虎将军的印迹。80岁的王铭恩在村里辈分极高，他指给大家原先“黑府”的区域，已经成一片民宅，“‘黑府’房子很多，小孩们进去玩容易绕迷糊了。”走不远就是祠堂，王志宏今年也是80岁，他的满月

霸州刘綎后裔与黄进发在黑府遗址

酒就是在祠堂里办的。祠堂从 1966 年开始拆的，大刀、匾额、将军印，都已无处可寻。王志宏回忆着当时的祠堂，几间屋子，多长多宽，经过换算，老人告诉记者：“南北有 45 米，东西 64 米。”

看见一群人指指画画，很多村民不解：“问刘綎干什么？”他们印象中的祖先只是一个武将，具体到保疆卫国、抵御侵略的战功，包括台湾等地的供奉，他们一概不清楚。王志广的家庭注重家谱续写，他告诉记者，刘綎不仅在台湾受人供奉，在韩国也有奉祀书院，而在霸州后裔所在地，很多遗迹已经消亡，如果不加以挖掘、整理，对于现代人，刘綎会越来越模糊、越来越陌生。

黄进发告诉记者，在台湾刘綎被尊为民族英雄，其影响不比戚继光差。因为总在祭祀，他们知道刘綎的生辰，霸州后裔不知道。这么多年来，黄家人陆续迁移到东南沿海各地，也会在相应庙宇供奉刘綎。他随身携带印有刘綎神像的护身符，掏出来让老人们看，比较与早年间祠堂里的画像有何异同。走在村子里，黄进发一直留意着，他想多发现一些：随便一块石头，可能就是当年府祠的柱匾。

在世界各个民族的历史长河中，抗击外侮、守家卫国的人物都被称为民族英雄。如我们从小便耳熟能详的岳飞、杨家将、戚继光等，岳飞抗金，杨家将抗辽，是当时宋王朝的中流砥柱；戚继光肃清沿海倭患，为大明王朝打击日本侵略者。本文提及的刘綎，是较晚于戚继光的明朝猛将，善使120斤镔铁大刀，他先后在南疆打退缅甸入侵、两次入朝抗击日军主力，又北调力战清军，可谓不折不扣的“跨国”民族英雄，被誉为“汉民族最后一位古典猛将”。

刘綎：明末第一猛将留根霸州

父子皆为民族英雄

刘綎，字子绶，号省吾，祖籍江西南昌县，生于1560年农历五月二十七日，逝于1619年农历三月四日，享年59岁。刘綎是明万历年间武状元，官至武将一品、太子少保，明末最著名的神勇猛将。刘綎年少时即随父出征，勇冠三军，力能扛鼎，善使一把120斤重的镔铁大刀，马上轮转如飞，勇猛若万人敌，明军将士称其为“刘大刀”。

刘綎的父亲刘显是明朝末年抗倭名将，其历史功绩和知名度仅次于戚继光和俞大猷，清朝张廷玉等编著的《明史列传》完整记录俞大猷、戚继光、刘显并肩抗倭的真实历史。刘显精通武艺，镇守江浙期间，倭寇来袭，刘显身先士卒，重创倭寇，残敌溃逃。后调任广东总兵，当时入侵福建的倭寇猖獗，刘显奉诏往援，与戚继光并肩作战，全歼入侵之敌。刘显还曾与福建总兵俞大猷、参将戚继光合力围剿大量登陆广东的倭寇，收复了兴化与平海卫，这是抗倭历史上最重大的胜利，史称“平海卫大捷”。后刘显奉诏领兵镇守狼山（今江苏省南通市），倭寇望风而逃。

在华夏民族古代大规模对外战争中，战功卓著、知名度较高的将领，粗略统计也就三四十人，而刘显、刘綎父子足可名列其中。

保卫南疆击退缅军

刘綎青少年时期随父刘显在江浙一带安家置业，初期战绩也在南方。史载：“万历十年（1582年）冬，缅甸犯永昌、腾越，巡抚刘世曾请济师（增援）；次年春，擢綎游击将军，署腾越守备。”当时缅甸首领是莽应里、岳凤，有大象兵十几万，长驱直入，占领了姚关、湾甸、芒市一带，因为两国属陆地接壤，大明国界一时危急。“綎至军，军大振。”岳凤惧刘綎勇猛，令其妻子及部曲来降。刘綎命岳凤交出朝廷颁发的金牌、印绶，后以送还岳凤妻儿为名，分兵进占沙木笼山，逼迫岳凤亲身来降。刘綎率兵进入缅甸腹地，乘胜追击拒降之敌，“贼将乘象走，追获之”“复移师围孟琏，生擒其魁”，刘綎因功晋升为副总兵衔。

“未几，缅人复大举寇孟密”，刘綎在部下把总高国春、辖地土官思顺的协助下，迅速平息了叛乱，受到记功嘉奖。后因部下抢掠、焚民居遭御史参奏，被革降为游击衔、候任。按现在的叫法为撤职、降两级，反省待命。

万历十五年（1587年），云南曲靖府罗雄（今罗平）部酋者继荣叛，攻掠师宗、陆凉诸州县。刘綎正在撤职反省，巡抚刘世曾紧急起用刘綎率兵平乱。刘綎舞120斤大刀带头冲锋，一鼓而破继荣老巢三寨，追至阿拜江，逼继荣部下斩继荣首献刘綎。此战刘綎仅斩首五十余级，而抚降万余人。战后，言官评其不妄杀。巡抚刘世曾为其辩诬，后得御赐白金，升为参将，移驻四川。

入驻朝鲜抗击日寇

万历二十年（1592年），日本侵略朝鲜，占领其王京（今韩国首尔）。刘綎主动请命抗倭，朝廷诏命刘綎以副总兵衔率五千川军，从都督李如松援朝抗日。日寇闻明军至，撤离王京，退到南部山区凭险据守。刘綎与祖承训率兵推进到大邱、忠州。以金罗水兵布釜山海口，朝鲜略定。未几，倭遣使请和。

时过不久，日本又增兵进犯咸安、晋州。刘綎等将分路还击，斩获倭寇颇多。倭寇被迫送还朝鲜王子，倭乱遂平。诏命刘綎在朝鲜驻守防倭，论功升为四川总兵官。刘綎这次驻防朝鲜长达两年，挫败日本的侵略、保护朝鲜的安定，功劳颇著，现在韩国还建有刘綎的奉祀书院，香火很盛。

万历二十五年（1597年）五月，日寇又侵朝鲜，朝廷调刘綎二次援朝，封刘綎为御倭总兵官。万历二十六年（1598年），辽东经略邢玠分兵三路进击，刘綎为西路。日酋西行长盘踞在顺天城，刘綎夜半进攻，夺取了栗林、曳桥两处阵地，斩获颇多。日水军首领石曼子引舟师来救，被明军水师陈璘部击之海中。当时日本大酋丰臣秀吉死，侵朝日酋遂弃顺天，乘小艘逃回日本。刘綎率部毙伤倭寇数量众多，以功调升为四川总兵。

有学者研究认为：明朝戚继光、俞大猷诸名将抗倭，多是肃清沿海倭患，日寇多是乘船上岸，小股犯边，而刘綎属于入朝与日军主力作战，沉重打击了日军的侵略图谋。刘綎不仅保疆卫国，还出境作战，是一个名扬海峡两岸、甚至亚洲各国的战神。

东征后金猛将殉国

万历四十四年（1616 年），努尔哈赤统一了辽宁、吉林女真各部，延续宋朝时金国的称号，建立了“大金国”，以今新宾县赫图阿拉为都城，史称“后金”。1618 年努尔哈赤率军攻占了抚顺，警报传到北京，万历帝大惊，再次起用刘綎。

“刘大刀”年近六旬东征后金，誓死报国，反而被奸臣陷害。据刘綎后人记述：当时，掌管运送粮草的是一名太监，想把自己净身前所生女儿嫁给刘綎之子，刘綎心粗性耿，断然拒绝，并出语讽刺了太监的生理缺陷，于是得罪了掌握实权的太监。

太监故意陷害刘綎所率东路明军，所需粮草供应不上，将士忍饥挨饿，战马缺少粮草，可谓人困马乏。大战前，刘綎的坐骑被太监偷偷换成了劣马，劣马羸弱，长途行军驮人难以驮刀、驮刀难以驮人，行军极为艰难。而且刘綎由于和主帅有矛盾，所以被任命为最险远的东路军总兵，东路军主要是老弱残兵，武器残破。在出征前刘綎就预料到东征之役凶多吉少，但“刘大刀”勇敢无畏，仍然进军，遇敌则力战。到了“萨尔浒决战”的最后关头，刘綎单人独骑与后金兵将大战，斩杀敌军几十人，最后身中数箭、面中一刀，还奋勇鏖战。由于坐骑羸弱，无力持久，刘綎脱鞍落马。战死时，刘綎脚踏二卒，双臂挟持二卒，口啮一卒，犹凛凛然。

名将后裔留根霸州

据刘綎后人介绍：刘綎北调，走运河水路至霸州大清河岸边，择地安置随军家属，即现刘村、摆渡口村和纸房头村，称为“宝店儿刘”。刘綎阵亡后，其将军印无法及时上缴朝廷，且衔仇太监还谎报军情，诬陷刘綎有意谋反，于是，朝廷要将刘綎全家抓捕问罪。万幸的是，当刘綎家族遭受灭顶之灾时，有官员同情刘綎遭遇，提前密告刘家。刘綎的长儿媳带两个儿子到霸州辛店村避难，辛店村是其娘家，娘家姓王。官府派人赶到辛店村搜捕，王家人坚称：两个男孩是王家的人，不姓刘。母子三人才获救。

刘綎其他家庭成员被押赴京城，等候处置。危急时刻，一位跟随刘綎征战的老家人背着将军印赶来，将印上缴朝廷；从疆场返回的东路军将士也奏明刘綎英勇战死的惨烈情景。朝廷将刘綎家眷护送回原籍，给予优恤。在亲历惊心动魄的生死劫难后，刘綎长儿媳和两个儿子不愿再返回新镇（旧称“宝店儿”）恢复刘姓，母子三人在辛店村定居下来。两个儿子成年后共养育了四个男孩，为与姥爷王家有所区别，称为“外王”，逐步形成东支和北支，进一步繁衍，最终形成辛店村“外王”家族东西南北四个支系。

东征“萨尔浒之役”后，刘綎的遗体未寻找到，子孙在大清河岸边的“宝店儿”为刘綎建了一座衣冠冢，是全国最早的刘綎衣冠冢，当地百姓称此衣冠冢为“刘家坟”。后来，“刘家坟”附近居住的人口越来越多，逐渐形成村落，人们称为“刘家村”，为了日常表达简洁，百姓口语称“刘村”。刘綎所使用的120斤重大刀在混战中被明军将士抢回，此刀一直在辛店村“外王”家族保存。20世纪50年代之前，辛店村举办武术会时，还经常抬出大刀来压阵，大刀要由两位身强力壮的年轻人来抬。此刀由于年代久远，刀刃已经不锋利了，“外王”家族的老辈人都知晓大刀是祖宗使用的兵器。

清朝建国后，刘綎被追封为“黑虎将军”，并赐龙头拐杖、将军印，朝廷将其辛店村后裔定居府邸称为“黑虎将军府”，人们简称为“黑府”。

部属台湾建庙400年祭奠

自万历初年征战沙场至万历四十七年（1619年）牺牲，刘綎驰骋疆场四十余载，为大明王朝南征北讨，转战浙江、云南、贵州、四川、甘肃、辽东六省，还进驻缅甸、朝鲜两国。国家哪里有危机，就调他到哪里作战，一柄大刀打遍天下，真可谓“明末第一猛将”。“萨尔浒”东征时刘綎年已六十，因主帅布兵失误深陷重围，仍日拔两寨重创敌军，勇猛力战殉国，真可谓勇哉壮哉！清朝大学士张廷玉主修的《明史·刘綎传》中论道：“綎于诸将中最骁勇。平缅寇，平罗雄，平朝鲜倭，平播酋，平倮，大小数百战，威名震海内。綎死，举朝大悚，边事日难为矣。”天启初，明熹宗赠刘綎为太子少保，敕立“表忠祠”以祭，目前已知祭祀刘綎的庙宇国内还有多处。

2013年，刘綎霸州辛店后裔在网络上无意中发现：台湾有座威灵庙，供奉着刘綎。据了解，刘綎的黄氏部将，在清代随施琅收复台湾，落户宝岛，为纪念旧主，所在家族建造了威灵庙，400年来代代维护，使之香火旺盛。

2013年7月，台湾黄氏家族代表黄进发专程来到霸州市辛店村，探访刘綎后人聚居地。经过历史沿革，辛店村“黑府”遗迹已经荡然无存。台湾黄氏对刘綎世代传承下来的敬仰丝毫不减，他们称刘为“大将爷”。威灵庙建于清康熙年间，刘綎被奉为主祀神祇，刘綎画像他们随身携带，已被视为护身符。

（与樊文稷、王志广——刘綎后裔合作）

“廊坊隆起国内杨家将文化高地”系列

“杨家将”后人聚集廊坊祭祖

杨令公埋骨香河　杨六郎修永清古栈道

唐、宋、明历代杨家卫国将帅辈出

净手、上香、致祭文，2013年4月14日上午，来自全国各地的“杨家将”后人聚集廊坊市广阳区许各庄村，祭奠保家卫国的先祖。

“‘杨家将’保家卫国、忠烈满门的故事家喻户晓，作为杨家后人，我们应该继承祖德，告慰先贤。”此次祭祖组织者、许各庄村村主任杨万金介绍。据杨家家谱记载：“杨家将”一世为杨端，唐朝太原人，任播州刺史；至四世杨继业（杨业），由北汉归宋，便是美名传中华的杨令公，在对辽作战中被俘，绝食而死——非评书中所说“碰李陵碑而死”。辽人敬其忠烈在京北古北口建庙，其子杨延昭（六郎）遣将盗骨，被追杀，埋骨于香河县土门楼村。杨延昭号白玉虎，人称杨无敌，为征辽将帅，家谱记载“奉上谕密修边关地下战沟”，即由廊坊永清县至保定雄县的宋辽古栈道，被誉为军事上的“地下长城”。杨延昭生子杨宗，生女杨宗保、杨宗英——非评书中男儿。杨宗之子杨充广（后改名杨文广），亦为宋朝名将。及至二十四世杨杲，任明朝游击将军，守武清沙河，被敌砍头，朝廷“以石做头，涂金粉接于体”，葬于武清西，今广阳境内。据介绍，目前许

致祭文

祭祖上香

各庄村70%居民为杨姓，杨万金系杨杲十六世孙、杨业三十六世孙，也习武多年。

据天津市武清区编撰的《武清瀛西杨家将》记载，宋、明两代“杨家将”父子并肩、兄弟联手、儿孙接替，名将辈出，屡立军功。据了解，自清军入关、家国巨变，杨家绵延千年的尚武之风骤止，改崇尚书香，但仍出现了当代的开国上将杨成武。据有关专家统计，散布在世界各地的杨业后裔已达7000万之多，在百家姓中若以人口算，杨姓已是排在前几名的大姓。由于历史嬗变、家族训诲等原因，杨家的很多秘密被族人隐匿起来，一直至今。

——2013年4月15日《燕赵都市报》头版

廊坊依凭历史遗存研究杨家将文化

2014年4月25日上午，廊坊市杨家将文化研究会成立大会召开，来自北京、天津、山西、河南等地的杨家将后人及杨家将文化专家学者约200人参会，会议通过研究会章程并选举出领导层。据介绍，作为宋辽古战场，廊坊拥有杨家将文化重要遗存，开展专题研究基础得天独厚，该研究会将系统研究杨家将在廊坊的历史印记，传承杨家将千百年来凝聚的民族精神，打造廊坊又一张文化名片。

据廊坊杨家将后人提供的家谱及相关史书记载：杨业（令公）最终埋骨香河县，杨延昭（六郎）修建了我国军事史上的“地下长城”——永清古战道。廊坊与杨家将有着千丝万缕、不能割舍的联系：作为杨令公、杨六郎抗辽保国的主要战场；拥有杨令公墓、永清地下古战道等杨家将重要历史遗存；明朝将领、杨家将后人杨杲战死后葬在廊坊市广阳区许各庄村，该村大部分村民系杨家将后人，岁月变迁中，后人散布到山西、河南等地繁衍生息。这些历史要件，使廊坊在国内拥有了研究“杨家将文化”得天独厚的优势。

杨令公36代孙，廊坊市杨家将文化研究会会长杨万金表示，杨家将文化研究远非许各庄“杨家将后人祭祖”那样简单，形成相关团体后，应从历史文献、文物考证、家族脉系、区域研究成果互通等方面来梳理、厘清，让杨家将在廊坊的历史印痕变得清晰，传承杨家将千百年以来凝聚而成的民族精神，使之成为促进廊坊社会发展的精神力量。

——2014 年 4 月 30 日《燕赵都市报》第 7 版

2014 年 4 月 25 日，廊坊市杨家将文化研究会成立

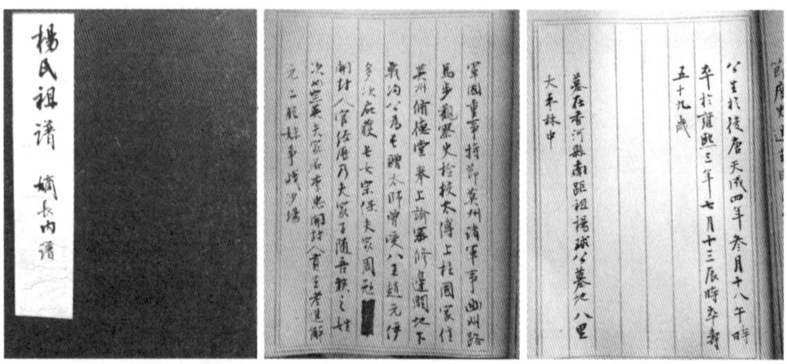

《杨氏祖谱 嫡长内谱》记载杨业（令公）埋骨香河县土门楼村

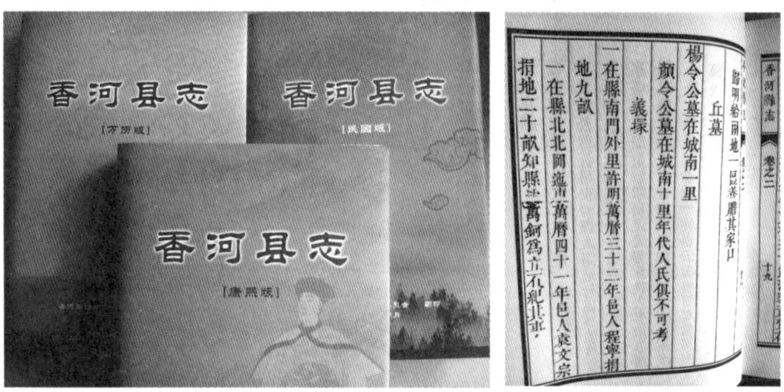

明、清、民国三版《香河县志》记载杨业（令公）埋骨香河县土门楼村

廊坊市首届杨家将文化旅游节隆重举办

京津冀史学家论析“杨家将族谱”

廊坊隆起国内杨家将文化研究高地

开幕式武术表演——金刀威武

“你们提供的《杨氏族谱·嫡长内谱》关于‘八贤王’的记载是符合历史事实的，‘八贤王’并非评书、影视剧中的宋太祖的儿子赵德芳，而是宋太宗的儿子赵元俨。”2016年6月3至5日，廊坊市首届杨家将文化旅游节隆重举办，在“廊坊杨家将论坛”环节，来自京津冀的史学家在廊坊纵论杨家将文化，认为廊坊已隆起国内杨家将文化研究高地。

国内外杨氏宗亲汇聚、国内首次以杨家将为主题的书画展、宋明杨家将文物展、畅快淋漓的杨家将大戏台……廊坊市首届杨家将文化旅游节为广大市民呈上一场传统文化盛宴。本届杨家将文化旅游节指导单位是廊坊市文广新局、廊坊市旅游局、廊坊市广阳区政府，由中共廊坊市广阳区委宣传部、廊坊市广阳区文体局、廊坊市杨家将文化研究会主办，广阳区北旺乡人民政府、廊坊孔雀海房地产公司协办。主办方之一廊坊市杨家将文化研究会成立于2014年4月，系国内第二家正式注册成立的杨家将文化研究机构。据介绍：杨家将系我国著名的军事家族，先祖是东汉名士杨震，以“天知地知你知我知”拒贿反腐，杨氏谱系世称“四知堂”；自唐朝播州宣慰使杨端为始祖，北宋杨业（令公）、杨延昭（六郎）忠义传天下；及至明朝，杨家将后裔杨政及其

杨家将历史人物群雕

中科院专家验看杨家将石刻

子侄随朱元璋开国建功，被誉为“一门五虎”，封地于天津武清，称为瀛西杨家将，其后人杨杲（杨业 21 世孙）战死沙场，被御赐“金头”葬于廊坊市广阳区许各庄村，目前该村 70% 村民都是杨家将后裔。

经廊坊市杨研会发掘，初步确定了廊坊市杨家将文化五大要点：杨业（令公）埋骨香河县，杨延昭（六郎）主持修建永清县—雄县宋辽古战道，宋辽战争第二阶段“三关”中淤口关、益津关在霸州市，冀中保沧廊地区上千村镇因宋辽战争、杨家将传说得名，杨家将明朝后裔在京津廊建功立业。香河县土门楼村杨业埋骨地、广阳区明代“瀛西杨家将”聚居地、永清县宋辽古战道、霸州市益津关，这些遗址由北向南纵贯廊坊，呈现了杨家将文化在廊坊全境的分布，形成了全市点线相连的杨家将文化旅游带，为历史文化研究、相关产业发展提供了先决条件。

“廊坊杨家将论坛”分话题开放性进行，京津冀的学者们坐而论道：根据“瀛西杨家将”提供的族谱

杨家将历史文化展板

杨家将题材画展

探访杨业埋骨地
——香河县五百户镇后土门楼村

及明朝万历年间的《香河县志》相互印证，来自香河县的马国栋专门研究了“杨令公山西殉国、北京寄骨、后人盗骨葬与于香河”的课题。杨家将从唐宋绵延到明代，以天津武清区河西务的“瀛西杨家将”最为功勋显著。廊坊市与天津武清区自古区划互通，“瀛西杨家将”后人杨杲埋骨的广阳区许各庄村原属武清，来自河西务的陈景山多年钻研自汉唐起源的杨家将及明朝“瀛西杨家将”，根据族谱、墓碑等材料，提出很多与历史现有观点有进展的观点看法。

河北大学宋史研究中心王青松博士对《杨氏族谱·嫡长内谱》中相关“八贤王”记载有很大兴趣，“赵德芳去世很早，从时间上论，比他小很多的赵元俨才可能对杨延昭多有垂青”，针对该族谱对宋朝复杂官职准确记录，他推断族谱大部分是明初杨家将后人所修订。中国宋史研究会副会长姜锡东认为该族谱所记录的杨家将资料很详细，会对今后宋史研究起到一定参考、补遗作用。中国社科院《中国历史研究》副主编张彤称，杨家将文化系中华民族忠勇大义、清白家风的精神缩影，具备与时俱进的现实价值。关树东、贾芳芳、申慧卿等学者关注了永清宋辽古战道的砖石古建筑结构、廊坊杨家将遗址的保护等方面，他们认为：廊坊杨家将文化研究应继续在“求真，致用”上努力，文物发掘、理论建立与遗址修复相结合，以做到城市发展步伐与历史文化的完美对接。

（本文摄影 金志超）

国内外杨氏宗亲参加廊坊市首届杨家将文化旅游节

河北香河“杨家将文化小镇”呼之欲出

杨令公广场将成为廊坊历史文化地标

2017年7月22日，“杨家将文化小镇”建设说明会在河北省香河县五百户镇举办，该镇凭借北宋抗辽名将杨业（令公）埋骨后土门楼村的史实，以杨令公广场为核心，整合遍布廊坊全境的杨家将文化旅游资源，打造承接全球杨家将后人祭祖、文化交流的重要基地。国内杨氏宗亲、专家学者进行了现场参观及杨家将文化研讨。

香河有幸埋忠骨

香河县五百户镇有着30多年的蔬菜种植历史，作为传统农业大镇，2016年名列“全国综合实力千强镇”。后土门楼村位于京杭运河、青龙湾河中间，水土丰茂，有着多年的蔬菜种植历史。宋雍熙三年（986年）七月，杨业抗辽于山西雁门关，苦战于陈家谷，中箭被俘，押解进京途中绝食三日而死。辽军献杨业首级于萧太后，萧太后敬其忠勇，按辽人习俗火化尸身入坛，在京北密云古北口建杨无敌祠供奉。后杨业之子杨延昭（六郎）驻防鄚州（今任丘、霸州一带），派家将前往古北口盗骨，返程至香河县以南，因追兵甚急，将骨灰埋于运河岸边枣树林中，堆土门楼为志，今为香河县五百户镇后土门楼村，因距汉杨氏先祖杨球墓（今天津市武清区河西务镇）八里，故未作迁移。至明朝，杨氏后人杨政一支因功封于河西务，意将杨业墓迁至河西务，经香河县令争取，迁至香河县城城门南。明万历、清康熙、民国三版《香河县志》均记载“杨令公墓在城南一里”，至“文革”前仍有其墓碑。河西务杨家将后人保存的《杨氏族谱·嫡长内谱》记载“墓在香河县南，距祖杨球公墓地八里，大枣树林中”，河西务杨家将后人所存碟谱记载迁墓县城南门。

2014年，廊坊市成立杨家将文化研究会，经过几年发掘，杨家将文化已成为廊坊市重要历史文化符号。2016年，廊坊市举办了首届杨家将文化旅游节，廊坊市杨家将文化研究得到国内宋史专家及杨氏宗亲的认可。杨家将文化遗存遍布廊坊全境，三河市大郎台，香河县杨令公广场，广阳区许各庄杨家将历史文化村，永清县宋辽地下古战道，霸州市益津关、淤口关，文安县广陵城……已形成由北而南纵贯廊坊的“杨家将文化旅游产业带”。

京津之间历史寻根好去处

2017 年 4 月，廊坊市杨家将文化研究会与香河县五百户镇、后土门楼村签订战略合作协议：联合打造以杨令公广场为核心的“杨家将文化小镇”。杨令公作为杨家将灵魂性人物，其英雄事迹妇孺皆知、千年传颂；杨令公广场将竖起 9.86 米高的杨令公主雕塑——取其公元 986 年为国捐躯意，及杨家将历史人物群雕、点将台等设施，将成为全球杨家将后人祭祖、文化交流的重要基地，将带来巨大的客流、物流、信息流，成为京津冀地区的历史文化、爱国主义教育基地。

廊坊市委宣传部、市委农工部、市旅游委的领导参加了活动，对香河县杨家将文化小镇在历史文化、美丽乡村建设、乡村旅游产业等方面的优势给予肯定。北京大学学者杨立龙表示：杨家将不仅是杨氏宗亲的精神图腾，还是中华民族的正能量的凝聚。中科院先秦史、甲骨文专家杨升南认为：人类历史五千年，中华文明得以延续传承，是文化贯穿其中，中国的文化根基是武不畏死的爱国与文不贪财的廉洁，杨家将是中华文化中的精华，通过建设广场的形式留存精神、鼓舞后人，非常有意义。

廊坊市杨家将文化研究会会长杨万金告诉记者：杨令公广场的建设引起国内外杨氏宗亲及杨家将文化推行者的关注，项目开建以来，已收到 76 笔约计 60 万元的善款，杨令公主雕塑已完成设计。记者在后土门楼村看到：街道、给排水、历史文化小镇正在建设中，整个村庄将以宋辽时期风格进行“美丽乡村”改造，辅以农业采摘区、河滩林地休闲区，将成为京津之间历史文化寻根、乡村生活休闲的好去处。

——微信公众号“京津圈”

《杨家将文化研究》第一辑印行

廊坊市杨家将文化研究取得阶段性成果

近日，《杨家将文化研究》第一辑编辑印行，这是廊坊市杨家将文化研究会 2014 年 4 月成立以来取得的阶段性成果，廊坊市杨家将文化脉络得到进一步梳理，记者就此采访了该研究会常务副会长、《杨家将文化研究》主编庞永力。

记者：请介绍一下廊坊市杨家将

文化基本脉络？

庞永力：廊坊市杨家将文化研究会是继陕西神木县（杨业出生地）杨家将文化研究会之后，国内第二家杨家将文化研究机构。通过杨家将后裔提供的族谱与历史文献查证，我们梳理出廊坊市杨家将文献基本脉络，大致分五点：一、北宋抗辽名将杨业（令公）埋骨香河县；二、宋辽战争主要遗址、被誉为我国军事史上“地下长城”的永清——雄县宋辽古战道系杨延昭（六郎）所修；三、宋辽战争第二阶段“三关”中淤口关、益津关在廊坊霸州（瓦桥关在保定雄县），杨六郎镇守长达十六年之久；四、廊坊各县乡数以百计的村街因宋辽战争、杨家将传说而得名；五、杨家将明朝后裔（瀛西）主要征战于京津地区，杨杲埋骨广阳区许各庄村，该村村民大多为杨家将后裔。

记者：杨业主要征战山西，为何埋骨香河呢？

查看《香河县志》

庞永力：宋辽战争绵延几十年，第一阶段山西雁门关地区、第二阶段冀中保定沧州廊坊、第三阶段邯郸河南，从地理上来看，北宋疆土被辽逐步蚕食；落实到杨家将几代人，杨业战于山西、杨延昭守冀中战线、杨充广守河南战线。

根据国内学者考证：雍熙三年（986年）七月，因主帅潘美、监军王侁乱指挥于前、救援失信于后，杨业在陈家谷口（今山西怀仁县西北）苦战辽军不敌，中箭被俘，绝食三日而亡。作为北宋抗辽灵魂性人物，杨业之死改变了宋辽两国命运，北宋自此只守不攻、节节退让。杨业被俘后，被押解回幽州，途中死节，辽“匣其首遍传诸军”以鼓舞士气。萧太后敬杨业忠烈，葬其骨于古北口（今北京密云）并建杨无敌祠，为敌首建祠供奉，杨业忠勇绝冠古今，也算罕有了。

据许各庄杨家将后裔提供的《杨氏族谱·嫡长内谱》（北宋杨充广创修，民国三年重抄）记载：杨六郎驻军任丘，派家将前往古北口盗骨，遭辽军追杀，顺大运河逃至香河县界，埋骨今土门楼村，据杨氏先祖杨球墓八里。评书与戏曲多有“孟良盗骨”，看来是有所依凭的。明万历、清康熙、民国三个版本的《香河县志》均有“杨令公墓在城南一里”的记载，对杨球墓亦有记载，与族谱相吻合。这样，杨业山西被俘—死于羁途—葬于密云古北口—家将盗骨归葬香河的路线图得以厘清。

记者：请介绍一下永清古战道与古三关。

庞永力：《杨氏族谱·嫡长内谱》杨延昭篇记载“奉上谕密修边关地下战沟”，永清古战道四五十年前才被发现，而民国初期抄录的北宋年间族谱就予以记载了，两下吻合，应该属实。

宋辽战争第二阶段，冀中多为平原，北宋无险可守，经研究可推测当时战局：永清至雄县地下战道兼具屯兵、屯粮、避险、伏击功能，与淤口、益津、瓦桥三关相同走向并行，加上霸州、文安、雄县地势低洼、水泊众多，北宋掘堤连片形成“地上水长城”，形成“地下长城”、三处雄关、水泊连线立体防御体系，以阻辽军铁骑南下。

记者：请谈谈明朝杨家将？

庞永力：杨家将是我国历史上著名的军事家族，发端于唐朝播州节度使杨端，杨业是第四代，以杨业、杨六郎抗辽最为知名，之后的元、明、清及至当代，杨家均将帅辈出、精忠报国。由于北宋重文轻武，杨业统兵并不多；之后元、清为少数民族统治，相较之下明朝杨家将战绩更为突出：杨政率三子二侄随朱元璋为大明开基，世称“一杰五虎”；杨政长子杨璟守北运河，因汉代远祖杨球、宋代远祖杨业葬于此，遂定居瀛西（今天津武清河西务），为瀛西杨氏开基祖。杨璟之子杨洪为明朝悍将，“土木堡之围”勤王立下战功，边寇称为“杨王”。杨璟侄玄孙杨杲与鞑靼战于新保安，战死失头，朝廷“以石刻头，涂以金粉”，葬于其封地武清西（今广阳区许各庄），这也是廊坊杨家将后裔的来历。

作者探访后土门楼村

记者：这些遗迹对廊坊有什么历史与现实的影响呢？

庞永力：没有历史与文化的城市是苍白的。相对于其他地市，廊坊建市较晚，除了“义和团廊坊大捷”，历史上有名的人物与事件不是很多。唐宋以来，廊坊多处于汉族与北方少数民族统治的结合部，常年作为双方争夺的战场，有数以百计的村街因宋辽战争、杨家将文化得名。研究一个历史人物，多以其出生地、住址、主要工作地（政绩）、墓葬为主。杨业埋骨香河、杨六郎多年镇守三关、永清地下古战道、村街名称中辽宋文化、明朝杨家将后裔，以上要素构成廊坊研究、推广杨家将文化的基础，在国内得天独厚。当然，我们做得还很粗浅，希望得到专家与各界人士的批评与帮助，努力完成既定工作目标。

杨家将文化的内核是忠勇、爱国的民族精神，它是与时俱进的，到任何历史阶段都不会过时，将成为廊坊地域文化不可或缺的一部分。第一辑会刊印行后，廊坊与杨家将文化渊源深厚的县市反应热烈，研究会已启动“金刀杨令公纪念馆”“杨家将文化广场”的选址、筹建工作。作为文化旅游的节点，由北向南，廊坊有望形成“香河杨令公纪念馆—市区杨家将文化广场—永清宋辽文化（古战道）区—霸州古三关文化区”节点构成的历史文化带，届时，杨家将文化将得以在廊坊落地生根、发扬光大。

——原载2014年11月17日《廊坊日报》第三版

《杨家将文化研究》编后

当我尚是孩童时，从家里的广播匣子里，没少听“杨家将”评书，印象最深的是“金沙滩之战”，什么“大郎替了赵王死，二郎替了赵德芳，三郎马踩如泥碎，四郎流落到番邦……”这些多次被说书人提及，莫不是诉尽杨家将的忠勇、惨烈及孤儿寡母的不易。时间到了2013年，万万没想到，在评书、影视剧之外，我竟与千年之前的“杨家将”发生了丝丝缕缕的联系。

刚接到“廊坊市广阳区许各庄村杨家将后裔首次祭祖”的新闻线索时，我秉持的是一个记者的敏感。在采访过程中，后裔代表杨万金展示出杨氏族谱：不仅许各庄村半数村民是“杨家将”后裔，杨令公竟然埋骨香河，而永清地下古战道也是杨六郎修的。生长在冀中，我也知道保定、沧州、廊坊很多村镇流传着“杨家将”的传说并因此得名——我奶奶的娘家，肃宁县牛军庄村，就有“杨六郎大摆牤牛阵”的起源。

不知不觉中，我转到了一个文化挖掘的层面。老百姓口口相传的“杨家将”，多是金刀杨令公、杨六

郎、佘老太君、杨宗保、穆桂英、杨文广……一年粗浅接触下来，我知道了杨令公不是碰李陵碑而死，而是中箭被俘绝食而死；佘老太君其实姓折；杨宗保、杨宗英其实是杨六郎的两个女儿。更重要的是，“杨家将”起源于唐朝播州节度使杨端，杨业是第四代了；“杨家将”一直延绵了唐、宋、元、明、清各个朝代，直至当代仍有著名将领开国建功。“杨家将”在各朝爵位世袭罔替、代有军功，朝代更替间，后裔多销声匿迹、转向文事，但始终有一杆“忠义千秋”的大纛旗在迎风飘扬！纵观中国历史，粗略统计，有汉朝李广、南宋岳飞、明朝刘綎、清朝曾国藩等军事家族，均两三代而终，且多以悲惨收场，相比之下，“杨家将”声名之盛、历朝之久创下国内外之最。

研究一个历史人物，多以他的出生地、主要工作地、墓葬为主：杨业埋骨香河，宋辽战争第二阶段代表遗址——永清古战道及古三关（淤口、益津、瓦桥）其二，明朝“杨家将”廊坊许各庄后裔，以及数以百计以“杨家将”故事命名的村镇，廊坊可称得上与“杨家将”渊源颇深了！

廊坊市杨家将文化研究会的筹备历时将近一年，得到廊坊市文广新局、市民政局的多方支持。这个过程中，有很多人不了解廊坊因何研究“杨家将”文化，对这段历史及它的现实意义很陌生，这也是我们发起、成立这个组织的必要性所在。据了解，目前国内研究“杨家将”的机构还有陕西神木县杨家将文化研究会，廊坊是第二家。“杨家将”文化影响传播很广，传说、遗迹众多，我们要基于史料、遗迹、文物开展研究，吸收兄弟机构的成果，共享自家的发现，互相促进、求同存异，在交流、论证中厘清史实。同时，民间传说、民俗的力量也不容忽视，在史书之外的杨门女将，同样也鼓舞了我们千百年。

没有历史与文化的城市是苍白的，“杨家将”文化对于廊坊市的重要性不言而喻。无论哪个历史阶段，忠勇大义的爱国精神都不会过时，“杨家将”不仅是杨姓人的骄傲，它所传递出来的英雄魂魄更是中华民族精神世界的瑰宝；是故，无论“杨家将”后裔还是其他华夏子孙，为之倾尽绵薄，都是值得的。

2014年10月12日于青黄斋

廊坊复兴80岁京东大鼓引得京津乐道

成立国内首家京东大鼓传习机构，零门槛免费学

今年春节期间，很多廊坊百姓未出远门，便欣赏到了正宗的京东大鼓。2017年年初，央视《乡村大世界》新春特别节目“春到新农村”走进香河专场文艺晚会上，由廊坊市京东大鼓传习所的王丛民、张荣、赵维新、郭宝艳等11人共同演唱的京东大鼓《越说心里越觉得甜》惊艳四座；1月20日，京津冀三地基层文化组织共同承办的“欢乐京津冀曲艺大舞台”专场演出现场，廊坊京东大鼓爱好者演唱的经典名段《送女儿上大学》再次引爆全场……

80岁的京东大鼓过时了吗?

“通三武保冀香宁，外带滦县一座城”，说起京东大鼓的发源地，廊坊众多京东大鼓爱好者都会提起这句话。其中的“三”指“三河”，“香”则指“香河”，也就是说，京津冀都是这门艺术的发源地。2006年5月，经国务院批准，京东大鼓被列入第一批国家级非物质文化遗产名录。在如今京津冀协同发展不断深入的大背景下，廊坊传承、发扬京东大鼓，不仅是保护传统文化，对于推动京津冀文化事业协同发展更有着非同寻常的意义。

京东大鼓于20世纪30年代初期被搬上天津地区的舞台，曾被称为“乐亭调”“乐亭大鼓”等，唱腔朴实无华，词句浅显易学，颇受普通民众喜爱。新中国成立后，天津艺人董湘昆进一步加工、规范其唱腔，不断创作新曲目，使得这一艺术形式在20世纪六七十年代走向高潮。廊坊作为发源地之一，更是见证了京东大鼓的辉煌，并涌现出陈怀德、王芳、康福元、王临风等很多知名艺人。

时过境迁。随着社会的发展和现代化进程的不断加快，京东大鼓作为历史文化印记之一，已辉煌不再。但无法否认，其独特的艺术魅力仍然散发着馨香，吸引着明珠城市街头巷尾的很多人痴迷其中：

廊坊4路公交车司机杨广山从小就喜欢京东大鼓，十几年前，为了学习京东大鼓的演唱技巧，他买来录音带，在家里边听边学。2012年，他拜京东大鼓表演者苏炳华为师，开始系统学习。每天下班再晚，身体再累，

他也要学一会儿。凭着一腔热情，几年后，他的演唱水平有了质的飞跃，“我的理想就是尽最大努力把欢乐传递给大家，将京东大鼓这门传统艺术发扬光大”。

张荣对京东大鼓更为痴迷，今年40多岁的他是某康复机构负责人，多年来他对京东大鼓艺术执着追求，不仅令身边人折服，还感动了董湘昆先生，收他为关门弟子。他不仅自己学习、演唱京东大鼓，还在家里办起“小剧场”，每周请来天津等地的京东大鼓名家前来授课，让更多人感受京东大鼓的独特魅力。

廊坊成立首家京东大鼓传习所

2013年，廊坊的爱好者通过微信自发组建起“京东大鼓学习交流群”，最初只有十几人，渐渐拓展到几十人。大家在群里沟通、学习，在京东大鼓的艺术世界里感受快乐。

2015年11月22日，在廊坊市文广新局及广阳区文体局的支持、指导下，廊坊京东大鼓传习所在广阳区群艺馆成立，成为国内首家京东大鼓传习机构。

广阳区群艺馆馆长赵德明是传习所成立的主要倡导者之一。他告诉记者，成立传习所的初衷就是助力培养京东大鼓演艺和创作人才，推动这一传统艺术的传承与发展，促进京津冀三地艺术的交流与合作，使这项非物质文化遗产绽放出独特的艺术光彩。

传习所成立后，广阳区群艺馆专门设置活动室，邀请京津冀地区京东大鼓名家，每周六下午来廊坊为京东大鼓爱好者义务辅导。来自天津的京东大鼓名家商国喜是最受欢迎的老师之一，每次授课，他下午一点就要从家里出来，给每一位爱好者指点到位，晚九点才能从廊坊北站坐上回家的火车。

传习所还有一批志愿者，心甘情愿为京东大鼓艺术的发扬光大默默奉献。张荣是传习所秘书长，在各项活动中，他毫无保留地将自己的演唱技巧传授给爱好者。张树峰唱了很多年西河大鼓，对京东大鼓同样热爱，他为爱好者伴奏、指点，专业而耐心。

传习所副秘书长、志愿者之一郭宝艳学习京东大鼓两年有余，在京津冀有了一定知名度。她说，自己的成长离不开传习所这个平台的支持。“传习所刚成立时，只有几位爱好者来活动，但是，授课总是照常进行，从不延误。在大家的共同努力下，传习所逐渐有了一定知名度。”从去年初开始，传习所开始组织京东大鼓爱好者参加各种演出，以此方式进一步扩大京东大鼓的影响力，为京东鼓韵“星火燎原”打基础。他们走进工厂，来到田间；他们进入社区，走入军营……到去年 11 月，传习所迎来成立周年纪念日时，京东大鼓爱好者已扩展达二百余人。

传统曲艺形式如何推陈出新?

看到成绩的同时，京东大鼓爱好者们也在冷静地分析这一传统艺术的未来。“从目前来看，学习这门艺术的仍然局限于中老年人，鲜有年轻人走近它、了解它。要想完成董湘昆老师的遗愿，让京东鼓韵‘星火燎原’，还有很长的路要走。”张荣告诉记者。

郭宝艳结合自己学习、推广京东大鼓的经历，分析了“鲜有年轻人走近它、了解它”的原因。“受客观环境的影响，年轻人了解这门艺术的渠道也很有限。其次，学唱京东大鼓不会产生显著的经济效益，没有太大吸引力。学唱京东大鼓入门并不难，但若想唱好，没几年的苦练绝对不行。与多数人喜欢的唱歌、跳舞等艺术形式相比，京东大鼓的演唱形式不够活泼，甚至有些死板。”

这些原因，正是众多京东大鼓推广者的共识。他们还一致认为，任何一门传统艺术，如果想重新焕发生机，就必须有创新。

“云想衣裳花想容，冰天雪地想春风；和平年代争名利，战乱时节想和平……每个人都想生个宝贵命，积德行善想不通……劝大家，做人要想那胸怀广，修身养性多宽容；要走就走圣贤路，要留就留千古美名！”这首由赵德明作词、郭宝艳装腔的《想》，已公演过几次，曲调高亮、悠扬，散发出清新与活力，深受观众欢迎。

赵德明告诉记者，传习所牵头创作了十来个曲目。从去年传习所成立周年庆典之后，大家在学习经典曲目的基础上，开始有意识地创作新曲目。鼓词紧跟形势，装腔时，注意推陈出新。另外，他们还准备开展小班教学，把已有一定水平的爱好者单独编班，让他们有更多机会向专业层面发展。同时坚持“零门槛”进入，只要喜欢，就可以在传习所免费学。“这项工作没有期限，我们会一直做下去。希望这份努力与执着能够让京东大鼓走进更多寻常百姓的心里，更希望对这门艺术的传承与推广真正推动京津冀文化事业的融合发展！”D

（注：与辛建伟合作）

附录

电影文学剧本

在 网 一 方

——讲述廊坊爱情故事

编剧：庞永力

时间：2012～2013 年

地点：华北城市——邯城、廊坊、农村

主要人物表：

小娅：23 岁，廊坊农村女孩，小时患小儿麻痹，5 岁开始瘫痪在床，通过别人的课本、收音机自学，学完初中语文课本。通过手机聊天平台与外界交流，结识阿峰。

阿峰：26 岁，邯城农村男孩，因家庭困难，为让弟弟上学，初中辍学打工，干过建筑工，学过厨师，后在邯城一酒店任主管。资助高中生家媛，照看家媛出车祸的父亲。后与小娅网络相识、相恋。

家媛（思齐）：19 岁，邯城女孩，父亲因车祸致残，在阿峰的资助下完成高中学业。考入大学后与同学张良相爱，后分手。躲在网络后面，化名思齐，帮助阿峰、小娅走在一起；并为他俩呼吁，得到社会救助生下孩子。

张良：20 岁，石家庄男孩，家媛大学同学，生长在城市，家庭条件优裕，喜欢在网络上冲浪，享受现代思潮。

小娅母亲：60 岁，守护着瘫痪的女儿。

阿峰父亲：50 岁，早年当兵，退伍务农，身体不好，最终理解阿峰的恋爱，接受了瘫痪的小娅。

片头引子：廊坊农家 日 内

一部手机，一只手——只有中指、食指稍显灵活，却在熟练地戳着键盘。这情景发生在北方农家的土炕上，女孩小娅侧卧着，眼睛并不看手机屏幕，她已经练就熟练的“盲打”。门帘撩开，母亲走进来，问小娅中午吃什么饭，并帮着她翻身。放在枕边的手机屏幕上，还有聊天的内容，定格。

字幕：在网一方

1. 邯城某饭店 日 内

饭店大厅，阿峰跟几位领班、服务员交代着什么。众服务员出去做操，餐前展示。

阿峰回到值班室，拿起桌子上的手机，屏幕一侧出现小娅的留言（技术处理，下同）：“我觉得青春不能虚度，你虽然只是初中毕业，却有一定的精神追求……”

阿峰开始在键盘上打字，留言：“人们对物质的奢求已经令心田荒芜，虽然早早进入社会，但我还是看了一些书，通过别人的人生经验丰满了自己。”

一位领班推门、探头：“阿峰，吴总快来了，让他看见你又玩手机，又得‘冒’你了。”

“得嘞！”阿峰答应着，把手机塞进抽屉里，扭身跑了出去。

2. 小娅家 日 内

小娅躺在炕上，右手摆在头边，拇指摁着键盘，头却不用扭过去。

母亲走进来：“你天天摁这个，顶吃还是顶喝啊？你哥给你买这个手机，电话没打多少，总见你忙活手指头儿了。”（剧中农村人物说廊坊方言，下同）

小娅：“现在科技发达了，网络一通，多远的人都给你拉近了。我是‘秀才不出门，便知天下事’。”

母亲：“你还秀才呢？一天学都没读过，学校大门朝哪边开都不知道。那时候你哭着喊着上不了学，把哥哥、姐姐的课本借来乱翻，现在匣子都不听了，迷上这手机了，你呀，心都野了。”

小娅一笑：“我每天连炕都下不了，就是野，又能野到那里去？”

母亲有些黯然：“老用这手机说话儿，能互相瞧见长啥样儿吗？”

小娅：“能，安上一个视频软件就行。我不想安，互相看见了就没有想象空间了，网络不是现实，什么都清楚明白了，也就没意思了。”

母亲也幽默：“那还不是瞎聊！你看不见他，他看不见你，隔空喊话儿。对方有啥问题都不知道，别搭上坏人啊，你没听人说，有在网上诈骗的？”

小娅：“我又不购物，只是聊天。说话儿投机的，多说两句；不对路的，不搭理他就是了。”

母亲又想起了什么，叹了一口气：“你表姐下礼拜结婚，给信儿了。刚才你爸说了，随一百，你哥结婚时，你姑就随了一百的礼。”

小娅：“也太少点儿了吧？我哥结婚都是好几年前的事儿了，现在物价飞涨，节省不能省在这上头。”

母亲：“就你会看事儿？听你的，随二百。你表姐才比你大六个月，这都成家立业了——唉，瞧我说啥呢！”

母亲起身出去，小娅只是一笑。

3. 邯城某饭店 日 内

阿峰走进值班室，又通过门玻璃向外望了望，发现没人后，从上衣兜里摸出手机，滑动屏幕解锁，查看信息；屏幕一侧出现小娅的头像，闪动着……阿峰用拇指按键盘，留言：“刚刚忙完。你那里不好买，杂志我可以买了给你寄过去。”

小娅回复：“不用。我看书还是比较少，网上的信息足够多了。”

那位领班又推门：“阿峰，又聊天，我看你快了！”

阿峰：“我又不耽误事儿。”

领班：“你就聊吧，把你那美女妹妹都聊来了！我看你不见真人不过瘾啊！”

阿峰：“你别瞎说！她在哪儿啊？”阿峰站起身，拉开屋门探身，喊道：“家媛！在这儿呢。”

一个梳着马尾辫子的女孩走进值班室，领班冲着阿峰做了一个鬼脸，出去了。

家媛：“峰哥，我要入学报到了，过来跟你说一声，不耽误你事儿吧？”

阿峰：“没事儿，这会儿不忙。怎么样？还有几天开学报到？”

家媛：“下星期一，我们这届考石家庄的不少，我们一块儿搭伴走，你别担心。”

阿峰：“那就好，我恐怕送不了你。你安心上学，不用担心你爸爸，我有空儿就过去帮着收拾收拾。”

家媛：“峰哥不用，这一年多你费了不少心，我爸身体恢复了很多，能拄着拐下地了。我妈身体也好多了，干家务活儿没问题。要不是你帮忙，我恐怕连高考都参加不了，真不知该怎么谢你……”

阿峰：“你这样客气我都不习惯了，谁让我跟你表哥是哥们儿呢，我也没出多大力，就是偷空儿帮帮忙。”说着，阿峰从兜里掏出一沓钱来，“开学得买生活用品，这钱不多，你先拿着。”

家媛一下子站起来，红着脸推拒：“峰哥真的不用，你都给我好几次钱了，我到学校后自己勤工俭学，再说我爸的车祸赔偿对方又给了一些，现在家里不那么紧了。”

阿峰："拿着家媛！这500元也不多，不影响我生活，这只是我对你考上大学的一点儿心意。我不能送你去石家庄，你到了那边，我就帮不上什么了。"

家媛推不过："我怎么感谢你……"

阿峰："你总说感谢就远了。你很懂事儿，很要强，我就想多少帮一下。我爸爸也生过一场大病，我早早就不上学了，想家里集中起钱来供我弟弟，他还是没能考上大学。你能考这么好我很高兴，也算圆了我的大学梦，你就是我的一个妹妹，以后长本事了我就高兴！"

家媛的眼圈红了。

4. 邯城汽车站 日 外

从邯城开往石家庄的汽车快要发车了，家媛与母亲告别，两个结伴同学已上车。这时阿峰跑了过来："家媛，紧赶慢赶，车好在还没开。阿姨，我去家里了，怕你身体不舒服送不了家媛，你们已经出来了。"

家媛掏出一块手绢，帮着阿峰擦脸上的汗。

家媛母亲："又让你跑一趟，我没事儿，家媛表哥出门了，不耽误你上班啊？"

阿峰："饭店十一点才上客呢，现在没啥事儿。"

家媛两个女同学看着这一幕，互相很有深意地看了一眼。

车要开了，家媛上车，阿峰和母亲在车外挥挥手，走了。一位女同学问："家媛，这是你男朋友吧，长得还挺帅！在哪儿上班呢？"

家媛："别瞎说，这是我一个哥哥。"

女同学："哥哥？他不是上次找你的那个表哥啊——你家的表哥数不清啊。"

家媛红着脸："不跟你说了！"

5. 家媛家 日 内

家媛母亲进屋，家媛爸爸扶着床站起来："看见阿峰了吗？"

家媛母亲没搭茬儿，把手里的包放下，沉吟了一下说："你说，阿峰这孩子，是不是对家媛有意思？"

家媛爸爸："啥？你怎么会想到这个？"

家媛母亲："一年多了，阿峰这孩子隔三差五过来帮忙，还给家媛凑学费，不是她表哥朋友那么简单吧？"

家媛爸爸："咱家最困难的时候，阿峰热心帮忙，这孩子从农村出来的，没什么花花肠子，在外面一帮一伙的小年轻儿中，很难得。"

家媛母亲："我没说阿峰不好，不知道家媛怎样看他。只是，家媛考上大学了，今后落到哪个地步，就难说了。"

家媛爸爸："现在说这些太早，别费那闲心了。"

字幕：半年后

6. 邯城饭店宿舍 夜 内

同宿舍的服务员已睡了。阿峰坐在床上，双脚泡在水盆里，拇指按着手机键盘。屏幕出现字幕："我没什么钱，但也不羡慕那些有钱的人，有钱能买房子、买好车，却把人心蒙蔽了，只剩下享乐与攀比，很难再找到纯粹的感情了。"

7. 小娅家 夜 内

灯光，小娅还是那样躺着，拇指按着手机键盘，屏幕出现字幕："同感。很多人并不知道自己真正要什么，越多越不嫌多，只有穷困的人才懂得珍惜。"

8. 邯城饭店宿舍 夜 内

灯已经熄了，阿峰躺着看手机，手机的荧光蓝莹莹的。

9. 石家庄某高校 日 外

家媛边打手机边走出宿舍楼，阿峰等在宿舍区门口。

阿峰："我那同事去转新厨具了，我抽空来看看你。最近怎么样，功课紧张不紧张？"

家媛："还行，这学期能得二等奖学金，你不用担心。"

二人顺着林荫道走，迎面过来一个高大帅气的男生："嗨，家媛！"

家媛："张良，下午学生会的活动有变化吗？"

张良："正常进行。"

张良与阿峰对视一眼，没有打招呼。张良走出一段后，扭头看了看两人的背影。

10. 石家庄某高校 晚 外

一群男女同学走出教学楼，各自走散，张良叫住家媛："出去吃吧，我请客，吃完后去看电影，新上线的《失恋 33 天》。"

见家媛犹豫，张良补充道："杜卿、王兰也去。"

11. 石家庄某电影院 晚 内

屏幕的微光下，四个同学分两对

坐着，王兰的头倚在杜卿肩上，他们是情侣；家媛与张良保持着距离，有些尴尬。张良的手从座椅扶手下伸过来，碰到家媛的手，家媛的身体一震，把手拿开。张良的脸冲着屏幕，装作若无其事。一会儿，张良的手又伸了过来，家媛的手挣了一下，但张良坚持着握住了她的手。银幕上剧情继续。

12. 石家庄某高校 晚 外

已不见杜卿、王兰，张良与家媛并肩走着，他的手又握住了家媛的手，家媛扭头看了他一眼，却没有把手抽出来。

在一棵大树下，灯光很遥远，张良拥住家媛："今天来找你的那个男的是谁？"

家媛："是我一个哥哥？"

张良："哥哥？我看不像哥哥。"

家媛听出些什么来，挣脱张良的臂弯："你想什么呢？哥哥就是哥哥！"

张良急忙说："好、好，我也当你哥哥。"他重又把家媛搂住，用唇亲她的头发。

13. 石家庄某网吧 晚 内

家媛正在上网，时不时地敲字聊信息。张良走了过来，把一大瓶饮料、一包话梅、一盒巧克力放在她面前。

家媛："这么奢侈？"

张良："这算什么？下周咱就不用到这里挤来了，我爸答应赞助一台笔记本，在宿舍里就能上网、聊天了。"

家媛："我可不敢想，我当家教一小时才 20 元。"

张良："干那玩意儿呢，缺钱你说话。"

家媛有些生气："我干吗用你的钱，我自己能行。"

张良："你是我女朋友嘛，行了，我尊重你。不过你的手机该换了，内存太小，玩不了游戏。"

家媛嗔道："谁用你换？"

14. 邯城汽车站 日 外

家媛出现在出站口，早就等候的阿峰迎上去："欢迎回家！"

家媛："峰哥，说过不让你接了，我没带什么东西，坐公交就行。"

阿峰："坐公交还得走一大段，我的摩托车方便快捷。"

阿峰载着家媛，从城市车流、人流中穿过。

15. 家媛家 日 内

家媛把几袋滋补品放到桌上，问

候爸爸：“爸，你最近感觉咋样？”

家媛爸爸：“我没事儿，能下地走走了，你买这么贵的东西干什么？吃了不顶啥。”

阿峰接话：“家媛越来越懂事了。兼着两份家教，成绩还没落下。”

家媛母亲也说：“这一袋得一两百，钱得攒着，不能乱花。”

家媛有些尴尬：“买了你们就吃吧，光说钱！”

这时，家媛口袋里的手机响了，她掏出来，是一个新款智能手机，一看号码，她起身到外面去接：“下午五点就到了，现在在家呢……”

家媛的父母交换了一下眼色，表情凝重起来。阿峰也感到了什么。

16. 家媛家 夜 内

母亲从家媛屋里走出来，把门关好，对着一脸疑问的爸爸说：“问了，营养品与手机不是家媛自己买的，她交了一个男朋友。”

家媛爸爸（提高声调）：“男朋友？什么人，干吗要人家花钱？”

母亲：“你那么大嗓门干啥？是她同学，不是社会上的，也不是咱孩子要的，那边家庭条件好，小伙子表达心意。”

家媛爸爸：“刚上了不到一年就谈朋友，涉及钱就容易学坏，你这当妈的得好好说说了！再说，阿峰怎么办……”

母亲：“阿峰怎么了，俩人又没说定，阿峰人是很好，但一个大学生和一个初中生，有多大可能性？”

17. 家媛家 日 内

家媛要返校了。阿峰又过来，家媛在屋里收拾。母亲把营养品归整一下，低声对阿峰：“这些东西不是家媛买的，班上一位男同学对她很照顾，听说她要回家，给我们买些营养品。”

阿峰一怔，很快说道：“我说呢，家媛很懂事儿，不会让你们担心的，有个朋友照顾挺好的。”

家媛在屋里听到了这话，停下了手中的活。

18. 邯城汽车站 日 外

阿峰与家媛面对面站着，行李放在脚边。

家媛一脸感激，同时夹杂着愧疚：“峰哥，总是这样麻烦你，我真是不忍心，我……”

阿峰一笑：“别有什么压力，你能发展好我就开心。记着，我是你哥哥。”

19. 市区 日 外

阿峰独自开车穿过闹市，脸上没有明显的表情变化。插曲。

20. 邯城饭店宿舍 夜 内

阿峰头枕着双臂，陷入沉思，他拿起手机，用拇指摁着键盘，屏幕出现信息：“我的预感被证实了。我倒不那么伤感，也许我只是把她当成一个妹妹，她能好我就安心，我愿意远远守望，默默祝福。”

屏幕弹出小娅的头像：“有些感情很难分清，比友情多点儿，又比爱情少些。”

阿峰接着摁：“关键是你想要哪样？是友谊的纯洁，还是爱情的责任，虽然都需要付出，但这两者并不一样。”

小娅：“对于一些人来说，友情很容易，爱情很奢侈。”

阿峰：“只要确定方向，就能达到，关键是坚持。她也许真的是我前世的妹妹。你我做聊友这么投缘，也是前世的缘分。”

小娅：“……”

阿峰：“沉默是什么意思？”

窗外，几点星辰，一轮明月悬在夜空。

21. 镜头轮替展示

家媛与张良交往，手牵手，吃饭，用笔记本上网，出外旅游。阿峰工余仍保持与小娅的热聊，神情愈发热烈；小娅感觉到了阿峰的变化，内心也泛起波澜，但更多的是冷静，甚至痛苦的绝望。

22. 小娅家 夜 内

夜已经很深了，小娅躺在炕上，手机上的信息提示不断，远在邯城的阿峰也没睡，一直发来信息。小娅却不再回应，她明白，阿峰对她不再是单纯的畅聊人生了，而有了更多男女之情的表达。这么长时间的交往，她没有向阿峰透露过自己的身体状况，她不是刻意欺瞒，网络聊友涉及不到太多现实，再说她也习惯了自己的残疾，并不认为这会成为网络交流的障碍。可现在……

她打开QQ，向新近热络的一位聊友思齐发了一条：“对于我来说，内心是一个与氧隔绝的真空，爱情不可能开花。”

思齐很快回复：“为啥这样伤感、绝对？”

小娅知道，思齐是一个与自己年龄相仿的女孩。她回复：“遇见了一场不可能开花的爱情，太突如其来，不如尽早走开，因为根本就是镜花水月，根本不可能。”

思齐：“你到底什么状况？这样悲观可不妙。”

阿峰信息：“你跟谁聊呢？为什么冷落我？”

23. 邯城饭店 内

阿峰正在大厅里忙碌，手机提示有短信。他掏出来看了一眼，会心地笑了，塞进兜里接着忙；猛地，他想到了什么，再次掏出手机来看。小娅的头像闪烁：“阿峰，为你送上祝福吧。”

墙上的挂钟时针转了几圈，下午2时，忙过一阵儿的阿峰，回到宿舍，拿出手机准备给小娅发信息，却发现她处于离线状态，这可是少见，小娅的QQ几乎24小时在线，他发了一条信息。

时间指向下午3时，阿峰闪进宿舍，打开手机，小娅还是不在线。

当晚10时，躺在床上的阿峰看手机，小娅不在线，他摁动键盘发了一条信息，发毕，把手机丢在一旁；一会儿，拿起来又看，一副失望的神情。

第二天，时针转动，工作之余、在宿舍，阿峰数次打开手机，先是失望，后来有些焦虑、神不守舍。

字幕：五天后

24. 小娅家 夜 内

桌上的时钟显示为凌晨2时。小娅打开手机，信息提示声响个不断：

阿峰：“这大白天的隐什么身？电池没电了？”

阿峰：“为什么送上祝福？好奇怪。”

阿峰：“你已经潜水一天了，起床了！吃饭饭啦！”

阿峰：“两天了。你怎么了？”

思齐：“你怎么玩起失踪了？关切中，你想就此断掉是吗？我觉得你应该把你的身体状况告诉他。”

思齐：“你没有错，他也没有错，应该让他知道，还没有真正开始，不是结束的结束可能更让他痛苦。”

阿峰：“你到底怎么了？”

阿峰：“这是第四天了！”

……

小娅把手机关机，陷入沉思。

25. 邯城饭店 夜 内

又一天过去了，小娅仍然失联，阿峰束手无策。他已经明白他们之间有了某种变化，而几天过去，他对小娅的感觉没有变淡，反倒更加清晰、强烈了。对小娅的这种感情不同于家媛，家媛是柔弱而要强的，他能感觉到家媛的感激，他想保护家媛，他知道作为一个哥哥，家媛会越走越远的，他心里只是祝福。对于小娅，则有互相打开心扉的知己感，对着小娅他不设防，总想倾诉。小娅可能出什么事儿了，或是……离开了自己，无论哪种，他的心都会疼。

阿峰渐渐有了睡意的时候，被轻微的短信提示音惊醒，他猛地翻身，抓起手机，是呵，小娅在线了！并且发来了短信："这几天，对不起，我想没有结果的开始，不如尽早地结束。"

果然如此！阿峰没有立刻回复，只是静静地看着这句话，眼里一下子盈满了泪水。许久，他才摁动键盘："对不起，我可能给了你不好的感觉。"

小娅："不是你的错。"

阿峰："你想离开我了？"

小娅："我们是好朋友，就是不能继续也是好朋友。"

阿峰："？"

小娅："你别多想。"

阿峰："？"

小娅："是我的问题。"

26. 邯城某医院 日 外

阿峰走出医院大楼，坐在树下的长椅上，掏出手机发信息："我刚刚问过，医生说要看具体情况。"

小娅："小时候就这样了，已错过最佳治疗时机。"

镜头拉开，一群鸽子飞过楼群上空。

27. 石家庄 日 外

阿峰走出省医院大楼。有些泄气。

阿峰走进某专业医院，走廊里挂着"骨科专家"的牌子。

28. 石家庄某高校 夜 外

校门口小饭店，临窗的桌子，阿峰与家媛对坐。

阿峰："最近怎么样？方便的话我想见见张良，我这当哥哥的给你把把关。"

家媛："接到你的电话后，我给他打电话了，他在外面，说尽可能往回赶。"

阿峰："他在城市长大，文化水平高，见识多，我还怕让人家见笑呢。"

家媛："看你说的，他没你有生活经验，有时爱发小脾气，不过对我还挺好的。对了，你去医院干什么？"

"我一个朋友，"阿峰把眼移到别处，"是个女孩，从小因为小儿麻痹瘫痪在床，我想为她想想办法。不太理想。"

家媛："是你提过的那个网友吧。她真不幸。"

店外，张良出现，透过窗户看到家媛与阿峰，却没有进去，而是离开了。

阿峰："不怕你笑话，原先只是聊得来的朋友，现在我有了别的感觉，一想到她躺在床上没人管的样子，我的心就疼得不行。"

家媛："我知道你的感觉，她的病真的不能康复了吗？"

阿峰："很难。你不知道，她对很多事都有自己的看法，一点儿也不像瘫痪多年的病人，她很豁达，善解人意。其实只是我对她产生了感情，她躲着我，是为了不连累我。"

家媛："峰哥，有时爱情来了谁也挡不住。这不是谁的错。"

阿峰："这几天我一直在想，小娅她不是残疾人，她的内心比很多健全人还强大、美丽，她有权利像正常人一样生活，有权利获得一份完整而正常的爱情。"

29. 小娅家 日 内

农村街道、屋舍。

小娅在炕上躺着，母亲突然走了进来："怎么会有人来找你？"

小娅一时没醒过神儿来："找我？谁？"

母亲："一个男的，在村里打听，振川他爹给带过来了，正在门口呢。"

小娅突然大叫："啊——别让他进来！我、我不见他。"

30. 小娅家门口 日 外

振川他爹正打量着背着旅行包的阿峰，满心不解、戒备："你怎么会认识小娅？"

阿峰："我们……"

振川他爹："同学？小娅从小卧床，也没上过学啊？朋友？人家孩子根本不能出家门，从哪儿认识你去？"

阿峰："我们是网友，从网上认识的。"

振川他爹："网上，你说电脑？"

这时，一位大娘走过来："这是找谁啊？"

振川他爹："找小娅的。"

大娘："小娅？还有找小娅的？小娅连屋门都出不来！"

又有一个村民过来，也停下脚探听究竟。

小娅母亲走去来，沉着脸说："你进来吧，别戳在门口了。"

31. 小娅家 日 内

母亲将阿峰领进屋，阿峰终于见到了熟悉又陌生的小娅：她躺在炕上，肩膀明显耸起，双腿与双臂明显瘦细，挽着发髻，脸庞显得清秀，那双眼睛是自己想象中的样子。小娅也在看阿峰，偏高的身材，留着短发，国字脸。

小娅："你是阿峰？"

阿峰："是我，小娅，我来看你。"

小娅："怎么招呼都不打？"

母亲在一旁站着，看看阿峰，再看看小娅，丈二和尚摸不着头脑。

小娅："妈，你出去吧。"

母亲："出去？"

小娅："这是阿峰，经常跟我在手机上聊天，他来看我，没事儿的。"

母亲："从哪儿过来的，看什么看？"

小娅："妈——"

母亲又看了阿峰几眼，出去了。

几个邻居已经进了院门，站在屋门口："小娅妈，这哪儿来的？"

"找小娅能有什么事儿？"

"亲戚？"

母亲："不是亲戚，是……小娅参加网站活动，人家来看看……搞个调查。"母亲很有些急智，情急下找的借口还算说得过去。

屋里的两个人听到母亲这样说，有些放松了。

小娅一笑："你是哪个网站的？搞什么调查？"

阿峰："我来得有些冒失了，对不起。"

小娅："你看我这个样子，像在外面交朋友的吗？"

阿峰："我终于见到你了。我去了石家庄医院，专家说……我还是想过来看看你，我们是朋友，神交已久的朋友。"

小娅："是我不好，刚开始聊天时，应该说明自己的身体状况，让你产生错觉了。"

阿峰："说什么呢？聊天跟身体有什么关系？你没做什么，是我，我……"

小娅："你别紧张，来了就来了，见一面也好。我这样每天躺着，没有人扶着连门都走不出去，见不了阳光。"

阿峰脱口而出："你怎么见不了阳光？有我呢，我扶你！"

小娅："阿峰，别冲动，咱们是朋友，见见面也好，别的……"

阿峰："我过来看你，就是告诉你：你有我，什么都不成问题。"

小娅："说过不让你感情用事了，你现实点儿，我这样——咱们怎么可能有结果？你没看村里的人吗，稀奇得都像看拍电影的了。"

阿峰："你在乎几个老乡吗？我们这么长时间，已经……"

小娅："不是老乡的事儿，我们的实际情况摆在这儿呢，你别让我难堪，我怕到最后你我连朋友都做不成。"

阿峰："不会的，你应该了解我，我不是那种三分钟热度的人。我也了解你，你不比任何人差，你有权利去爱，有权利得到爱。"

小娅："一会儿天就晚了，你赶不上回去的车了。你冷静冷静，好好想想。"

阿峰："我不回去，我想留下来照顾你，我来之前就想好了。"

小娅："怎么可能？你觉得可能吗？"

门帘后面，母亲在听着里面的动静，终于憋不住，冲着里面说："小伙子，你出来一下。"

阿峰出来，母亲伸手一指旁边的屋，小娅在里面："妈——"

母亲一句话截断："待着你的！"

母亲进屋，把门关上，又打量阿峰："你是什么意思，你想跟小娅怎么着？"

阿峰："大姨，我……我们是朋友，我们在网上……"

母亲："网上瞎聊能顶什么？我们小娅都这样了，你打什么主意？"

阿峰："大姨，我不是坏人，我跟小娅互相理解，我想照顾小娅，她有权利得到爱情。我……"

母亲："你快别说了！你快走吧，小娅的爸爸、哥哥快回来了，我们不想闹得不好。"

阿峰："大姨，你相信我，我不是坏人……"

母亲开始往外推阿峰，"你走吧！农村的人，能用舌头根子压死谁。你替我们想想。"

阿峰被推出屋门，"大姨，你相信我！好，我先走，我明天再来。"

阿峰看见，几个村民并没有走远，还在等着探听什么。

屋里，小娅躺在床上，一动不动。

32. 乡间公路 傍晚 外

阿峰向前走着，一辆公交开来，他招手，上车离去。

33. 小娅家 夜 内

在小娅的房间，小娅、母亲、父亲、哥哥，家庭会议正在召开中。

父亲手里燃着烟："这小子的心思让人猜不透，他是健全人，小娅这样……猜不透。"

母亲："别是在外面犯了事儿，躲到咱这儿来了吧？"

小娅："妈——你说啥呢，我了解阿峰，他绝对不是坏人。"

哥哥："这就是网恋，年轻姑娘、小伙子一时冲动，不计后果。"

母亲："网什么恋？小娅，说你总不听，每天拿着手机瞎聊，惹麻烦上门来了吧，让人打了主意！"

小娅："我都这样了，还有什么主意让别人打？我是不想连累阿峰。"

哥哥："我估计他就是一时冲动，现在正是热乎劲儿，说些大话、空话，等冷静下来一想，就变主意了。"

34. 县城招待所 夜 内

阿峰躺着床上，摁着键盘："小娅，相信我，我不是胡闹。"

35. 小娅家 夜 内

小娅躺在炕上，手机闪烁着信息提示。

思齐："他能这样做很勇敢，也很真诚，你应该给他一段时间。要等水面平静下来，才能分辨是清还是浊。"

36. 小娅家 早晨 内

阿峰一个人出现在院门口，径直走进去，小娅的父亲、母亲正在堂屋里忙活，见他一脚踏进来，不禁呆住。

阿峰："大姨好，这是叔叔吧。我想照顾小娅，在这里'实习'一段，请你们给我一个机会。"

小娅在里屋说："爸、妈，让他进来吧。"

37. 镜头轮换

母亲在院子里择菜，阿峰扶着小娅从屋里出来（具体残疾程度，适于演出）。母亲见状起身把院门关上，她怕被邻居看了去。小娅坐在椅子上，晒着太阳，看母亲择菜。阿峰帮着择菜。小娅想去上厕所，阿峰搀着，到了厕所，母亲从后面跟上来，接替阿峰扶小娅进去。

阿峰把小娅的被子拿出来，搭在院子的晾衣绳上；他扭头又去水管边，搓洗盆里泡着的小娅的衣服。母亲走过来，站在一边看着，最终把他拉起来，自己洗，不过母亲的脸色柔和多了。

父亲扛着铁锹出门，阿峰也扛一把，在后面跟着，两人一前一后向村边的地走去。后面两个村民用手指点着什么……

38. 小娅家 夜 内

阿峰住小娅哥哥的屋，灯熄了，他借着手机荧光摁动键盘：“白天跟你面对面说了那么多话，晚上还想跟你手机聊天。”

小娅回：“你真是疯魔了，我等着你风平浪静。”

阿峰：“我这病恐怕一辈子都不能好了。”

小娅把手机贴在脸上，笑了。

手机又提示信息，是思齐：“你的爱情之花是不是正在绽开？”

小娅只回四个字：“他在隔壁。”

39. 小娅家 日 外

院子里，阿峰把轮椅整理好，进屋扶出小娅，让她坐好，向院外推去。母亲跟了两步停下，欲言又止。

阿峰推着小娅，来到村边的杨树林子里，一排排的树笔直、高大，树叶“哗哗”地鸣奏着，树干上那些酷似眼睛的涡旋，好像好奇又热烈的观众，注视着两个甜蜜的人。

小娅：“我好久不来这片林子了。总是我哥哥推我来，这些年他在外打工不经常回来。这些树真好看。”

阿峰：“我就来当你的哥哥。”

阿峰推着小娅，顺着树趟子向树林深处走，远走越远。忽然，轮椅轧到坑里，一歪斜，小娅摔了出去；阿峰急忙抢扶，两人倒在一起。

（镜头拉近）小娅满脸泪水：“你为什么还不走？”

阿峰：“我不走。我赖上你了。”

小娅：“你就当哥哥吧。”

阿峰：“我不。”他用手臂揽住小娅的肩，朝着那张晶莹的脸吻下去……

小娅闭上眼睛，高大的杨树、树干上那些凝视、眺望的眼睛，开始旋转了……

阿峰推着小娅回到院子，看见两人身上的土，母亲问：“怎么啦？”

阿峰不让小娅下轮椅，而是直接把她抱起来，向屋里走去。母亲看着，泪水流了出来。

40. 小娅家 夜 内

小娅哥哥回来了，与阿峰共住一屋。哥哥大小娅 8 岁，跟阿峰算得上有共同话题的同龄人，有些事沟通起来要比母亲、父亲方便。

哥哥："阿峰，你在这里待了一个星期了，感觉怎么样？"

阿峰："我还行。"

哥哥："你是还行了，我们这一家子却好像在坐过山车。原先我妈编了一个'你是网站的调查人员'，可你住下不走了，我妈又说'你是大学生搞社会实践'，可是纸里包不住火，你出来进去的，什么都干，说实话，就像一个上门女婿。不光是本村的老乡亲，连外村的亲戚们都听说了，我妈都没法向下编了。干脆，什么都不说了，随人家怎么猜。"

阿峰："真不好意思。可是我真的打定主意照顾小娅了。哥，这个念头比我刚来的时候还强烈，我越跟小娅相处，就越觉得她不是一个残疾人，我越来越觉得她应该拥有真爱。如果因为残疾的身体，把她的意志、感情都拖垮了，那才是我们这些健全人的悲哀。"

哥哥："原来你是这样想的。其实我们也不把小娅当成残疾人，她的残疾是因为小时候误诊、延误治疗造成的，五六岁前她不太明白自己为什么与同龄的孩子不一样，别人背着书包上学了，她只有趴在窗玻璃上看的份儿，她哭闹了好长时间。她不甘心，借孩子们的课本看，把初中语文读透了。以前通过收音机，她了解外面的社会，我给她买了手机，她很快掌握了各项功能，而且键盘输字能盲打。虽然她每天躺在炕上，但她不闭塞，有主见，家里很多事她能做我爸我妈的主。"

阿峰："哥，这正是小娅吸引我的地方。我丝毫不觉得我比她有优势，不是居高临下的施舍。很多时候我觉得小娅比我乐观、坚强，能解开我的心锁，让我高兴起来。其实，我更需要她。"

哥哥："话虽这样说，可小娅毕竟是瘫痪在床，生活不能自理。我们也想过她的将来，是终身不嫁，还是嫁给一个同样残疾的人？小娅没有选择的资本，我们不想让她委屈，想让她像正常人那样过得有盼头儿、有光亮儿。阿峰，我们一直观察你，你是做得不错，但以后一旦遇阻，你们最终没有结果，对小娅的伤害会更大。"

阿峰："哥，我没问题，我……"

哥哥打断了他："你先别表态。我和我爸妈商量了，你明天先回去，咱们都冷静冷静，把能遇到的困难都想到——如果做不好，还不如不做。"

41. 邯城饭店 日 内

阿峰回到值班室，那位领班随即

跟了进来："哥们儿，干得好好儿的，干吗说辞职就辞职啊？"

阿峰："我想调整一下状态。"

领班："调整，还状态？你指定是找到好地儿了，有好事儿别忘了我。"

阿峰笑着敷衍："忘不了你，到时请你喝酒。"

阿峰背着行李走出饭店。

42. 邯城农村 阿峰家 日 内

阿峰站在家门口，犹豫了一下，他知道，他与小娅面临着一个更大的关口。他走进院子，进屋。阿峰母亲正在收拾着，见儿子进来："咋这时回来咧？"（邯城方言，下同）

阿峰改说家乡话："嗯啊。"

母亲看见阿峰拿着被褥："咋把东西都拿回来咧，该洗咧？"

阿峰："我不干咧，换一个地界。"

阿峰母亲："换地界？你跟人闹别扭咧？找个事儿不容易，咋想换就换呢？"

阿峰："换就换呗，哪儿都差不多。"

母亲："咋吞吞吐吐的，你不会有事儿吧？"

阿峰："有啥事？"说完，扭身到堂屋，到水缸前拿瓢舀水喝。

母亲跟了出来："总喝凉水，暖壶里有热的。"

喝了几口，阿峰举着瓢停顿了一下，终于开口："娘，我——找了个对象。"

母亲："对象？是不是你帮的那个学生？人家不是考上大学了吗，还能跟你成？"

阿峰："你说什么呢？我跟人家什么都没有。"

母亲："不是那个，是哪个？哪里人哪，在哪干活儿呢？"

阿峰："廊坊的，挨着北京那个廊坊，她、她主要在家里待着。"

母亲："那么远哪，怎么认识的？那闺女是城里的还是村里的？"

阿峰："也是村里的。她——身体不大好。"

母亲一脸疑问："身体不好？怎么不好，你怎么找的？"

阿峰暂时回避话题，甩下母亲，向院里走："也没啥大事儿。"

43. 阿峰家 夜 内

父亲从邻村的工厂回来了，父亲在外面当过兵，复员后也操持着做些买卖，不承想得了一场大病，把生意本儿花尽了不说，还不能出死力气了，只有摸索摸索地里的轻巧活儿，农闲在附近打些零工。父亲在外闯荡过，有些见识，阿峰既佩服父亲也有些怕他，父亲肯定听母亲说了，但没在饭桌上提，饭后，他进了阿峰的房间。

父亲："听你娘说，你谈了个外地的对象，身体还有毛病？"

阿峰："嗯啊，身体——腿脚不太利索。"

父亲："腿脚不好？干什么找这样的？那么远，你们怎么认识的？那闺女是什么病？"

阿峰："她从小小儿麻痹。俺们通过手机聊天认识的，那闺女挺好的，俺们挺聊得来。"

父亲："手机聊天能聊出什么来？你又能了解人家多少？还小儿麻痹！你一个全活人儿，找这么一个人儿干什么？"

阿峰："我去那边看了，那闺女真不错，我想、我想照顾她一辈子。"

父亲的眼睁圆了："你都去那边了？真是胡闹！你都没跟家里商量！你跟那个女学生没戏，是不是受刺激了？你原先照顾出车祸的，现在要照顾瘸子，你是不是上瘾了？"

阿峰分辩道："我跟那个女学生根本就没事儿！"

门帘一动，母亲走进来："你们父子俩嚷嚷什么呢，不怕外人听见丢人啊？"

父亲怒应："看你生的这混账儿子！"

父亲愤然离去，母亲看了阿峰一眼，也出去了。

44. 阿峰家 早 外

阿峰在院子里接水，父亲出来，看了他一眼，并不说话，径自上班去了。

母亲蹭过来，看着阿峰的脸："你这孩子，不能胡来。咱不是嫌贫爱富，那闺女也不是贫富的问题，她行动不便，干不了活儿不说，好多事连自己都照顾不了。家里是亏欠你，老早就不上学了，但你也不能胡闹啊。"

阿峰："娘，什么亏不亏的。俺们俩挺对眼儿的。"

母亲："对眼儿？对眼儿能顶吃顶喝啊？咱们家条件不忒好，但也不至于找个残疾的，那不让人笑话死？你愿找，我托人给你介绍。咱又不大，且挑呢。"

阿峰："娘，不是那回事儿，那闺女叫小娅，说话办事都特别好，不是一般的残疾人，俺就是喜欢她，就想跟她在一块儿，一辈子照顾她。"

母亲："不是一般是'二般'，你就倔吧，我看你能不能倔过你爹！"

阿峰："娘，你跟俺爹那时候不也是追求爱情吗？我姥爷、姥姥也不同意你们，你们过得不是挺好吗？”

母亲：“你这臭小子！瞎说什么呢？”

45. 阿峰家 夜 内

阿峰靠在被垛上，拇指摁动手机键盘：“我们可能惊世骇俗，没有人理解，但我相信我的选择，你应该拥有正常的爱。”

小娅回：“无论结果怎样，我都感谢你。”

阿峰：“相信我，等着我。”

小娅：“别太为难自己。就是不在一起，我也知足了。”

46. 阿峰家 早 外

父亲走出院子，去遛早。阿峰跟了上去，紧走几步，解释道：“爹，还在生气啊？你也知道，俺初中没上完就在外面做事，俺不是幼稚，也不是一时冲动。那个小娅很自强，人家并不想沾俺什么光，俺就是想，她应该像正常人一样，有人心疼，能有一个家。”

父亲“哼”了一声，并不搭茬儿，阿峰接着说：“俺现在已经二十多了，是个成年人了，俺有自己的判断力了，找到小娅，俺能养活家，也能给你们养老。”

父亲停住脚，怒视阿峰一眼：“你别跟着俺！”

47. 阿峰家 夜 内

弟弟阿良从县城回来了，他读完了高中，但没能上大学。兄弟俩共睡一床，他已经知道了哥哥的事儿：“哥，你可是把咱爹咱娘气得够呛，你是怎么想的？”

阿峰：“咱娘让你当说客来了，是不是？”

阿良：“家里考虑的不是不对，那个什么小娅，人怎样先别说，身体确实不行，你们以后怎样生活？”

阿峰：“这些俺都考虑过，阿良你读书多，你相信爱情吗？俺跟小娅之间就是爱情。”

阿良：“什么爱情？爱情也得讲究条件对等，你跟那个家媛，不是到最后也没戏吗？人家上了大学，就不可能跟咱农村的。‘人往高处走，水往低处流’，现在很多人都想方设法攀高枝儿，就是为了有个好生活、有个好发展，为了这个，有多少谈恋爱的最终分了手？人家不是说吗，‘爱情只是一种错觉，经不起现实中的风吹草动’。现在的人们多实际啊，有女孩就直说：‘宁愿坐在宝马里哭，也不愿坐在自行车上笑。'”

阿峰：“俺说过多少次了，俺跟家媛就是兄妹，根本没那个意思。你没跟小娅接触过，她的心一点儿都没残，再说她也一直拒绝，不愿意拖累俺。俺丝毫不觉得照顾她自个儿有多高大、多犯傻，她很多地方比俺强大，能帮到俺。”

阿良：“你真的陷进错觉中了。”

阿峰：“你可能一会半会儿理解不了，不过这些天你多开导开导咱爹咱娘，俺明天就出去了，你们别太担心。”

阿良：“就看你啥时候能醒吧。”

48. 小娅家 日 内

小娅母亲走出家门，去街上，街口振川他爹几个正在闲聊，叫住她：“弟妹，我听说那个‘网上搞调查的’又来了，他怎么瞄上你这儿了？”

小娅母亲停住脚步，看了老几位一眼，狠了狠心：“是又来了。他呀——跟小娅在网上早就认识了，想着呀，跟小娅处对象。这孩子呀，就喜欢小娅，哎呀也没辙。”

小娅妈知道这事包瞒不住了，干脆说出来，省得让村里人猜东猜西、说三道四。说完了，她不想再解答，也不想听什么评议，紧走几步离开了。

振川他爹：“你看看，我那天看着就不对劲儿，跑咱这儿调哪门子查啊？敢情是处对象来啦！”

一村民：“处对象？小娅连门都出不来，还能引来外地的小伙子，这不成新闻了？”

一大妈：“我见过那小子，利利索索挺好的，怎么看上小娅了，他脑子不太好吧？”

一村民：“出来进去的看不出傻呀？”

振川他爹：“谁知道啊，别瞎猜了，现在的小年轻儿，鬼都不知道他们想啥？”

49. 镜头轮换

村里，小卖部村民在议论，有人用手比画着阿峰的个头。

街口，另一堆村民在议论，有人表情夸张，有人捂着嘴乐。

……

50. 小娅家 日 内

小娅与阿峰在屋里。小娅看着阿峰：“听我爸妈说，村子都议论开了，说啥的都有。”

阿峰：“我想过。早晚得有这个过程，没什么可怕的。”

小娅：“你为什么这么执着？阿

峰，真的，你现在走都行，我不怨你，我怕以后……”

阿峰：“你说什么呢？我不是一时冲动，我想过我们以后，可能困难些，可我不怕吃苦。跟你在一起，我感觉很好。你呢，跟我在一起不好吗？”

小娅仍处于选择的痛苦中：“我的生活不会起什么波澜，也不会有啥光亮，你非要照进来，我连拒绝的权利都没有。”

阿峰拉起小娅的手，在自己的脸颊上摩挲着。

小娅：“你真傻。我会耽误你的！”

二人对视，阿峰眼中没有丝毫的迟疑。

51. 小娅家 夜 内

小娅在自己的屋里。拇指摁着手机键盘，给思齐：“他迈出了那一步。现在是飞短流长，我们好像回不了头了，但我对将来一点儿把握都没有。”

思齐回：“祝贺你，爱情盛开了！无论怎样，它盛开了。不要有太多顾虑，其实谁也看不清自己的未来，每个人只是努力，只是期许。”

小娅：“我这样的身体状况，从来没想到会有自己的爱情，书上的爱情好像天上飞过的鸟，现在，鸟落在了窗前。”

思齐回：“爱情对每个人都是平等的，没有谁会有优先权，人们能用物质换回的，是爱情的形式，而很难增加爱情的总量。”

小娅：“你怎么好像比我都悲观？”

思齐：“也不是啦。记着：爱情不会允许任何人挥霍、糟践它的，谁更加珍惜爱情，他得到的幸福就会多一些。”

52. 小娅村 日 外

阿峰来到村口，一辆车停在那里，阿良与家媛的表哥王志刚站在旁边。

王志刚：“哥们儿，真在这儿扎根了？”

阿峰：“是啊。要不你们进去，见见小娅？”

阿良：“别了。俺也没有车，跟刚哥打电话，他也想来看看你。”

王志刚：“你哥俩先说，我观察观察地形去。”

王志刚走到一旁。阿峰：“咱爹咱娘怎么样？”

阿良：“能怎么样？你不辞而别，咱娘三天没吃饭，咱爹的病差点犯了。”

阿峰的眼圈红了：“俺跟他们当

面说不通。这段时间，家里你要多担着，多劝劝他们。俺不孝。”

阿良：“这不是孝不孝的问题，你养老不养老关系都不大，爹娘担心你冲动，今后的日子过不下去。”

阿峰：“俺怎会不养他们？俺只是追求自个儿的爱情。俺是成年人了，明白自个儿选择了什么。”

阿良：“哥，俺理解你追求爱情，但你真的好好想想。爱情只是年轻时几年的事儿，今后是要过一辈子的。”

阿峰：“俺知道。爱情一久，会变成责任的。”

哥俩无语，看着远处的屋舍良久。

阿良：“哥，其实，咱爸来过这个村。他从侧面了解了你那个小娅，还有他们家，还有村里对你的议论。他没有冲进他们家扯你走，是给你面子，也是尊重你。”

阿峰内心震动，面部痛苦地抽搐：“你多劝着他点儿。俺会好好过的，这会儿去见他们，反倒惹他们动气。”

阿良走到了旁边，王志刚过来：“哥们儿，啧啧，你老有主意了！报纸上的新闻都没你出彩儿！”

阿峰：“你就笑话我吧。”

王志刚：“哪天我也见见那个小娅，那么有魅力啊。”

阿峰：“你会见到的。对了，家媛怎样？这一段我没跟她联系。”

王志刚：“还说呢。我跟家媛提起你，谴责她——‘你一上大学就不理阿峰了，把人家弄得神神道道儿的，跟一残疾谈恋爱去了。’”

阿峰：“你胡说什么啊。我怎么会跟家媛？你才神神道道儿呢！我就是怕这个，才不跟家媛联系，人家谈着男朋友呢，多好的前途。”

王志刚：“什么前途？大学生就比咱们懂爱情啦？不一定。那小子跟家媛回来过，我一看，嘘，还想摆谱，有啥钱儿啊？有钱儿也是爹妈挣的，我看就是一个纨绔子弟。”

阿峰：“是吗？那得给家媛提个醒儿，别……”

王志刚：“大学生也不懂爱，青春期，互相体验体验，离结婚过日子十万八千里呢！你现在就打电话，怕那小子干啥？除非，你心里有鬼！”

阿峰：“我心里有啥鬼？打就打。”

阿峰掏出手机，拨打家媛电话，通了，阿峰扭过身去：“家媛，最近好吗……我没事，喔，你都知道了……你跟那个谁……”

车开走了，掀起一股烟尘，阿峰目送着，久久站在原地。

53. 石家庄某高校宿舍 日 内

家媛收起电话，旁边的张良问：

"谁的电话？又是那个哥哥？他怎么老关心你？"

家媛白了他一眼："你别这样酸溜溜的，峰哥关心我怎么啦？"

张良学着家媛："峰哥？哼！"

家媛："峰哥还问到你了，他担心我被你欺负。"

张良："欺负不欺负你是我的事，他担什么心？他不是找了一个残疾人吗，他本身就是奇葩。"

家媛急了："胡说什么，谁残废？我看你也不正常，你干什么龌龊事儿我不是不知道。"

张良："算了吧你，瞎说八道。"

家媛的目光落在张良脸上，审视着，张良有些心虚，游移着看别处。

54. 石家庄某高校宿舍 日 内

张良出去了，家媛坐在桌前看书，突然手机提示音，是张良的手机，落在床上了。家媛拿起手机，迟疑了一下，还是打开了信息："少帅，想我了木有？一会儿我就没事了，你过来找我。亲（卡通表情）"

家媛恨恨地将手机摔在床上，又想起了什么，把手机放在原位，像刚才一样坐回去看书，眼里却闪着泪光。

门一响，张良进来，先是看到床上的手机："在这儿呢，我还以为落在教室里了，吓了一跳。"

他拿起手机，快速查看了一下短信，脸色微变，试探着家媛的情绪："你看这么长时间书了，咱出去吃东西吧？"

家媛："我不去了，还有一周就考试，我得加紧了。"

见家媛语气平静，张良就放心了："不挂科就得了呗，你总是奔奖学金去——不缺那俩钱儿。"

家媛："咋不缺？我靠自己努力得来的，踏实。"

张良："好好好，那我走了，哥几个等着呢。"

张良一出门，家媛也站起身来，跟了出去。

55. 石家庄市区 日 外

张良开着车，嘴里哼着歌，忽然想起什么来，腾出一只手拿起手机，把那条信息删除了。

某饭店外，张良停车入位，走进去。一辆出租车开过来，家媛下来，也进入饭店。

56. 饭店雅间内 日

房间里只有两个人，菜已上齐，

张良与一个年纪不大却画着浓妆的女孩坐在一起，手揽着女孩的腰，又用嘴亲女孩的耳垂，女孩怕痒，嘻嘻笑着躲开。这时张良的手机彩铃响，他一看号码，立即对女孩做了一个噤声的手势，女孩撇了一下嘴。张良接电话："有事吗，家媛？我跟哥几个在一起呢，热闹，叫你过来你不过来。"

这时，房门开了，家媛站在门口，手里举着手机，平静地看着一对男女。

张良愣住，脸色大变。女孩一见，问："她是谁？"

张良不答，女孩问家媛："你谁啊，走错房间了吧？"

家媛把手机关上，并没说话，扭身离去。

张良推开女孩，起身追到门口，又止步，满脸沮丧地走回原地。那女孩还在问："她谁啊？"

57. 石家庄某高校宿舍 日 内

张良推门进来，家媛仍在桌前看书，张良站在她身后，犹豫了一下："对不起啊，我骗了你。"

家媛不动，张良接着："我跟她，没，也没怎么着。大家在QQ群里聊天，聊熟了什么都说，她约我，也是想见见真人儿。"

家媛语气平静："我和你也没什么，咱们只是同学，我没资格限制你跟谁交往。"

张良："不是不是，家媛。她毕业参加工作了，大专，我们只是吃个饭，有点儿、有点儿逢场作戏。现在的人们，网络聊天图的就是个新鲜，很多人聊，约，其实不会有太多发展。你不一样……"

家媛扭过脸来："我怎么不一样？你平常生活上帮助我，我就得感激你。你不是一直在心里觉得我欠你的吗？跟你在一起就是补偿你。"

张良急忙摆手："不是不是，家媛你想哪儿去了？咱们是同学，交往快两年了，我真的喜欢你，她就是、就是聊天儿，我不会跟她怎样的——我错了还不行吗？我不再跟她联系了，你看我今后表现，家媛，原谅我，原谅我。"

张良上前抱住家媛，家媛把头扭向一边，泪水流了下来。

58. 小娅家 日 内

（镜头轮替，画外音）阿峰的"实习期"结束了。他辞去酒店的工作来到小娅家已两个月了，这两个月来，他帮着小娅母亲收拾家里，帮着小娅父亲干地里的活，好像这个家里的另一个儿子——不，标准的上门女婿。更多的时候，他照顾着小娅，二人相对，没有厌烦，也没有后悔。村里的人们也习惯了这个外来的小伙子，有的人甚至打听：“他们什么时候办喜事？”

小娅的哥哥走进屋来，后面跟着爸爸妈妈，他们看着阿峰与小娅，有什么重要的事要宣布。

哥哥：“小娅，阿峰，我刚才去了一趟民政局，把你们的结婚证拿回来了。”

两个大红鲜艳的小本子放在桌上。小娅与阿峰对视了一眼，笑了。

母亲握住小娅的一只手，泪水流了下来。

父亲说她：“好日子你哭什么？阿峰过来有一段了，大家都看得出你对小娅的心意。办了证，咱就是一家人了。从明天开始，我就开始操办婚礼了。”

妈妈：“阿峰，让你再跟父母说说，你说了吗？他们——”

阿峰：“我跟我弟弟打电话了，他说，我爸妈虽然还在生我的气，但还是尊重我的选择了。”

哥哥：“阿峰，两边老人都不容易，你——以后的担子可不轻啊。”

阿峰：“我知道，我不是小孩子了。”

59. 小娅家 日 外

院子里，爸爸带着人在砌结婚宴席用的灶，哥哥用三轮车从村委会拉回一些饭桌和凳子来，母亲在屋里裁着红纸。有亲戚过来，送来鸡蛋、猪肉，并跟着忙里忙外。

60. 小娅家 日 外

婚礼。一挂长长的红鞭炮在门口炸响，红屑缤纷。院子里摆了几桌酒席，乡亲、亲戚们围坐。小娅穿着一身红旗袍，阿峰穿着笔挺的黑西服，妈妈与阿峰一起搀扶着小娅，挨桌敬酒。这对奇异的新人还是引得客人惊奇，一些孩子穿行于桌椅之间，好像看着多大的新鲜一样。

大门口一阵儿热闹，阿良与王志刚走了进来，两人抬着彩电箱子。王志刚：“阿峰、小娅，祝你们新婚之喜！”

阿峰把他俩介绍给小娅的哥哥、父亲，二人被让到主桌入席。

61. 阿峰家 日 内

妈妈坐在炕沿上，抬手擦着泪。

父亲：“你又哭什么？”

母亲：“阿峰这孩子，从小就有邪主意。八匹马都拉不回来啊，这这，这都结婚了，你跟我连面儿都不照一个。”

父亲：“去什么去？阿良不是去了吗？”

母亲：“他这个倔劲儿就是随你，你也想开点儿吧，强扭的瓜不甜，儿孙自有儿孙福。”

父亲：“唉——以前他是做梦，现在梦落了地儿。关键是，结了婚就得负责任，就是有一天嘴里的糖块儿变黄连了，也不能说出来，也不能吐出来，只有自己咽下去了。”

62. 小娅家 夜 内

阿峰与小娅躺在被窝里，一人还拿着一个手机，给对方发着短信。

小娅：“我的爱情开花了，你要把它守护好。”

阿峰回：“咱们的爱情花开在同一枝头，永不会凋谢。”

二人相视而笑，阿峰探头去亲小娅。这时，小娅的手机短信提示，是思齐：“祝贺爱情开花！你们能走到一起，你们也应该互相祝贺！”

阿峰看了，问：“思齐是谁啊，她也知道‘爱情花’？”

小娅甜蜜地笑了：“她也是我的聊友，你是哥哥，她是闺蜜。她一直鼓励我，要不是她，我走不出我的身体局限。”

阿峰：“是吗？那我找机会得好好谢谢她。”

灯光远了，窗户上红艳艳的“囍”字。

屏幕：一年后

63. 廊坊某乡镇卫生院 日 内

在挂着“妇产”牌子的科室，阿峰扶着小娅走出来，让她倚在走廊的长条椅子上，然后又折回科室。问一位带着老花镜的女医生：“大夫，您看我爱人怀孕情况怎么样？”

女医生：“胎儿八个月了，倒是正常。不过孕妇行动不便，胎儿发育过大，到时候可能不能正常分娩。如果做剖腹产手术，孕妇的脊椎又是畸形，可能不好掌握麻醉剂量……”

阿峰：“那怎么办呀？”

女医生：“直接说吧，你爱人属于特殊体质，生育存在一定的风险，我们这儿条件有限，你们可以到大医院去问问。”

阿峰走出科室，小娅捕捉到了他的沮丧：“大夫说什么了？”

阿峰：“孩子很正常，其他也没什么。”

小娅：“阿峰，有事不要瞒我。”

阿峰：“真没什么。你的身体不

能正常生，得剖腹产，得用麻药，他们这儿没那么高技术……”

小娅：“得到大医院啊，那得多花多少钱？”

阿峰：“没事儿，到时我想办法。咱先回家。”

阿峰抱着小娅，来到医院门口，把她放上三轮车，他蹬着离开。

64. 廊坊市区某医院 日 内

妇产科内，阿峰拿着好几张片子，一位大夫一一拿起来看：“胎儿过大，孕妇缺少运动，又是脊椎畸形，不大好办。”

阿峰：“如果麻醉剖腹，生下这孩子得多少钱？”

大夫：“得一两万吧，钱还不是主要问题，关键是有一定的风险。第一，孕妇特殊体质，麻醉的剂量不好掌握，第二，生产中恐怕大出血，母子都有风险。这样的病例真的不多见。建议你多找几个医院，从麻醉、妇科上都得要技术过硬的专家。还有新生儿也得做急救准备。”

阿峰看着大夫，一脸无助。

65. 小娅家 日 内

母亲走进屋来，把一叠钱放在桌子上：“这是五千，这些年我和你爸隔三差五跑医院，干不动了还老花钱，你们又刚结完婚——只能拿出这么点儿了。要不，我去借借。”

阿峰拿起钱往母亲手里塞：“妈，不用你的，这钱你和爸留着看病，我去想办法。”

母亲又把钱放下：“什么你的我的？都是一家人，你这么长时间不上班，总在这里照顾小娅，哪来的钱？先济着孩子，还有一个多月，他在肚子里可不等啊。”

母亲出去了。小娅问：“阿峰，你这儿还有多少钱？”

阿峰：“四五千吧，我跟朋友说说，救救急。”

小娅：“记着，别跟那边儿爸妈开口，他们也不容易，别让他们跟着着急。”

66. 小娅家 夜 内

跑了一天，阿峰躺下很快就睡着了。小娅难以入睡，她用手托着肚子，感觉得到孩子在动。手机也震动，是思齐的信息：“果实怎样？你们这么不容易，孩子生下来干脆叫‘爱果’，小名果果——爱情的果实嘛！”

小娅回：“好名字！我替‘爱果’谢谢他阿姨。”

思齐："果果怎样？一切还好吗？"

小娅："有些小麻烦……"

思齐："你说有麻烦麻烦就不会小，告诉我，谁让我是果果阿姨呢。"

67. 小娅家 日 外

一辆轿车开过来，停在家门口，车上下来四个人，有一个大个头的男士扛着摄影机。

母亲急急跑进去："小娅，怎么来了一群记者？有报社的，有电视台的，说要采访，谁叫的他们？"

小娅："不知道啊，不会是阿峰吧？"

已经走进屋的记者答话："大妈，是一个网名'思齐'的网友，她向我们反映的新闻线索。这是小娅吧？"

小娅："我是小娅，麻烦你们了。"

记者："思齐向我们讲述了你与阿峰的爱情故事，通过网聊两个人走到了一起，而且你的身体状况还这么不好，这真是典型的大爱故事！现在的网聊，讲究速配，都比拼物质、要房要车，你们太正能量了！我们领导要求，好好报道你们。"

小娅："我们哪有那么好？阿峰去地里了，一会儿回来。"

阿峰被叫回来时，记者们已经开始采访了，母亲直说："快洗洗脸，都要上电视了！"

68. 小娅家 夜 内

阿峰、小娅躺在被窝里，阿峰用手抚着小娅的肚子："小果果，你怎么样？感谢思齐阿姨吧，你还没出生就上电视了。"

小娅："咱们有记者说得那么好吗？报纸上说咱们'用真爱擦亮平俗的岁月'，你都成护卫传统真爱的勇士了，我采访采访你：你是不是觉得很为难，我值得你这样付出吗？"

阿峰用手擦去小娅眼角的泪水："我才没那么高大呢！不过到现在我都不后悔，今后我也不后悔，现在我不单单有你了，还有了我们的果果。"

夜深了，小娅给思齐发短信："谢谢你！没有你的鼓励，我们的爱情不会开花，你又帮了小果果。"

思齐回："应该的。你们应该得到祝福，物欲横流的现在，你不知道你们有多珍贵。"

小娅："我们什么物质都没有，我们也没做什么惊天动地的事情。"

思齐："有人说'宁愿在宝马中哭泣，也不愿骑着自行车傻乐'，有的人真的哭得很惨，你们笑得真甜。"

小娅："我总觉得你有些悲观，

你跟你男朋友怎么样了，有一段儿你不说他了。”

思齐：“彻底分开了。他总能从网络上找到新鲜儿，他是‘喜新不厌旧’，我不行。”

小娅：“对不起。不过你们应该比我们还好啊，真想不明白！”

思齐：“有时候选择越多越会迷茫，总是攫取的人，到最后反倒分不清什么是好什么是坏了。”

小娅：“……”

思齐：“这就是你们的意义。”

69. 小娅家 日 外

阿良来了，进屋对小娅：“嫂子，身体还好吧。”

小娅：“快坐，咱爸妈身体好吗？等生完孩子我和阿峰去看他们。”

阿良把阿峰拉到另一间屋，拿出一个信封来：“这是3000元，爸妈给你们的，我们都看见报道了。”

阿峰：“俺不用，爸妈不生俺的气了？”

阿良：“别逞强了？爸妈再生气有什么用？你们已经在一起了，有困难外人都帮，家里能一旁看着？爸妈也为他们的大孙子！”

阿峰的眼圈红了：“还不知道是男是女呢！生完孩子俺们回去看爸妈。”

69. 廊坊市某医院妇产科 日 内

医生办公室里，阿峰、记者与医院领导、医护人员在商议。院长：“我们需要再明确一下，麻醉科与妇产科主任亲自上手术台，备足血液，儿科做新生儿暖箱准备。”

医护人员点头。

院长对记者：“你们一再报道，这孕妇都成新闻人物了，科室接她也有压力。我们会尽力的，也献一份爱心。”

记者：“谢谢您。”

产房外，阿峰与小娅父亲、母亲、哥哥在等待，还有报社、电视台的记者。一位孕妇家属听说后说：“哦，是那对儿神奇网恋啊，我看见报道了。我也要看看宝宝！”

产房门上亮着提示：“手术中”，阿峰焦灼地等着，脸上挂满汗珠，他不时地看看墙上的钟表，手术已经半个小时了。

又过了二十分钟，产房门推开，一名护士抱着婴儿出来：“是男孩，六斤三两，母子平安！”

走廊里的人们欢呼起来，母亲接过孩子，欣喜若狂：“你看这孩子，刚生出来就睁着眼儿，你看这头发，又浓又黑！”

记者在一旁：“看当姥姥的高兴

的！也让阿峰抱抱！”

母亲这才想起，把孩子递给阿峰：“当爸爸了，得学会抱孩子，小心点儿，托住头！”

阿峰小心地托着孩子，脸上笑开了花，记者在一旁拍摄。

产房的门再次打开，小娅被推了出来，她半闭着眼，头发都被汗水打湿了，一绺一绺的。阿峰接过护士推车，怜惜着看着她，亲吻了她的额头：“老婆，辛苦了。果果很好。”

小娅笑了。

一旁的记者也激动不已，她掏起电话拨号：“思齐吗？告诉你好消息——对！生了，六斤三两大胖小子，母子平安！”

阿峰好像听见了什么，他凑过去看了一眼记者的手机屏幕。

病房内一片欢声笑语。阿峰走到走廊无人处，掏出电话，拨号，通了，他对着电话那边说：“家媛，谢谢你！”

字幕：

本剧根据发生在廊坊的真实爱情故事改编，男女主人公的大爱经《燕赵都市报》等媒体重点报道，在全国引发了网络时代爱情的讨论与反思。“阿峰、小娅”因此入围 2011 年“感动河北”人物。

剧终

老　　柴

老柴就是柴振一。前两年由于身体状况，从公安局办了病退，回到安次区农村的家里，好久见不着他，听说身体持续不好。

昨天，听说老柴已经去世了，是年前的事。由于这几年跑新闻少了，没人告诉我。我打电话给一个朋友，我们是通过老柴认识的，他说他去最后送老柴了。

想来也是，来廊坊十几年，大半公安上的朋友都是通过老柴认识的。那时市区只一个安次区，还没增设广阳区，我从廊坊师专毕业，就地组建《燕赵都市报》廊坊记者站，两眼一抹黑。报纸是晚报性质，以社会新闻为主，就认识了在区公安局做报道员的老柴。在一个城市做驻站记者，自然与各县、各职能部门多联络，可以肯定地说，老柴几乎是最好的通讯员。老柴从农村临时工熬出来，在村镇、公安系统算得上才子。记者与通讯员是鱼水关系，我从来不觉得记者有什么高一头的，提供线索、陪伴采访，通讯员是记者的眼与腿。老柴大我近二十岁，我刚出生，他就已经刊发作品了，我对他更有一种前辈的尊重。

刚刚入行，就遇见了老柴。可以说，很多东西是从他那里借鉴来的。大概有十年的时间，我们过从甚密，聊天、喝酒，更多是一道采访，他来接我，或我骑着我那辆没牌照的摩托车赶过去；那些年，刊发了很多公安的大块报道，在报社我一度直追跑公安口儿的同事。

老柴的才气在圈内没得说，而且能说会道，善于张罗事儿。很多时候，人的优点同时会成为反刺儿，时间、情境一变，就在别人那里生成阴翳。老柴好笔头儿，因之有些傲气，脾气也冲，他能说会道的嘴，有时也会引来是非。我眼里的他就是这样，我们在业务上合作，又不在一个单位朝夕共处，人们只说我们俩够铁。

这事儿在心里揣半天。晚上散步，告诉身边人。她说，你该去送他。我说没人告诉我呀。她又说，病着的时候，该去看看。我没话儿了。跨过四十岁以后，亲朋的逝去，好像剧场下半场的锣鼓点儿，一阵儿紧过一阵儿，直敲在心里。记得孩童时代，听娘她们说到谁谁死，我小大人儿似的接话儿："人死了就再也看不到他了，所以才难过。"现在想来，不仅看不到他了，你跟他曾经交往的岁月同样也见不到了——他不死，你也回不去；他的死，只是提醒你这个现实。又想到人与人之间的是非，谁活着都经历起伏曲折，有哪个不披上一层铠甲、不抄起一杆枪？在防护自身的同时，难免伤着别人。你念着有些人的好，也会对有些人耿耿于怀；同样，因了利益、立场、情趣的差异，你的后背也少不了白眼、非议以及被人踩踏的脚印。

最近这样的信息多了，难免黯然，总有一句诗闪过脑海："闲坐悲君亦自悲"，句出唐朝诗人元稹纪念妻子的《遣悲怀》，前四句是"闲坐悲君亦自悲，百年多是几多时。邓攸无子寻知命，潘岳悼亡犹费词。"悼亡之词于死者意义不大，于苟存者只平添几许感慨罢了。近来神经脆弱，每闻如此，总呆坐半晌，悲从中来，也曾作几句《遣怀》：

青春已逝鬓亦灰。
惯看生死掩柴扉。
又闻同道探路去，
遥遥心祭茶一杯。

2015 年 3 月 1 日

掉 牙 集

弄新诗多年，如今变了，一咣当就往外冒五言、七字。启蒙时小村缺书少墨，没有中外名著可读，没能受到书法泼墨、诗词推敲的浸染，先天不足，照虎画猫，全赖语文课本古诗部分的点滴润泽。自由体三十年、随笔十余载，近年来的居廊生活，忽然这样的状态呈现，也是冥冥中的安排吧！可能心真的老了。却不愿从头去学高深的平仄技法，历来读书不求甚解，没有童子功，又暗生反骨不愿受谁拘谨；有啥算啥，顺口一溜，由心而生、一抒块垒而已。只求博学先生宽宥，笑时捂嘴，故名掉牙集。

戏题旧照

遥想当年身材瘦，
肋如琵琶天涯奏。
奈何如今萎顿肥，
唯有梦里草上飞。

注：昔日高挑细瘦，如今身高依旧，分量却几乎翻倍，奈何？

登黄山附峰，中途止步

山顶即山腰，
松竹亦逍遥。
人有入山意，
红尘自在消。

登黄山

山山皆兄弟，
白云逐我心。
万阶如草蛇，
双足尚堪数。
黄山人人异，
美景佳人顾。
人生岂两全？
留作梦中呼。

西湖漫笔

一

疾步越苏堤，
西子岂可亲？
雷峰镇白蛇，
小小独凄凄[1]。

二

群贤环湖列[2]，
千年凝芳华。
天上以此比，
人间莫不夸。

注[1]：苏小小，明朝奇女，才貌双全，其墓位于断桥桥头。

注[2]：西湖岸边散布着岳飞坟、秋瑾亭、武松墓、苏小小墓。

中年自况

素心久已无大志，
昏晚野寮摸闲牌。
蹀躞飞蛾扑入嘴，
不由惊呼正好来。
偏居来往无鸿儒，
谁云白丁不可赖？
蓬头囫囵岁月过，
长虹渐锈不胜哀。

《男人瓷》自题

八年辛苦不寻常，
百万文字诉青黄。
诚知岁月如水漫，
不见当时少年郎！

《庞门左道》自题

十年残墨不惑身，
日记内心几沉沦？
百万文字空自许，
千面男人亦浮尘。

山　居

林因山势连绵起，
半宿对句梦迷离。
五时寺中传梵音，
山居偶来不应奇。

居廊寄友

一

每忆郗海昌，
人生皆苍茫。
三十人方健，
秋霜欺艳霜。

（注：此诗大概写于十五年前。昌本俊朗小白脸儿，奈何少白头。末句原为“何处染秋霜？”想他结婚最早，家里遂成兄弟据点，多有劳烦艳霜嫂子，故改句致敬。如今他剃光了，胖头老大模样。）

二

兄弟举杯总念我，
当年醉卧青草窝。
庆路何言心渐远？
风吹花落终袁佐。

（注：袁佐，即袁家佐村，我成长的村子。）

三

二十年来未闻音，
城里乡下皆艰辛。
兄言爹娘膝下孝，
远胜猫狗乱吠人。

四

郗庄袁佐合用锁，
甘河泊庄直线牵。
兄弟今日逃学去，
戏谑偷青老农赶。

（注：郗家庄、袁家佐、西甘河、

东泊庄，由北至南四个村子，在一条中轴线上，曾有谣："郗庄袁佐，伙着一把破锁。"1988年年底袁佐学校初中部合到东泊庄，骑车下上学，偷一蓬花生尽显顽劣。）

时 光 小 调

回乡，老娘拿出旧照片，那时精瘦，好像她有俩儿子一样——

时光不算长，
二十来年前。
一胖与一瘦，
该笑或该叹？
周身贴肥肉，
一片复一片。
伊在春梦里，
偶入泪眼帘。

悼 于 进 才

与君相识正慨然，
大梦难觉命不凡。
廿载沧桑故人老，
一眼望尽步蹒跚。

小　园

一

小园春雨后，
嫩绿入眼帘。
身上不添衣，
已非冬日寒。

二

小园复小园，
恍惚一岁游。
初春咏新绿，
晚秋悲白头。
叶落黄金软，
何言蒲草衰？
天地皆依律，
幸有万物来。

春 日 西 行

——与杨家将后人祭祖行

清早出发，前往三秦。
千里之外，独驾三人。
儿时出门，满脸欢欣。
如今盘算，难觅初心。
每日营营，往来仇恩。
出俗入史，几日清隐。
关山重重，挟风裹尘。
异地风貌，亦当倾心！

威　武　屯

夜宿威武小屯中，
难堪宿醉沐晓风。
此身将融林野地，
不倦万蝉又长鸣。

子 夜 无 眠

子夜无眠猫狗静，
依稀当年笑语盈。

素笺铺雪忽吹乱，
杂弦拂来难成声。

夜饮忆梦勋

一

今夜又弦歌，
吾兄天堂和。
何言酒滋味？
悠悠心难舍。

二

为兄几徘徊，
吾去谁复哀？
人生稍纵逝，
何必惜薄才？

雪月无眠

冬雪初霁月临空，
寄身旅社五楼中。
月华清清雪漠漠，
铺雪盖月两澄明。

唐河梨韵

肃宁曾为水乡，尹庄依唐河故道而建：波光之畔，植种梨树；如云十里，至今千年。如今百年以上梨木万余，三百年以上三千，更有贺龙元帅曾在此率部抗倭；丙申清明，日暖风恬，引八乡民众踏春观花，因之得句。

尹庄曾流唐河韵，
千年梨园冠若云。
此木尔来八百岁，
记取人间几世春？

中　　年

不羁少年事，
闲作白发吟。
一岁春秋短，
岁岁不惜人！

夏　　汛

昨忧田旱今分流，
一年一度车如舟。
天上何来如此水？
直似心中万种愁。

热　　感

苦熬濡热难堪凉，
年年虐心不商量。
嗓干头痛流鼻涕，
终是老朽靠藿香。

初　　秋

一年秋风飒飒凉，
不见空调户户忙。
人生本来如册页，
倏忽悲喜又一章。

中　　秋

梦中一念针挑线，
深井微粼不可见。

红尘碌碌天上月，
佳节又至谁相伴？

失　题

夜虫不倦梦语痴，
年逾不惑三百诗。
我有万千真情意，
心宇浩瀚有谁知？

赴　宴

有人请饭，不去不好。
开车怕堵，还怕醉了。
出门一看，幸有公交。
坐车免费，城市修道。
晚暮悠哉，闲适难找。
坐错线路，你又迟到！

闻　丧

闻鼓而进鸣金收，
一树黄金不知愁。
人生诸景岂永驻？
幽水如镜映蜃楼。

为初中微信群作

仗剑一去三十载，
旧事故情一曲裁。
同窗笑问何言老？
鬓发苍白双亲在。

偶　记

昨夜想起一句记得模糊的诗，醒来又想，询于“度娘”：“人皆养子望聪明，我被聪明误一生；惟愿孩儿愚且鲁，无灾无难到公卿。”是老东坡的句子。从字面上理解，他有人生起伏的痛悔，特别是聪慧反屡遭凌辱的境地，反映在孩子身上，希望孩子有傻乎乎的好运气。大才如东坡者，与平头百姓给自家孩子取名狗剩一样，悖悖的心朴素得很；却又贪婪，无灾无难就到了公卿？那得多么粗腰的官二代、富二代啊。与老东坡一样，老庞也是爹，遂曰：

红尘起伏到中年，
立地拂尘折龙泉。
一片薄荫唯儿女，
自古以来爹可怜！

中秋夜梦祭

慈颜不看人间错，
天河浮沉却如昨。
时光飞逝心犹痛，
梦泪秋雨竟滂沱！

街头遇故

荒草掩井水幽深，
钝刃涂泥尚追魂。
柴扉禁闭风已过。
立地拂尘向空门。

清　明

一

清明时节花满树，
隆福寺内求静心。
遥问循命远逝者，
得失悲喜几光阴？

二

清明时节雨淋淋，
逝者可知生者辛？
缕缕香烛烟氲起，
仍报欢喜不忧亲。

老　来

一

少年闲愁说痛痒，
一石掷来尚难抗。
四面磐石凌乱至，
老来喷血倒无妨。

二

人悔少作多凌云，
旧宅沧桑草木深。
少时痴文爬格子，
老来仓空徒吮指。

三

白日诸事裂元神，
浅睡乍醒惊起身。
身侧白猫浑不觉，
老来寻静入杏林。

四

长篇短文各风流，
少年倚马剑销愁。
五言七律夫子事，
老来羞惭顺口溜。

村子的边疆

青壮时的逃离，莫非就是为了如今的惦念？

——题记

血脉庞杂

将近半年的时间，我总做为别人寻祖觅宗的报道，那些名门望族之后，一脸执着，家谱几十代，正宗旁支，满心光宗耀祖的念头。国人总有这个情结，我亦难免。庞姓属偏姓，我家上推几代亦无显赫，爷爷去世太早，我连他的大号都不知道，去年回家专门询问老爹。之后写出一篇千余字的《家史简述》，爷爷叫什么，所挣家业如何，还有奶奶、姥爷、姥姥——那些赋予我血缘如今永逝不在了的人。也只能如此。我又去查姓氏起源，庞姓很古老，姓氏源流有六，其中显赫当属黄帝之孙颛顼的后代，还有周文王受封庞乡之孙；我祖籍蠡县，源流应属高阳氏，得姓始祖为颛顼之子庞降。皇胄正统，好了，得以满足了。

在国家推行计划生育国策之前，每个家族都是呈几何倍数增长的，以一代三子计，三子九孙，九孙二十七重孙……像张王李赵这样的大姓，至今已过亿人，遍布寰宇。计划生育后这种宏愿盛景就难以实现了："只生一个好"，一对夫妻一个孩儿；两个孩儿结婚，再生一个孩儿，人口是呈几何倍数锐减的。

地球资源紧张，人口是需控制，但计划生育至少滋生两个问题：一，绝户，以前以无子嗣为绝户，女儿生的外孙、外孙女是外姓，姓氏无以为继，身后有谁祭祀都不知。只生一个孩子，你这代生儿子了，下一代难保不是女儿，此代不绝，下代也悬。二是称谓绝迹，一代一个，弟兄姐妹没有，以此伸延的叔伯姑姨舅也完了，还有他们的配偶，婶大娘姑父姨夫舅妈，何为连襟、哪是妯娌？以人种、养老计，窃以为还是生两个孩子好，最好一男一女，人口渐减，社会传统观念不至于巨变。

当然，女儿也是传后人。在血缘上，女儿有女婿加入，儿子还有儿媳掺和呢！仅以我论，庞氏之外，还承有奶奶的孙氏、姥姥的李氏、姥爷的边氏之基因，血脉早就混杂了。古时为姓，有封地的，有官爵的，也有避祸改姓的，曲曲折折、蔓延四流，难寻增长与消减的规律；如细究，意义又有多大呢？

村子的边疆

回家，从城里空出两三天，回到父母身边。在这个村子长成，二十岁后开始往外蹿，如今也有二十年了。这是爹娘的家，他们六七十年在此。除了看望，回家就是复习、凭吊。

那条小白河穿村而过，它只是一个沟了，干涸三十年，偶尔来几天水，它也过节一般的惊喜。我们也算邻河而居，那座石桥大我三岁，顺着河坡走，西南是上游。出村，林子、秋田、荒草、孤坟，一个小村子的边疆，很多地方从未踏足，还妄论游遍高山大川呢？东南西北走遍，这里很多景致仍不能被等同、替代，一副兀自存在、谁都不理的孤僻神情。

石桥向东北，姥姥家在村东口，她埋在了河东，与家隔河三百米之遥。循着少时记忆走，很多屋舍前的人叫得出我的小名。出村，便是少时耍闹的“战场”：两三个村的上百个孩子，分成两派，以河为界，喊杀声一片，泥丸、土坷垃乱飞——那时的我弹弓玩得不好，但土坷垃扔得远且准，充任小队长。再走，污水一段；不远处，城镇已入侵过来。

走了一遭，独自一人，与上万棵树相见，与亿兆尘埃相见，似曾相识，期期艾艾。

齐步走着

出差，住在酒店，忙了一天，临睡前头脑才得以安静下来。这个夜，妻女在另一个城市，爹娘在村子里，大概也都睡了。一些外在喧嚣经过一天的蒸腾，虚无得遥远而飘忽。生出一些惦念来，这些血脉亲人分布在世间，虽然彼此有些距离，但他们都安在——这恐怕就是每日绞尽脑汁、蒙受仰面之羞的终极价值吧。

人活着大致有两种认知：有人刚一掰眼儿就开始争，他们的人生是一个空落落的筐，每日想着如何填满；有人却以为婴儿呱呱落地是完满的，成长的过程中饱受红尘的侵蚀、劫掠，直至赤裸裸身无一物地死去。二者各有各的出发点，汇合到一个人身上，大概是壮年为前者，不惑之后感悟后者了。

血脉亲人间，也有前缘修定与缘分终了，每一缕的失去都是撕扯。奶奶故去十五年了，爹如今也七十了，前些年他在睡前忽然念及，呜咽着：“俺没娘了！”姥姥也活到八十多，因为小脑萎缩与跌伤，后几年受了活罪；前不久娘也跌伤，在炕上翻身不易，忽然泪下："你姥姥那会儿不定多疼呢！"每年都给奶奶上坟的，作为外孙没有给姥姥烧纸的规矩；她就睡在村东口，每次从城市回来进村我都摁两下车喇叭，告诉她回来看她了，住几日回去时也摁："过些日子再来！"

虽然如此，最终还是要放下的。这几日血压飘忽，先是惶恐、委屈，渐渐就适应了。人非常在意周遭的比较，独自好、独自坏都是不被容忍的，大家都齐整整朝着一个方向走，到最后差不了多少。前几年，一位老邻居去世，岁数不大；我很在意娘的感受，她却避而不谈。我现在有些明白了：娘也老病许久，身边人的故去就变得不那么难以接受了，人被掠夺得所剩无几时，反倒平静了，大概已经把结束看作另一个开始——重聚不远。

那些同缸共锅的日子

俗语云："皇帝也有三门穷亲戚。"穷亲戚、富亲戚，这两个定语在前面一挂，就有功利、薄厚在里面了。《菜根谭》言："饥则附，饱则飏；燠则趋，寒则弃，人情能患也。"在利益、成本之外，亲情只是亲疏的因素之一罢了，或多或少，自觉不自觉的。譬如同样两个表哥，一个做官儿、一个务农，一个出手阔绰、一个上门求助，对待二人自然会不一样：阔表哥来了，至少会拍拍座椅上的尘土，这样细节上的重视，可能连你自己都意识不到。对于阔表哥，自家是穷亲戚；而对于穷表哥，自家又是富亲戚了。亲戚间可以帮忙，可以施予，有的是主动自发的，但也会有意无意地流露出高姿态来；有的是无奈推不开，更会有掩饰不住的腻烦。

所谓亲人，皆在血脉也。以血脉为核心，一层层的圈子，最小的最紧密的，就是父母妻儿，这是伦理亲情的中心，是每个人的责任田，不仅有道德约束，从法律上也有刚性要求。次之是兄弟姐妹，从一个娘肚子里爬出来的（也有同父异母、同母异父的，此处忽略不提），成年前都在一个屋檐下住着，一口锅里吃喝；长大后各自成家，分出去几根枝杈，父母还是共有的，配偶子女却不同了，空间也就拉大了。在同一间屋子里，共用一口饭锅、一个水缸，再怎么闹也散不了；有了空间就不同了，各自添置了饭锅、水缸，可以不脸对脸、背靠背了。各自成家了，有了新的同锅共缸的人，心也就分到新的成员身上，有了新的担当。

再往下，就是叔伯姑舅姨家的

弟兄姐妹了，又差了一层，标志就是不曾同锅共缸。叔叔伯伯尚是本姓当家，自古丧事以孝服不同分亲疏，由亲至疏依次分为五种：斩衰、齐衰、大功、小功、缌麻，亲族往上推五代，高祖、曾祖、祖父、父亲、自己，出了“五服”，血脉稀释得又可以通婚重来一回了。而姑妈、舅舅、姨妈的子女，都不是一个姓氏了，只能一表再表，倒是有一句话可以安慰：“姑舅亲，辈辈儿亲，打折骨头连着筋。”

有一句话论及亲戚颇为精准：“一层肚皮一层山”，说的就是离那些同锅共缸日子的远近。一代代的人，亲近而疏远，疏远又亲近，构成一个村庄、一个家国。

庆　　生

午后落了些小雪，到傍晚天还是放晴了，一轮圆月静浮在东边的楼上。昨天也见过的，刚出来的月亮，滚圆、湿润。已是真正的冬，冷寒中皎洁无边的月色，得感谢爹娘，在这个日子把我送到世间。也得回顾一下自己，已经度过了四十个春秋。

农村过生日是讲究阴历的，算岁数按虚岁不按周岁，周岁的计算大概是上半年出生的减一岁，下半年出生的减两岁。算法的差异，使农村的孩子稀里糊涂地老大了一两岁。这几年，我也不纠缠这个，被人问起，就统称“都四十啦”，就好像入秋的庄稼，快熟了与刚刚熟没有什么区别。所以我的前几年及今后几年，都可称为不惑。

不惑，好像一下子就蹿到了一样。发达的人早积累了一定的财富，而我与广大的凡人一样，别无选择地积累了年头。掐指一算，很多记忆都是二三十年前的事了；也不太敢往以后预言，再过二三十年，自己不知已老朽成什么样子，心里没底。每年都忙忙活活，干的也算新闻“公差”，十几年写了一二百万字；自认为事业的写作，也投身其中二十多年了，也留下了一百余万字。尚不至自弃的地步，仍然乐此不疲，说来也算“百万富翁”了。

这几年一直写“青黄不接”的主题，曾感慨那些文字“使我老了五岁”，这四十年的时光，特别是揖别青春、幻梦破碎后的二十年，期间有多少挣扎与沉沦，又不知已老死了多少回！

生日快乐。自己在心里对自己说。一下子想起一句歌词：“有生的日子天天快乐，不必在意生日怎样过。”那是当然。我顺下去想：有生的日子天天不快乐，也不必在意生日怎样过。当然，生活虽然不是少时预期的那样顺滑，也不会悲催到什么地步。这一天，只是应该对爹娘道一声谢，让他们重又想起：他们在这个日子出生的儿子，已经越漂越远啦。

没有悲喜的时光

人到中年，许多情绪就飞扬不起来了，平缓、暗寂，像现在初秋午后的时光。在楼后的园子里，阳光从西面照射过来，透过树枝和叶子们，迷离、斑驳，其实也算美的，主要看独立人的心情罢了。

记起范仲淹的名篇《岳阳楼记》：“若夫霪雨霏霏，连月不开，阴风怒号，浊浪排空……则有去国怀乡，忧谗畏讥，满目萧然，感极而悲者矣。至若春和景明，波澜不惊，上下天光，一碧万顷……则有心旷神怡，宠辱偕忘，把酒临风，其喜洋洋者矣。”作者描摹出厄境、美景两种状态，把人的内心描述得迥然不同。外界的阳光、风雨投注到内心，引来温馨、欢喜，抑或愤懑、绝望。文人大多喜春伤秋、心随景去，但于此之外，更有景由心生的时候，至悲至喜两种心境，亦可改变眼前风景的：单以秋雨论，不同心境之人看来，便有缠绵悱恻与凄凉萧索之分。

一些小蛾虫在光线里飞舞，细小如尘埃，它们却是有生命活力的。相比之下，一些更为鲜活、更为立体的却逝去了，人的神经疲敝了，连怀念也模糊了。其实蛾虫更有生死替换，我们的一喜一悲之间，它们不知已多少世代了。只是，我们看不到它们的悲喜，就认为它们没有悲喜——即便有，也大可忽略了；所以我们反倒羡慕它们，觉得它们在没有悲喜的时光里，又该是多好啊。

你管我叫啥

早起，第一时间奔厕所，坐在马桶上，却想起一个悠缓的话题：你管我叫啥？

琢磨的就是以血缘为基础派生出的称谓，我经常在脑子里盘桓一阵儿这个问题。小时候在村子里，爹娘总教导：“见面要叫人儿，别蔫儿不拉几的，别弄差了辈分。”他们还经常讲解，该给谁叫啥，他是咱啥的啥。也有串门儿的考我们：“你管我叫啥？”如果把该叫叔的叫成了舅，该叫奶奶的叫成了婶子，就会得到温和的纠正，他们有这个耐心。

现在想起来，那就是农村啊，三乡五里、连洼带地、四姑七姨，不像城市里的钢筋水泥，对面不识，谁也懒得搭理谁，也不用怕做下什么孽事被人嚼舌头、戳脊梁骨。

现在的家庭大多是独生子女，称谓更已模糊，记得附近幼儿园经常放一盘童声磁带：“爸爸的哥哥叫伯伯，爸爸的姐妹叫姑姑，爸爸的爸爸叫爷爷……”诸如此类，这是最简单的，要连这个都迷糊，那真的是婴儿头脑了。叔伯姑舅是最近的亲戚，计划生育当然利国利民，但副作用之一就是孩子们会逐渐不知“叔伯姑舅”为何物。叔伯姑姨舅是普通话，还有方言的叫法，我们那儿给爸爸的哥哥叫大爹（爸爸的表哥、非血缘哥哥叫大伯），爸爸哥们儿多且排行小的话，就大爹、二大爹、三大爹往下排；北京叫大爷，经常爆粗口：“你大爷的！”想不通，这能有什么伦理上的杀伤力？

我经常顺着辈分思维往下排，那些弯弯绕儿难叫的，譬如：爷爷的姐妹叫姑奶，奶奶的姐妹叫姨奶，姥姥的姐妹叫姨姥，姥爷的姐妹叫姑姥——想着这些称谓，我的脑海里就会浮现少时在村子里遇见的那些张满是皱纹的脸。还有，叔叔的老丈人得随着堂弟叫姥爷，姑姑的小叔子随着表弟叫叔叔——随着思索火力的延伸，一时很宽阔，很有快感。

诸多关系，也有远近之分，譬如论爸爸这边叫人家哥，论妈这边就叫人家舅了，怎么办？看远近，哪边血源近随哪边。也有单论的，兄弟岁数相差不多，却是叔侄爷孙之差，处得亲密了，可能夹杂在一群人里拜了盟兄弟——当然，这叔侄爷孙的够远，嫡亲一两代的长辈你倒是敢？

出外凡二十年，也有称谓上的惊喜。一次单位招人，一个应聘女孩与我同县同乡，她打电话问家里，她妈说：“那是你表哥呀！”一论，她的姥姥是我姑奶奶，是我爷爷的亲妹子，她妈妈跟我爸爸是姑舅表兄妹！住得远、岁数差得多，在老家几乎没见过；她在我寄居的城市求学三年，我们对面不识。

前两天去外地，一个朋友找了一辆车，开车的司机一开始这样说：“我姐夫让我来接你。”后来彼此话多了，又说：“不是我的亲姐夫，是我亲姐夫的亲姐夫。”我立马儿开始盘算，称谓“原路返回”的话，司机就是朋友的亲小舅子的亲小舅子，也就是说，朋友的妻子是司机姐姐的大姑子。头脑一转，还是找坐标的问题：有一个孩子，给我朋友叫姑父，给这司机叫舅舅！一时顺畅，什么姐夫小舅子的，把人家都绕晕啦！

家史简述

我爷爷名叫庞冠英，下面有俩妹妹，因为是家中独子，受宠，小名可意。他属马，与清末帝溥仪同年，应为1906年生。一百年前，我曾祖那辈儿，从蠡县东五夫村搬来，那村半村庞姓，到肃宁县袁家佐村，俩村相隔几里地，目前分属河北省的保定、沧州两个地区。我爷爷生于袁家佐，我父亲、我、堂弟之子，算来已繁衍四代人了。

我曾祖与人合开烟铺，不是大烟，是加工旱烟叶子。待我爷爷长大，社会发展，开始做卷烟；解放初，爷爷与政府合作开办卷烟厂，算是实业家。爷爷不善务农，有商业头脑，积攒下几十亩地、两套院子外加场院的家业。我爷爷与我大奶奶育有二女一子，大奶奶去世后，娶我奶奶，育有二女三子，我父亲庞五岳排行第五。

我奶奶是肃宁县城李牛军庄村人，名孙卷（又名秀兰），我姨奶奶名孙经，可见外曾祖起名之意。奶奶属鼠，小爷爷六岁，识字，常谓我“结婚那年日本鬼子进城”，后几经运动惊吓，胆小多疑，于1999年夏天八十八岁高寿去世。

我爷爷具备经商头脑，日子过得较为殷实，新中国成立初期，土改定成分，反遭打压；家道衰落，他也是踅摸着卖柿子、贩鱼、推煤油，以小买卖贴补家用。小时候听爷爷的同辈人说他，付得下辛苦，有头脑。父亲曾说，爷爷与人搭伴去保定上货，推小车，抄小路走也有百里；子夜动身，天亮到清苑，上午上货，推着赶回来又是深夜了。一天二百余里，步行推货，是现代人不能想象的。爷爷应该好吃，却算计得很到位：出门在外，自带干粮，馋了在集上称上一斤肉，给饭铺俩火钱，借人家锅做得美味。

有家业，农忙雇人。有俩村人干活儿偷懒，地头长，耪地只耪两头儿，我曾祖母颠着小脚验看，两个地头儿都看了，就算完工。多少年后，庞家家道中落，二人的女儿却先后嫁了过来，便是我的母亲与四婶。家境好时，爷爷供养着子女，还有他邻村的外甥——日后成为著名儿童文学作家的杨啸。可能正因为勤俭置业，在土改中被划为富农，几经运动清算，家产被分，几十年不得抬头。

所谓地主富农，有些像现在的企业家，在专政年代，曰剥削、压榨，但没有头脑、不付辛苦，何以发家？农村小民，辛苦置业，牙缝里抠钱，也未见几个如黄世仁、周扒皮欺压乡邻万般歹毒。有户乡邻原比我家殷实，当家的吃喝玩乐，败了家，倒被划为贫农，根红苗正。任丘作家李富强著长篇小说《万各庄》，涉及土改划成分，塑造了一个勤劳持家的富农形象、一个好逸恶劳的贫农形象，在社会大环境下，二者顺逆立变。这可算作当时阶级成分大运动的一点儿弦外之音。时过境迁，父辈被殃及所经历的歧视、屈辱，我没有太赶上，所受影响也不是那么直接——人云“贵族三代养成”，家道兴衰所带来的影响，远非短暂岁月所能消除的。我也不想考证、推翻什么，只是想起爷爷，我倒为他的努力、聪慧而自豪。

家道在运动中衰落下来，虽然爷爷从未失去他的头脑与辛劳。1960年三年困难时期，大饥荒下爷爷也全身浮肿，终于没有熬过，在睡梦中昏迷，没有醒过来，没有留下一句话。其时，父亲十五六岁未成年，最小的四叔才三岁，奶奶带着几个子女辛苦度日。

我爷爷未能安享子孙绕膝的晚暮之乐，我也从未见过他，不知有爷爷是何种滋味。爷爷去世后，父亲跟随他姥爷学中医，二十来岁看病，成为赤脚医生，属羊的他至今行医已快五十年了，仍在本村开诊所悬壶济世。我也没有太多商业头脑，弃农、疏医，跳出农村，混挣都市，勉力从文而已。时值2012年中秋，爷爷的辉煌与悲惨均已烟消云散、不留痕迹，老宅或翻盖，或断壁残垣，很多东西就连父亲都记不准了。而我作为他的孙子，如不特意询问、查实，真的连他的大号、生卒都不知，对于那点遥远、纤细的血脉，连如此简述都没得做。

父子俩正聊着，母亲过来。母亲属虎，1950年生，名叫边曼女——农村小民，落后封闭，不像现在材料证件齐全，时刻备查；加之村人把小名、别称叫熟，还有“为长者讳”，不能直呼长辈姓名的，如不当回事儿记述，还真不得而知呢。问母亲，得知我姥爷名叫边化民，属猪，1923年生，肃宁县东泊庄村人，少时住袁家佐姥姥家，后落户。我姥姥名叫李秀阁，属牛，1925年生，亦为东泊庄人，嫁了过来，故我是当村姥姥家。姥爷老实本分，日子过得清贫，他于1989年去世，那时我尚懵懂；姥姥于2011年初去世，我业已年近不惑了。

（注：原载《美文》2015年第四期，获第四届中国报人散文奖）